吉林全書

一

編

一

⑳

文史出版社

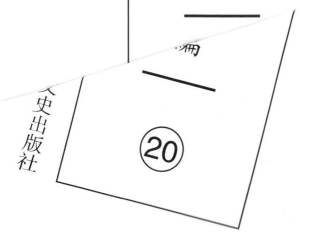

圖書在版編目（CIP）數據

滿洲源流考 / (清) 章佳・阿桂編 . -- 長春 : 吉林文史出版社 , 2025. 5. -- (吉林全書). -- ISBN 978-7-5752-1122-2

Ⅰ . K282.1

中國國家版本館 CIP 數據核字第 20253AY627 號

MANZHOU YUAN LIU KAO

滿 洲 源 流 考

編　　者　[清] 章佳・阿桂
出 版 人　張　强
責任編輯　王　非　任明雪　張焱喬
封面設計　溯成設計工作室
出版發行　吉林文史出版社
地　　址　長春市福祉大路5788號
郵　　編　130117
　　　話　0431-81629356
印　　　　吉林省吉廣國際廣告股份有限公司
字
開　　本　78
版　　次　2025年5
印　　次　2025年5月第
書　　號　ISBN 978-7-5752-
定　　價　225.00圓

《吉林全書》編纂委員會

主　任

曹路寶

副主任

王　穎　張志偉　王　迪　劉立新　孫光芝　于　强　鮑盛華　張四季

劉信君　李德山　鄭　毅

編　委

（按姓氏音序排列）

安　静　陳艷華　程　明　費　馳　高福順　韓戾軍　胡維革　黄　穎

姜維公　姜　洋　蔣金玲　竭寶峰　李　理　李少鵬　劉奉文　劉　樂

劉立强　羅冬陽　吕　萍　施立學　孫洪軍　孫　宇　孫澤山　佟大群

王　非　王麗華　魏　影　吴愛雲　吴長安　薛　剛　楊洪友　姚淑慧

禹　平　張　强　張　勇　趙春江　朱立春

總主编　曹路寶

史料編主编　胡維革　李德山　竭寶峰

《吉林全書》學術顧問委員會

學術顧問
（按姓氏音序排列）

邴　正　陳紅彦　程章燦　杜澤遜　關樹東　黄愛平　黄顯功　江慶柏
姜偉東　姜小青　李花子　李書源　李　岩　李治亭　厲　聲　劉厚生
劉文鵬　全　勤　王　鍔　韋　力　姚伯岳　衣長春　張福有　張志清

總序

『長白雄東北，嵯峨俯塞州。』吉林省地處中國東北中心區域，是中華民族世代生存融合的重要地域，素有『白山松水』之地的美譽。歷史上，華夏、濊貊、肅慎和東胡族系先民很早就在這片土地上繁衍生息，高句麗、渤海國等中國東北少數民族政權在白山松水間長期存在，以契丹族、女真族、蒙古族、滿族融合漢族在内的多民族形成的遼、金、元、清四個朝代，共同賦予吉林歷史文化悠久獨特的優勢和魅力，决定了吉林文化不可替代的特色與價值，具有緊密呼應中華文化整體而又與衆不同的生命力量，見證了中華民族共同體的融鑄和我國統一多民族國家的形成與發展。

提到吉林，自古多以千里冰封的寒冷氣候爲人所知，一度是中原人士望而生畏的苦寒之地，一派肅殺之氣。再加上吉林文化在自身發展過程中存在着多次斷裂，致使衆多文獻湮没、典籍無徵，一時多少歷史文化精粹『明珠蒙塵』，因此，形成了一種吉林缺少歷史積澱，文化不若中原地區那般繁盛的偏見。實際上，在數千年的漫長歲月中，吉林大地上從未停止過文化創造，自青銅文明起，從先秦到秦漢，再到隋唐直至明清，吉林地區不僅文化上不輸中原地區，還對中華文化産生了深遠的影響，爲後人留下了衆多優秀古籍，涵養着吉林文化的根脉，猶如璀璨星辰，在歷史的浩瀚星空中閃耀着奪目光輝，標注着地方記憶的傳承與中華文明的賡續。我們需要站在新的歷史高度，用另一種眼光去重新審視吉林文化的深邃與廣闊，通過豐富的歷史文獻典籍去閱讀吉林文化的傳奇與輝煌。

吉林歷史文獻典籍之豐富，源自其歷代先民的興衰更替、生生不息。吉林文化是一個博大精深的體系，從左家山文化的『中華第一龍』，到西團山文化的青銅時代遺址，再到二龍湖遺址的燕國邊城，都見證了吉林大地的文明在中國歷史長河中的肆意奔流。早在兩千餘年前，高句麗人的《黄鳥歌》《人參贊》以及《留記》等文史作品就已在吉林誕生，成爲吉林地區文學和歷史作品的早期代表作。高句麗文人之《新集》，渤海國人『疆理雖重海，車書本一家』之詩篇，金代海陵王詩詞中的『一咏一吟，冠絶當時』，再到金代文學的『華實相扶，骨力遒上』，皆凸顯出吉林不遜文教、獨具風雅之本色。

吉林歷史文獻典籍之豐富，源自其地勢四達并流、山水環繞。吉林土地遼闊而肥沃，山河壯美而令人神往，吉林大地可耕可牧、可漁可獵，無門庭之限，亦無山河之隔，進出便捷，四通八達。沈兆禔在《吉林紀事詩》中寫道，『肅慎先徵孔氏書』，印證了東北邊疆與中原交往之久遠。早在夏代，居住於長白山脚下的肅慎族就與中原建立了聯係。一部《吉林通志》，『考四千年之沿革，挈領提綱；綜五千里之方輿，辨方正位』，從時間和空間兩個維度，寫盡吉林文化之淵源深長。

吉林歷史文獻典籍之豐富，源自其民風剛勁、民俗絢麗。《長白徵存録》寫道，『日在深山大澤之中，伍鹿豕、耦虎豹，非素嫻技藝，無以自衛』，描繪了吉林民風的剛勁無畏，爲吉林文化平添了幾分豪放之感。清代藏書家張金吾也在《金文最》中評議，『知北地之堅强，絶勝江南之柔弱』，足可見，吉林大地與生俱來的豪健英杰之氣。同時，與中原文化的交流互通，也使邊疆民俗與中原民俗相互影響、不斷融合，既體現出敢於拼搏、鋭意進取的開拓精神，又兼具脚踏實地、穩中求實的堅韌品格。

吉林歷史文獻典籍之豐富，源自其諸多名人志士、文化先賢。自古以來，吉林就是文化的交流彙聚之地，從遼、金、元到明、清，每一個時代的文人墨客都在這片土地留下了濃墨重彩的文化印記。特别是，清代東北流人的私塾和詩社，爲吉林注入了新的文化血液，用中原的文化因素教化和影響了東北的人文氣質和文化形態；至近代以『吉林三杰』宋小濂、徐鼐霖、成多禄爲代表的地方名賢，以及寓居吉林的吴大澂、金毓黻、劉建封等文化名家，將吉林文化提升到了一個全新的高度，他們的思想、詩歌、書法作品中無一不體現着吉林大地粗狂豪放、質樸豪爽的民族氣質和品格，滋養了孜孜矻矻的歷代後人。

盛世修典，以文化人，是中華民族延續至今的優良傳統。我們在歷史文獻典籍中尋找探究有價值、有意義的歷史文化遺産，於無聲中見證了中華文明的傳承與發展。吉林省歷來重視地方古籍與檔案文獻的整理出版。自二十世紀八十年代以來，李澍田教授組織編撰的《長白叢書》，開啓了系統性整理、組織化研究吉林文獻典籍的先河，贏得了『北有長白，南有嶺南』的美譽；進入新時代以來，鄭毅教授主編的《長白文庫》叢書，繼續肩負了保護、整理吉林地方傳統文化典籍，弘揚民族精神的歷史使命，從大文化的角度折射出吉林文化的繽紛异彩。隨着《中國東北史》和《吉林通史》等一大批歷史文化學術著作的問世，形成了獨具吉林特色的歷史文化研究學術體系和話語體系，對融通古今、賡續文脉發揮了十分重要的作用。正是擁有一代又一代富有鄉邦情懷的吉林文化人的辛勤付出和豐碩成果，使我們具備了進一步完整呈現吉林歷史文化發展全貌，淬煉吉林地域文化之魂的堅實基礎和堅定信心。

當前，吉林振興發展正處在滚石上山、爬坡過坎的關鍵時期，機遇與挑戰并存，困難與希望同在。站在這樣的歷史節點，迫切需要我們堅持高度的歷史自覺和人文情懷，以文獻典籍爲載體，全方位梳理和展示吉林政治、經濟、社會、文化發展的歷史脉絡，讓更多人瞭解吉林歷史文化的厚度和深度，感受這片土地獨有的文化基因和精神氣質。

鑒於此，吉林省委、省政府作出了實施《吉林全書》編纂文化傳承工程的重大文化戰略部署，這不僅是深入學習貫徹習近平文化思想、認真落實黨中央關於推進新時代古籍工作要求的務實之舉，也是推進吉林優秀傳統文化保護傳承、建設文化强省的重要舉措。歷史文獻典籍是中華文明歷經滄桑留下的最寶貴的東西，是吉林優秀歷史文化『物』的載體，彙聚了古人思想的寶藏、先賢智慧的結晶。對歷史最好的繼承，就是創造新的歷史。傳承延續好這些寶貴的民族記憶，就是要通過深入挖掘古籍藴含的哲學思想、人文精神、價值理念、道德規範，推動中華優秀傳統文化創造性轉化、創新性發展，作用于當下以及未來的經濟社會發展，更好地用歷史映照現實、遠觀未來。這是我們這代人的使命，也是歷史和時代的要求。

從《長白叢書》的分散收集，到《長白文庫》的萃取收録，再到《吉林全書》的全面整理，以歷史原貌和文化全景的角度，進一步闡釋了吉林地方文明在中華文明多元一體進程中的地位作用，講述了吉林人民在不同歷史階段爲全國政治、經濟、文化繁榮所作的突出貢獻，勾勒出吉林文化的質實貞剛和吉林精神的雄健磊落、慷慨激昂，引導全省廣大幹部群衆更好地瞭解歷史、瞭解吉林，挺起文化脊梁、樹立文化自信，不斷增强砥礪奮進的恒心、韌勁和定力，持續激發創新創造活力，提振幹事創業的精氣神，爲吉林高品質發展明顯進位、全面振興取得新突破提供有力文化支撑，彙聚强大精神力量。

爲扎實推進《吉林全書》編纂文化傳承工程，我們組建了以吉林東北亞出版傳媒集團爲主體，涵蓋高等院校、研究院所、新聞出版、圖書館、博物館等多個領域專業人員的《吉林全書》編纂委員會，并吸收國内知名清史、民族史、遼金史、東北史、古典文獻學、古籍保護、數字技術等領域專家學者組成顧問委員會，經過認真調研、反復論證，形成了《〈吉林全書〉編纂文化傳承工程實施方案》，確定了『收集要全、整理要細、研究要深、出版要精』的工作原則，明確提出在編纂過程中不選編、不新創，尊重原本、致力全编，力求全方位展現吉林文化的多元性和完整性。在做好充分準備的基礎上，《吉林全書》編纂文化傳承工程於二〇二四年五月正式啓動。

爲高質量完成編纂工作，編委會對吉林古籍文獻進行了空前的彙集，廣泛聯絡國内衆多館藏單位，尋訪民間收藏人士，重點以吉林省方志館、東北師範大學圖書館、長春師範大學圖書館、吉林省社科院爲收集源頭開展了全面的挖掘、整理和集納；同時，還與國家圖書館、上海圖書館、南京圖書館、遼寧省圖書館、吉林省圖書館、吉林市圖書館等館藏單位及各地藏書家進行對接洽談，獲取了充分而精准的文獻信息。同時，專家學者們也通過各界友人廣徵稀見，在法國國家圖書館、日本國立國會圖書館、韓國國立中央圖書館等海外館藏機構搜集到諸多珍貴文獻。在此基礎上，我們以審慎的態度對收集的書目進行甄别、分類、整理和研究，形成了擬收録的典藏文獻名録，分爲著述编、史料编、雜集编和特编四個類别。此次編纂工程不同於以往之處，在於充分考慮吉林的地理位置和歷史變遷，將散落海内外的日文、朝鮮文、俄文、英文等不同文字的相關文獻典籍一并集納收録，并以原文搭配譯文的形式收於特編之中。截至目前，我們已陸續對一批底本最善、價值較高的珍稀古籍進行影印出版，爲館藏單位、科研機構、高校院所以及歷史文化研究者、愛好者提供參考和借鑒。

『周雖舊邦，其命維新』，文獻典籍最重要的價值在於活化利用。編纂《吉林全書》并不意味着把古籍束之高閣，而是要在『整理古籍、複印古書』的基礎上，加强對歷史文化發展脉絡的前後貫通、左右印證，更好地服務於對吉林歷史文化的深入挖掘研究。爲此，我們同步啓動實施了『吉林文脉傳承工程』，旨在通過『研究古籍、出版新書』，讓相關學術研究成果以新編新創的形式著述出版，借助歷史智慧和文化滋養，通過創造性轉化、創新性發展，探尋當前和未來的發展之路，以守正創新的正氣和鋭氣，賡續歷史文脉、譜寫當代華章。

做好《吉林全書》編纂文化傳承工程是一項『汲古潤今，澤惠後世』的文化事業，責任重大、使命光榮。我們將秉持敬畏歷史、敬畏文化之心，以精益求精、止於至善的工作信念，上下求索、耕耘不輟，爲實現文化種子『藏之名山，傳之後世』的美好願景作出貢獻。

《吉林全書》編纂委員會

二〇二四年十二月

凡例

一、《吉林全書》（以下簡稱《全書》）旨在全面系統收集整理和保護利用吉林歷史文獻典籍，傳播弘揚吉林歷史文化，推動中華優秀傳統文化傳承發展。

二、《全書》收録文獻地域範圍，首先依據吉林省當前行政區劃，然後上溯至清代吉林將軍、寧古塔將軍所轄區域内的各類文獻。

三、《全書》收録文獻的時間範圍，分爲三個歷史時段，即一九一一年以前，一九一二至一九四九年，一九四九年以後。每個歷史時段的收録原則不同，即一九一一年以前的重要歷史文獻，收集要『全』；一九一二至一九四九年間的重要典籍文獻，收集要『精』；一九四九年以後的著述豐富多彩，收集要『精益求精』。

四、《全書》所收文獻以『吉林』爲核心，着重收録歷代吉林籍作者的代表性著述，流寓吉林的學人著述，以及其他以吉林爲研究對象的專門著述。

五、《全書》立足於已有文獻典籍的梳理、研究，不新編、新著、新創。出版方式是重印、重刻。

六、《全書》按收録文獻内容，分爲著述編、史料編、雜集編和特編四類。

著述編收録吉林籍官員、學者、文人的代表性著作，亦包括非吉林籍人士流寓吉林期間創作的著作。作品主要爲個人文集，如詩集、文集、詞集、書畫集等。

史料編以歷史時間爲軸，收録一九四九年以前的歷史檔案、史料、著述，包含吉林的考古、歷史、地理資料等；收録吉林歷代方志，包括省志、府縣志、專志、鄉村村約、碑銘格言、家訓家譜等。

雜集編收録關於吉林的政治、經濟、文化、教育、社會生活、人物典故、風物人情的著述。

特編收録就吉林特定選題而研究編著的特殊體例形式的著述。重點研究認定『滿鐵』文史研究資料和東北亞各民族不同語言文字的典籍等。關於特殊歷史時期，比如，東北淪陷時期日本人以日文編寫的『滿鐵』資料作爲專題進行研究，以書目形式留存，或進行數字化處理。開展對滿文、蒙古文，高句麗史、渤海史、遼金史的研究，對國外研究東北地區史和高句麗史、渤海史、遼金史的研究成果，先作爲資料留存。

七、《全書》出版形式以影印爲主，影印古籍的字體版式與文獻底本基本保持一致。

八、《全書》整體設計以正十六開開本爲主，對於部分特殊内容，如，考古資料等書籍采用一比一的比例還原呈現。

九、《全書》影印文獻每種均撰寫提要或出版説明，介紹作者生平、文獻内容、版本源流、文獻價值等情况。影印底本原有批校、題跋、印鑒等，均予保留。底本有漫漶不清或缺頁者，酌情予以配補。

十、《全書》所收文獻根據篇幅編排分册，篇幅適中者單獨成册，篇幅較大者分爲序號相連的若干册，篇幅較小者按類型相近或著作歸屬原則數種合編一册。數種文獻合編一册以及一種文獻分成若干册的，頁碼均單排。若一本書中收録兩種及以上的文獻，將設置目録。各册按所在各編下屬細類及全書編目順序編排序號，全書總序號則根據出版時間的先後順序排列。

満洲源流考

[清] 章佳·阿桂 編

提要

《滿洲源流考》，清代乾隆年間由重臣阿桂、于敏中領銜編修，是一部奉敕纂修的民族史地志。書前載有乾隆四十二年（一七七七）八月上諭，次爲阿桂等人的奏摺、纂修官職名及凡例、目録等。阿桂等人在奏摺中稱：乾隆四十二年（一七七七）八月十九日奉上諭，將建州沿革始基、古今地名同异詳加稽考，編纂成書，由乾隆帝欽定書名爲《滿洲源流考》。至乾隆五十四年（一七八九），所有文本校改完畢，送至武英殿刊刻。

全書二十卷，分設四大門類：部族、疆域、山川、國俗，構建起立體化的歷史叙述框架。部族考以『肅慎—挹婁—勿吉—靺鞨—女真』的譜系爲主綫，結合《魏書》《北史》等史料，考證滿洲與古代東北民族的承續關係；疆域考詳述從肅慎故地到盛京疆界的演變，繪製出清晰的行政地理圖譜；山川考不僅記録長白山等聖地的方位特徵，更賦予其『龍興之地』的象徵意義；國俗考則系統整理八旗制度、薩滿信仰、騎射傳統等文化標識，塑造獨特的民族形象。該書保存了大量原始文獻，書中引用的《開原圖説》《遼東志》等明代方志現已散佚，成爲後世研究東北史地的重要資料。同時，該書確立了『肅慎—女真—滿洲』歷史譜系，爲清代的民族政策提供了理論支撑。該書雖難脱時代局限，但其嚴謹的考據方法和豐富的史料集成，仍使其成爲研究滿族史、東北民族史不可或缺的經典文獻。

爲盡可能保存古籍底本原貌，本書做影印出版，因此，書中個别特定歷史背景下的作者觀點及表述内容，不代表編者的學術觀點和編纂原則。

满洲源流考

富春

欽定四庫全書提要

欽定滿洲源流考二十卷　乾隆四十三年奉

敕撰洪惟我

國家朱果發祥肇基東土白山黑水實古肅愼氏之舊封典籍遺文班班可考徒以年祀綿長道途修阻傳聞不免失眞又文字互殊聲音屢譯記載亦不能無誤故歷代考地理者多莫得其源流是編仰稟

聖裁參考史籍證以地形之方位驗以舊俗之流傳博徵詳校列爲四門一曰部族自肅愼氏以後在漢爲三韓在魏晉爲挹婁在元魏爲勿吉在隋唐爲靺鞨新羅渤海百濟諸國在金爲完顏部竝一一考訂異同存眞辨妄而索倫費雅喀諸部毗連相附者亦竝載焉二曰疆域凡渤海之上京龍泉府靺鞨之黑水府燕州渤利州遼之上京黃龍府金之上京會甯府元之肇州竝

考驗道里辨正方位而一切古蹟附見焉三曰山川凡境內名勝分條臚載如白山之或稱太白山徒太山黑水或稱完水或稱室建河以及松花江即粟末水甯古塔即忽汗水今古異名者皆詳爲辨證其古有而今不可考者則別爲存疑附於末四曰

國俗如左傳所載楛矢貫隼可以見騎射之原松漠紀聞所載輭脂蜜糕可以見飲食之概而後漢書所載辰韓生兒以石壓頭之類妄誕無稽者則訂證其謬至於渤海以來之文字金源以來之官制亦皆竝列其體例每門以

國朝爲綱而詳述列朝以溯本始其援據以

御製爲據而博採諸書以廣參稽允足訂諸史之譌而傳千古之信非諸家地志影響附會者所能擬也

欽定滿洲源流考卷首

欽定滿洲源流考卷首

諭旨

乾隆四十二年八月十九日內閣奉

上諭頃閱金史世紀云金始祖居完顏部其地有白山黑水白山即長白山黑水即黑龍江本朝肇興東土山川鍾毓與大金正同史又稱金之先出靺鞨部古肅愼地我朝肇興時舊稱滿珠所屬曰珠申後改稱滿珠而漢字相沿訛爲滿洲其實即古肅愼爲珠申之轉音更足徵疆域之相同矣又後漢書三韓傳謂辰韓人兒生欲令頭扁押之以石夫兒初墮地豈堪以石押頭其說甚悖於理國朝舊俗兒生數日置臥具令兒仰寢其中久而腦骨自平頭形似扁斯乃習而自然無足爲異辰韓或亦類是范蔚宗不得其故曲爲之解甚矣其妄也若夫三韓命名第列辰韓馬韓弁韓而不詳其義意當時三國必有三汗各統其

一史家不知汗爲君長之稱遂以音同誤譯而庸鄙者甚至訛
韓爲族姓尤不足當一噱向曾有三韓訂謬之作惜未令人盡
讀之而共喻耳若唐時所稱雞林應即今吉林之訛而新羅百
濟諸國亦皆其附近之地顧昔人無能考證者致明季狂誕之
徒尋摘字句肆爲詆毀此如桀犬之吠無庸深較而舛悮之甚
者則不可以不辨若夫東夷之說因地得名如孟子稱舜東夷
之人文王西夷之人此無可諱亦不必諱至于尊崇本朝者謂
雖與大金俱在東方而非其同部則所見殊小我朝得姓曰愛
新覺羅氏國語謂金曰愛新可爲金源同派之證蓋我朝在大
金時未嘗非完顏氏之服屬猶之完顏氏在今日皆爲我朝之
臣僕普天率土統于一尊理固如斯也譬之漢唐宋明之相代
豈皆非其勝國之臣僕乎又有云我
祖宗時曾受明龍虎將軍封號亦無足異我朝初起時明國尚未削

弱因欲與我修好借此以結兩國之歡我朝固不妨爲樂天保
世之計迨我國聲威日振明之綱紀日隳且彼妄信讒言潛謀
戕害于是我
太祖赫然震怒以七大恨告
天興師報復自薩爾滸松山杏山諸戰大敗明兵明人欲與我求和
斥而不許彼尚安能輕侮我朝乎且漢高乃秦之亭長唐祖乃
隋之列公宋爲周之近臣明爲元之百姓或攘或侵不復顧惜
名義若我朝乃明與國當闖賊擾亂明社既移之後吳三桂迎
迓王師入關爲之報讎殺賊然後我
世祖章皇帝定鼎燕京統壹寰寓是得天下之堂堂正正孰有如我
本朝者乎至若我國家誕膺
天眷朱果發祥亦如商之元鳥降生周之高禖履武紀以爲受
命之符要之仍係大金部族且天女所浴之布勒瑚哩池即在長白

山原不外白山黑水之境也又金世紀稱唐時靺鞨有渤海王
傳十餘世有文字禮樂是金之先即有字矣而本朝國書則自
太祖時命額爾德尼巴克什等遵製通行或金初之字其後因式微
散佚遂爾失傳至我朝復爲𠡠造未可知也他如建州之沿革
滿洲之始基與夫古今地名同異幷當詳加稽考勒爲一書垂
示天下萬世着派大學士阿桂于敏中侍郎和珅董誥悉心檢
覈分條編輯以次呈覽候朕親加釐定用昭傳信而闢羣惑並
將此通諭知之欽此

欽定滿洲源流考卷首

欽定滿洲源流考卷首奏摺

臣阿桂臣于敏中臣和珅臣董誥謹

奏本年八月十九日欽奉

上諭命臣等將建州沿革滿州始基與古今地名同異詳加稽考勒

成一書欽此所有編纂事宜酌擬凡例七條繕寫清單恭呈

御覽伏候

欽定嘉名用光典册至此項書籍擬在方略館就近辦理所需編纂

及譯漢人員擬派內閣侍讀麟喜中書呈麟筆帖式七德爲滿

纂修官理藩院筆帖式臨保候補筆帖式明倫工部庫使巴尼

泰爲譯漢官照滿謄錄之例行走翰林院編修宋銑平恕候補

部員曹錫寶爲漢纂修官並派郎中巴尼琿侍讀孫永清爲提

調官專司督催稽核至繕寫收發之謄錄供事等應即在方略

館通融抽撥惟查該館現在趕辦

平定兩金川方略並
大清一統志西域圖志熱河志及元遼史明紀綱目明史本紀等書
各有卯限原設之謄錄供事僅供各書之用難以再爲分撥臣
等公同酌擬應再咨取漢謄錄四名供事六名令其專心承辦
庶有責成俟將來書成之日照例給予議敍以示鼓勵其所添
之謄錄供事等應支桌飯銀兩並需用筆墨桌櫈等項仍由該
館照例隨時于戶工等衙門撙節支領毋庸專款置辦合併聲
明是否伏祈
皇上訓示遵行謹
奏乾隆四十二年九月初八日
奏初九日奉
旨知道了書名著定爲滿洲源流考欽此

欽定滿洲源流考卷首

欽定滿洲源流考卷首

辦理滿洲源流考諸臣職名

總裁

原任武英殿大學士總理刑部事務一等誠謀英勇公臣阿桂

原任文華殿大學士總理戶部事務兼翰林院掌院學士臣于敏中

原任文華殿大學士總理吏部戶部刑部事務一等忠襄伯臣和珅

經筵講官太子太保東閣大學士總理禮部事務臣王杰

經筵講官太子少保東閣大學士臣董誥

總纂校官

翰林院編修陞任詹事府詹事臣平恕

翰林院修撰陞任詹事府少詹事三品卿銜 臣戴衢亨

纂修官

內閣侍讀陞任江西廣信府知府 臣麟喜

原任內閣中書陞任戶部主事 臣呈麟

理藩院筆帖式陞任理藩院員外郎 臣七德

大理寺寺丞陞任戶部員外郎 臣馬廷模

理藩院筆帖式陞任理藩院主事 臣巴琫阿

內閣中書 臣圖勒炳阿

太僕寺主事 臣成裕

原任翰林院編修 臣宋銑

原任江西道監察御史 臣曹錫寶

翰林院編修 臣汪滋畹

陝西道監察御史 臣沈琨

戶部主事臣曹錫章
提調官
銀庫郎中陞任戶部右侍郎正黃旗滿洲副都統署廣西巡撫
臣台布
原任戶部郎中臣巴尼琿
兵部郎中臣德綸
掌福建道監察御史臣托津
原任內閣侍讀陞任廣西巡撫臣孫永清
通政司參議三品卿銜臣吳熊光
掌戶科給事中臣馮培
禮科給事中臣汪日章
收掌官
原任戶部主事陞任副都統職銜臣舒濂

原任兵部主事陞任江蘇按察使臣穆克登
理藩院員外郎臣湛露
內閣侍讀臣素納
兵部員外郎福建候補道臣史夢琦
原任內閣中書陞任浙江溫處道臣陸瑗
刑部郎中臣裘行簡
掌江西道監察御史臣盛惇崇

欽定滿洲源流考卷首凡例

一我

國家建邦啓土

肇迹東方

創業始基地靈効順其古今沿革自應詳臚本末用以昭傳信而正羣訛謹擬首立部族一門凡在古爲肅愼在漢爲三韓在魏晉爲挹婁在元魏爲勿吉在隋唐爲靺鞨新羅渤海百濟諸國在金初爲完顏部及明代所設建州諸衞並爲考據異同訂析訛誤博稽史傳參證羣書分目提綱各加按語俾源流分合指掌瞭然

一按唐史所載渤海置五京十三府其上京龍泉府即肅愼故地而黑水靺鞨入朝亦嘗置燕州勃利州及黑水府諸名目其後若遼置東京黃龍府金置上京會甯府分設郡邑俱

詳載二史地理志中至元時猶有肇州之稱碁布星羅遺迹
尙頗可攷謹擬次立疆域一門凡史册所載諸城鎭村寨之
屬各按原書方位證以現在地理形勢件繫條分詳加辯證
務使圖經所紀條貫咸該至遼金宮室建置一切古蹟應行
考据者均即載入疆域一門用徵故實
一按白山黑水其名始見于北史而顯著於金源至
本朝受
命龍興實爲朱果發祥之地鍾神毓慶靈蹟昭然而諸史或稱太白
山或稱徒太山或稱完水或稱室建河稱謂多殊名實易舛
允宜詳悉核訂至若松花江即唐書之粟末水甯古塔即唐
書之忽汗水亦爲勝地名川向來紀載紛淆均資考覈謹擬
次立山川一門以現在
大清一統志

盛京通志所載据今證古析異定譌其或古有今不可考者則

別爲存疑附之于末

一史稱東方仁謹道義所存樸厚之源上追隆古我

朝肇基東土舊德敦龐超軼前代即如祀

神之禮無異于豳人之執豕酌匏三代遺風由茲可覩而參稽史乘

其儀文習尚亦往往同符如左傳稱肅慎之矢可以見俗本

善射之原後漢書稱三韓以石壓頭可以見俗用臥具之訛

松漠紀聞稱金燕飲爲輭脂蜜糕可以見俗尙餅餌之始其

他足資引證者尙多謹擬次立

國俗一門博引典籍分條臚考以著淳風所本源遠流長洵與

周公之陳七月金世宗之歌土風取義維均足以訓行奕禩

一金時官制如勃極烈之爲貝勒謀克之爲穆昆猛安之爲

明安雖沿誤相仍而溯源可考又自新羅渤海已肇輿文字

金之初年·用契丹字太祖熙宗作女眞大小字其制漸備維
時設女眞進士科經書皆有譯解今遺製已湮而碑刻間存
至我
太祖高皇帝創制國書義蘊精微允爲制作之極則謹擬約舉大凡
附列
國俗一門之後用以垂信方來
一
國家扶輿積慶俶造丕基長白肇興實爲邠岐舊壤今敬謹考
核一以近
發祥初地者爲定至若
王師順動以後經營遼瀋卜宅定都凡
盛京地方建置規模及山川地理已具詳
開國方畧

盛京通志諸書中是編請毋庸兼載以協體制

一恭讀

御製文集盛京賦三韓考諸篇及

巡幸盛京吉林諸詩什苞括典故剖晰舛譌洵足折衷羣言垂示

千古謹擬于書中各條內恭錄載入永昭定論

欽定滿洲源流考卷首

欽定滿洲源流考卷首目録

卷一 一
部族一 一
滿洲 二
肅慎 五
夫餘 八
卷二 一七
部族二 一七
挹婁 一七
三韓 二〇
勿吉 二九
卷三 三五
部族三 三五

百濟 三五
卷四 六一
部族四 六一
新羅 六一
卷五 九一
部族五 九一
靺鞨 九一
卷六 一〇五
部族六 一〇五
渤海 一〇五
卷七 一三一
部族七 一三一
完顏 一三一

建州 一三九
附金史姓氏考 一四五
卷八 一五五
疆域一 一五五
興京 一五五
吉林 一七五
黑龍江 一七六
肅愼四至 一七七
肅愼城 肅愼縣 一七七
夫餘國都 一七九
夫餘城 夫餘府 一八〇
挹婁國界 一八二
挹婁故地 挹婁縣 一八二

三韓分地 一八四
三韓屬國 一八五
三韓故地 馬韓都督府 辰州 三韓縣 一八七
卷九 一八九
疆域二 一八九
沃沮 濊 一八九
勿吉行程 一九一
勿吉七部故地 一九三
勿吉傍國 一九五
百濟里至 一九六
百濟都城 百濟郡邑 一九八
百濟諸城 二〇〇
新羅 二〇二

雞林州　二〇五
新羅九州　二〇五
靺鞨　二〇七
黑水州　黑水府　二一〇
鐵利越喜故地　二一一
卷十
疆域三　二一七
渤海國境　二一七
忽汗州　忽汗城　二一八
上京　龍泉府　二二〇
龍州　二二一
湖州　二二二
渤州　二二二

中京　顯德府　一二二
盧州　一二三
顯州　一二四
鐵州　一二五
湯州　一二六
榮州　一二七
興州　一二七
東京　龍原府　一二七
慶州　一二八
鹽州　一二九
穆州　一二九
賀州　一二九
南京　南海府　一三〇

沃州 二三一
晴州 二三一
椒州 二三二
西京 鴨綠府 二三三
神州 二三三
桓州 二三四
豐州 二三四
正州 二三五
長嶺府 二三六
河州 二三七
夫餘府 二三七
鄚頡府 二三九
高州 二四〇

安甯郡　二四〇
定理府　二四一
定州　二四一
瀋州　二四二
安邊府　二四三
安州　二四四
率賓府　二四四
益州　二四五
建州　二四五
東平府　二四六
蒙州　二四六
沱州　二四七
東平寨　二四七

懷遠府　二四八
富州　二四八
美州　二四九
福州　二四九
鐵利府　二五〇
廣州　二五〇
蒲州　二五〇
義州　二五一
歸州　二五二
安遠府　二五二
甯州　二五三
慕州　二五三
郢銅涑三州　二五三

蓋州　二五五
崇州　二五五
集州　二五六
麓州　二五六

卷十一

疆域四　二五九

卷十一　二五九
遼東北地界　二五九
遼上京長春州　二六〇
遼東京遼陽府　二六二
開州　二六三
定州　二六四
保州　二六四
辰州　二六四

盧州 二六五
來遠城 二六五
鐵州 二六六
興州 二六六
湯州 二六七
崇州 二六七
海州 二六七
淥州 二六八
桓州豐州正州慕州 二六八
顯州 二六九
宗州 二七〇
乾州 二七〇
貴德州 二七一

瀋州 二七二
集州 二七三
廣州 二七三
遼州 二七四
遂州 二七五
通州 二七五
韓州 二七五
雙州 二七六
銀州 二七七
同州 二七七
咸州 二七八
信州 二七九
賓州 二七九

龍州　二八〇
湖州　二八二
渤州　二八三
郢州　二八三
銅州　二八三
涑州　二八三
率賓府　二八四
定理府　二八四
鐵利府　二八四
安定府　二八四
長嶺府　二八四
鎮海府　二八四
冀州　二八四

東州 二八四
尙州 二八五
吉州 二八五
蓭州 二八五
荊州 二八五
懿州 二八五
滕州 二八六
順化城 二八六
甯州 二八七
衍州 二八七
連州 二八七
歸州 二八八
蘇州 二八八

復州　二八九
肅州　二八九
安州　二九〇
榮州　二九〇
率州　二九〇
荷州　二九〇
源州　二九〇
渤海州　二九〇
甯江州　二九〇
河州　二九一
祥州　二九一
遼營衛　阿延女眞　二九二
伊德女眞　二九二

五國部 二九二
卷十二
疆域五 二九七
金上京 二九七
會甯府 三〇四
肇州 三〇五
隆州 三〇七
信州 三〇九
夫餘路 三〇九
海蘭路 三一〇
率賓路 三一二
哈斯罕路 三一四
呼爾哈路 三一五

烏爾古德哷勒統軍司 三一六
咸平路　咸平府 三一六
韓州 三一〇
金東京　遼陽府 三一一
澄州 三一二
瀋州 三一三
貴德州 三一三
蓋州 三一三
復州 三一四
來遠州 三一四
博索府 三一四
卷十三 三一九
疆域六 三一九

元瀋陽路 三三九
開元路 三三九
咸平府 三三一
海蘭府碩達勒達等路 三三一
肇州 三三二
博索府 三三四
附明衞所城站考 三三五
卷十四
山川一 三八一
啟運山 三八一
天柱山 三八一
隆業山 三八一
長白山 三八八

青嶺　四〇〇
瑪奇嶺　四〇一
伊勒呼嶺　四〇三
長嶺　四〇四
東牟山　四〇四
輝山　四〇五
白平山　四〇五
遝山　瑚呼瑪山　四〇六
庫堪山　四〇六
果囉山　四〇六
馬鞍山　四〇七
冷山　四〇七
德林石　四〇七

龍首山　四〇八
蛇山　四〇八
刁蹕山　四〇八
醫巫閭山　四〇八
千山　四一二
十三山　四一三
首山　四一四
明王山　四一五
華表山　四一六
熊岳山　四一六
金山　四一七
蒺藜山　四一七
龍鳳山　四一七

鳳凰山　四一八
噶哈嶺　四一八
太蘭岡　四一八
吉林崖　四一八
古咚山　四一八
扈爾奇山　四一八
宜罕山　四一九
伊瑪護山岡　四一九
薩爾滸山　四一九
鐵背山　四二二
碩欽山　四二二
尙間崖　四二二
斐芬山　四二二

阿布達哩岡　四三二
固拉庫崖　四三二
青苔峪　四三三
黄骨島　四三三
牽馬嶺　四三三
覺華島　四三三
興安嶺　四三三
皮島　四三三
呂翁山　四三三
松山　四三五
塔山　四三五
杏山　四三五
附載單單大嶺諸地　四三六

卷十五 四四七
山川二 四四七
混同江 四四七
鴨綠江 四五一
愛呼河 四五三
圖們江 四五四
佟佳江 四五四
遼河 四五五
渾河 瀋水 四五九
太子河 四六〇
沙河 四六一
大清河 四六二
柴河 四六二

范河　四六三
輝發河　四六三
伊屯河　四六四
伊爾們河　四六四
小淩河　四六五
大淩河　四六五
羊腸河　四六六
珠子河　四六七
牽賓水　扎蘭水　四六七
海蘭水　四六九
拉林河　四七〇
阿勒楚喀河　海古勒水　四七二
呼爾哈河　四七四

琿春河 四七五
嫩江 四七五
滔爾河 四七六
黑龍江 四七七
屯河 四七八
哈勒琿河 四七九
奧婁河 四八〇
鞾芋泊 四八〇
附載弱水諸水 四八一
卷十六 五〇一
國俗一 五〇一
滿洲 五〇二
騎射 五〇四

冠服　五二四
卷十七
國俗二　五三三
政教附字書　五三三
卷十八
國俗三　五四九
祭祀　五四九
祭天　五五〇
祀神　五五四
雜禮　五五六
官制　五六三
語言　五八四
附金史舊國語解考　五八九

卷十九 五九七
國俗四 五九七
物産 五九七
卷二十 六二一
國俗五 六二一
雜綴 六二一

欽定滿洲源流考卷首

欽定滿洲源流考卷一

部族一

謹按我

國家誕膺

景命肇啟大東毓瑞凝祥同符雅頌皇皇乎元鳥之生商高禖之啟

稷矣恭考

實録自

始祖定三姓之亂建國鄂多理城即以滿洲建號繼繼繩繩鍾靈篤

慶洪惟

肇祖原皇帝創業於赫圖阿拉之地爰及

景祖觀光揚烈乃舉五嶺以東蘇克素護河以西諸部而撫綏之迨

我

太祖高皇帝天錫智勇懋建大勳既克圖倫遂收棟鄂

太宗文皇帝鴻圖式廓遐邇景從東北諸部盡爲臣僕稽諸古昔若
肅愼夫餘三韓靺鞨百濟新羅渤海女眞諸國沿革可徵淮
南子云東方多君子之國信矣臣等謹立部族一門先臚舉
史册所載各條參以今之考證或訂其音轉之訛或稽其分
合之迹斷自肅愼爲始而仍弁
國號於簡端以著統
尊溯源之義云

滿洲

按滿洲本部族名恭考
發祥世紀長白山之東有布庫哩山其下有池曰布勒瑚哩相傳三
天女浴於池有神鵲銜朱果置季女衣季女含口中忽已入
腹遂有身尋產一男生而能言體貌奇異及長天女告以吞
朱果之故因錫之姓曰愛新覺羅名之曰布庫哩雍順與之

小舠且曰天生汝以定亂國其往治之天女遂淩空去於是乘舠順流至河步折柳枝及野蒿爲坐具端坐以待時長白山東南鄂謨輝之地有三姓爭爲雄長日搆兵相仇殺適一人取水河步歸語衆曰汝等勿爭吾取水河步見一男子察其貌非常人也天不虛生此人衆皆趨問答曰我天女所生以定汝等之亂者且告以姓名衆曰此天生聖人也不可使之徒行遂交手爲舁迎至家三姓者議推爲主遂妻以女奉爲貝勒居長白山東鄂多理城建號滿洲是爲

國家開基之始以

國書考之滿洲本作滿珠二字皆平讀我

朝光啟東土每歲西藏獻丹書皆稱

曼珠師利大皇帝翻譯名義曰曼珠華言妙吉祥也又作曼殊室利大教王經云釋迦牟尼師毘盧遮那如來而大聖曼殊室利

爲毘盧遮那本師殊珠音同室師一音也當時鴻號肇稱實本諸此今漢字作滿洲蓋因洲字義近地名假借用之遂相沿耳實則部族而非地名固章章可考也

御製全韻詩

天造皇淸發祥大東山曰長白江曰混同峻極襟帶福萃靈鍾山頂有潭闥門名揚叶長白山高二百餘里綿亘千餘里雄觀峻極扶輿靈氣所鍾山之上有潭曰闥門周八十里源深流廣鴨綠混同愛滹三江出焉三天女者降而浴躬神鵲含果呑以娠中錫之姓名母遂淩空山之東有布庫哩山其下有池曰布勒瑚哩相傳有三天女曰恩古倫次正古倫次佛庫倫浴於池有神鵲含朱果置季女衣季女含口中忽已入腹遂有身尋產一男生而能言體貌奇異及長母告以呑朱果之故因錫之姓爲愛新覺羅名之曰布庫哩雍順與小舠乘之母遂淩空去有取水人見訝異徵叶交手昇歸推爲主國叶三姓定亂鄂多城崇號建滿洲開基肇宗天男乘舠順流下至河步登岸折柳及蒿爲坐具端坐其上其地有三姓爭爲雄長日搆兵仇殺有取水河步者見而異之歸語人曰汝等勿爭吾取水河步見一男子察其貌非常人也天必不虛生此人衆往觀皆以爲異因詰所由來答曰

我天女所生天男生我以定汝等之亂者且告其姓名來曰此天生聖人也不可使之徒行乃交手爲舁迎至家三姓者議推爲國主以女百里妻之奉爲貝勒其亂乃定遂居長白山東鄂多理城國號滿洲是爲開基之始按滿洲淸字本作滿珠我國家肇基于東故西藏歲歲獻丹書皆稱曼珠師利大皇帝至今漢字作滿洲者蓋因洲字義近地名假借用之遂相沿從俗云

元鳥商室帝武周家叶

聖必有啓異揆同風

右長白山發祥

肅愼一作息愼又作稷愼

虞

竹書紀年帝舜有虞氏二十五年息愼氏來朝貢弓矢

史記虞帝紀南撫交趾北發西戎析枝渠搜氏羌北山戎發息

愼

周

汲冢周書王會解西面者正北方稷愼大麈

孔子家語武王克商肅愼氏貢楛矢

尙書序成王旣伐東夷息愼來賀

尙書傳王俾榮伯作賄肅愼之命

史記孔子世家有隼集於陳庭楛矢貫之石砮矢長尺有咫陳

湣公使使問仲尼仲尼曰隼來遠矣此肅愼之矢也

後漢書康王之時肅愼復至

漢

後漢書古肅愼國在夫餘東北千餘里東濱大海

淮南子海外三十六國有肅愼氏

三國

三國志魏書明帝靑龍四年肅愼貢楛矢

晉

晉書肅愼國東北有山出石其利入鐵將取之必先祈神周武

王時獻其楛矢石砮逮於周公輔成王復遣使入賀爾後千餘年雖秦漢之盛莫之致也及文帝作相魏景元末來貢楛矢魏帝詔歸於相府賜其王傉雞錦罽緜帛至武帝元康初復來貢獻元帝中興又詣江左貢其石砮成帝時通使於石季龍

南北朝

冊府元龜宋孝武帝大明三年肅愼國獻楛矢

謹按肅愼之名著於周初考竹書紀年有虞舜二十五年息愼獻弓矢之文史記虞帝紀亦稱北發息愼鄭元注曰息愼或謂之肅愼周書王會解又作稷愼息稷與肅音轉之訛其爲一國無疑由來固已遠矣秦漢之盛史無傳焉後漢書挹婁傳則云即古肅愼似其名至漢而止然魏晉時間通使聘史臣皆以肅愼書之則不得云東漢無肅愼也要之負山襟海地大物博又風氣樸淳故歷虞夏商周迄魏晉傳世二千餘年不絕范蔚宗

謂冠弁衣錦器用俎豆誠非虚語特自漢以後始有歧稱耳宋劉忠恕稱金之姓爲朱里眞夫北音讀肅爲須須朱同韻里眞二字合呼之音近愼蓋即肅愼之轉音而不知者遂以爲姓國初舊稱所屬曰珠申亦即肅愼轉音漢人不知原委遂歧而二之猶之或爲稷愼或爲息愼其實一也至於自漢魏以後所稱部名則分條詳係於後云

夫餘 一作扶餘

御製夫餘國傳訂訛

近閲四庫全書内元郝經續後漢書所作夫餘國列傳其官有馬加牛加之名訝其誕詭不經疑有舛誤因命館臣覆勘其説實本之後漢書及三國魏志夫餘傳之文於是歎范蔚宗陳壽之徒不識方言好奇踶妄疑誤後人而更惜郝經之失於裁擇也其傳曰國以六畜名官有馬加牛加豬加狗加諸加别主四出道有敵諸

加自戰下戶擔糧飲食之信如其言則所謂諸加者何所取義乎史稱夫餘善養牲則畜牧必蕃盛當各有官以主之猶今蒙古謂典羊之官曰和尼齊和尼者羊也典馬者曰摩哩齊摩哩者馬也典駝者曰特默齊特默者駝也皆因所牧之物以名其職特百官中之一二誌夫餘者必當時有知夫餘語之人譯其司馬司牛者爲馬家牛家遂訛爲馬加牛加正如周禮之有羊人犬人漢之有狗監耳若必以六畜名官寓相貶則郯子所對少皥氏鳥名官爲鳥師而鳥名又何以稱乎蔚宗輩既訛家爲加又求其說而不得乃强爲之辭誠不值一噱總由晉宋間人與外域道里遼阻於一切音譯素所不通遂若越人視秦人之肥瘠率憑耳食爲傅會甚至借惡詞醜字以曲肆其詆毀之私可鄙孰甚且蔚宗以附彭城王義康謀反伏誅陳壽索米爲人作佳傳其人皆不足取其言又何足據乎第後漢書三國志久經刊行舊文難以更易因命於續

後漢書中改加爲家並爲訂其踳謬如右

謹按馬加牛加之說始於范蔚宗陳壽歷代史志襲謬承訛至

郝經續後漢書猶沿用之蓋當時音譯未通曲爲傅會更千百

年未有能知其妄者恭讀

御製夫餘國傳訂訛指加爲家字之誤近例之蒙古典羊典馬之官

遠徵諸周禮羊人犬人之掌設官分職至理所存古今一揆也

蔚宗輩之貽誤後人蓋非淺鮮矣臣等敬錄冠簡端以示萬世

折衷之準其自後漢以下諸書凡有關夫餘事實者仍以次條

列云

漢

後漢書夫餘國在元菟北千里地方二千里最爲平敞以員柵

爲城有宫室倉庫以六畜名官有馬加牛加狗加其邑落皆主

屬諸加

册府元龜夫餘國本濊地也漢武帝元朔元年以其地爲滄海郡數年乃罷至元封三年滅朝鮮分置樂浪臨屯元菟眞番四郡至昭帝始元五年罷臨屯眞番以幷樂浪元菟元菟復徙居句麗自單單大嶺後漢書作單大嶺魏志通考與此同已東悉屬樂浪後以境土廣遠復分嶺東七縣置樂浪東部都尉

後漢書建武二十五年夫餘王遣使奉貢光武厚答報之於是使命歲通永甯元年遣嗣子尉仇台詣闕順帝永和元年其王來朝帝作黃門鼓吹角抵戲以遣之桓帝延熹四年遣使朝賀貢獻靈帝熹平中復奉章貢

册府元龜漢安帝延光元年夫餘王遣使貢獻又獻帝延康元年遣使貢獻

通考漢安帝永初五年夫餘王始將步騎七八千人入樂浪桓帝永康元年王夫台將二萬人侵元菟

三國志夫餘在長城之北去元菟千里國有君王皆以六畜名官有馬加牛加豬加狗加大使大使者使者邑落有豪民民下戶皆爲奴僕諸加別主四出道大者主數千家小者數百家有敵諸加自戰下戶俱擔糧飲食之漢末公孫度雄長海東夫餘王尉仇台更屬遼東時句麗鮮卑强度以夫餘介其間妻以宗女按郝經續後漢書與此同不復載

三國

三國志夫餘王尉仇台死簡位居立無適子有孽子麻余麻余死其子依慮年六歲立以爲王

魏略夫餘其國殷富自先世以來未嘗破壞

魏略昔北方有槀離之國按槀離後漢書作索離注云索音度洛反通典作槖離梁書作櫜離非高句驪之高麗也惟隋書直作高麗合爲一國誤其王者侍婢有身王欲殺之婢云有氣如雞子來下我故有身後生子名曰東明東明善射王恐奪其

國也欲殺之東明走南至施掩水後漢書作掩㴲水注云今高麗中有蓋斯水疑此水是也梁書作掩滯水以弓擊水魚鼈浮爲橋東明得度因都王夫餘之地

晉

晉書夫餘在元菟北千餘里其王印文稱濊王之印國中有古濊城武帝時頻來朝貢至大康六年爲慕容廆所襲破其王依慮死子弟走保沃沮有司奏護東夷校尉鮮于嬰不救夫餘失於機略詔免嬰以何龕代之明年夫餘後王依羅遣詣龕求率見人還復舊國龕上列遣督郵賈沈以兵送之廆又要之於路沈與戰大敗之羅得復國沃沮詳見後條

南北朝

梁書高句麗其先出自東明東明本櫜離王之子王欲殺之東明走至夫餘而王焉

隋書夫餘王嘗得河伯女閉於室內爲日光隨而照之感而遂

孕生一大卵有一男子破㲉而出名曰朱蒙夫餘之臣咸請殺之其母以告朱蒙朱蒙東南走遇一大水朱蒙曰我是河伯外孫日之子也今有難而追兵且及如何得渡於是魚鼈積而成橋朱蒙遂渡朱蒙建國號高句麗

隋書百濟另條詳後之先出自高麗其王有侍婢生東明及長王忌之東明懼逃至淹水夫餘人共奉之東明之後有仇台者篤於仁信始立其國於帶方故地漢遼東太守公孫度以女妻之漸以昌盛爲强國初以百家濟海因號百濟

北史朱蒙者其俗言善射也按今滿洲語稱善射者謂之卓琳莽阿卓與朱音相近琳則齒舌之餘韻也莽阿二字急呼之音近蒙是傳寫雖訛音解猶有可考也夫餘王狩於田以朱蒙善射給一矢殪獸甚多夫餘之臣謀殺之朱蒙乃與焉違等二人走至紇升骨城後周書作紇斗骨城居焉號曰高句麗

魏書豆莫婁國在勿吉國北千里去洛六千里舊北夫餘也在

失（失通考作室）韋之東或言本濊地也

通典百濟即後漢末夫餘王尉仇台之後延興二年其王餘慶上表云臣與高麗先出夫餘

唐

唐書高麗者出自夫餘之別種也百濟國本亦夫餘之別種

通典高麗得夫餘地置夫餘城後屬於渤海（另條詳後）

通考渤海以夫餘故地爲夫餘府

遼史地理志唐時契丹達呼爾（舊作大賀今從八旗姓氏通譜改）氏蠶食夫餘靺鞨（另條詳後）之區地方二千餘里

按高麗出自夫餘夫餘出自索離索離讀如槖故或書爲槖槖形似櫜故又轉爲櫜櫜與槀音同故魏略及遼志復作槀與高麗實二國也夫餘在高麗北槀離又在夫餘北故東明南走而至夫餘朱蒙亦南走而至高麗然其事彷彿相同或傳聞之有一

誤也隋書謂夫餘王尉仇台始立國於帶方自後遂稱百濟後魏時百濟所上書亦云先與高麗源出夫餘自晉以後百濟王之姓名有夫餘腆夫餘豐夫餘隆蓋直以夫餘爲姓矣後漢書稱夫餘在元菟北千里南接高麗東接挹婁本濊地故魏略云夫餘王印文曰濊王之印謂本濊地而夫餘居之其舊國爲豆莫婁在勿吉北千里是夫餘始在極北後乃兼有南陲唐初地入於高麗高麗既滅屬於渤海爲夫餘府其後見於史志者若遼之通州安遠軍龍州黄龍府金之隆州利涉軍元之開元路皆其故地並詳後渤海條及疆域門槀離國見於遼史爲韓州鳳州俱在今開元西北境外與挹婁實脣齒之邦也

欽定滿洲源流考卷二

部族二

挹婁一作挹樓

漢

後漢書挹婁古肅愼之國也在夫餘條見前詳東北其邑落各有大人處於山林之閒自漢興以後臣屬夫餘

册府元龜挹婁地多山險人形似夫餘善乘船北沃沮畏之每夏藏於巖穴至冬船道不通乃下居邑落

三國

三國志挹婁在夫餘東北千餘里人多勇力士氣寒劇於夫餘古之肅愼氏國也自漢以來臣屬夫餘責其租賦重以黄初中叛之夫餘數伐之其人衆雖少所在山險鄰國人畏其弓矢卒不能服也

通考挹婁即古肅愼之國也其國在不咸山北魏常道鄉公景元末來貢楛矢石砮弓甲貂皮之屬

晉

晉書肅愼一名挹婁在不咸山北其國東北有山出石其利入鐵將取必先祈神武帝元康初來貢元帝中興又詣江左貢其石砮至成帝時通貢於石季龍四年方達

唐

新唐書渤海另條詳後本粟末靺鞨姓大氏高麗滅率衆保挹婁之東牟山地直營州東二千里

遼史地理志大氏始保挹婁之東牟山有乞乞仲象者度遼水自固武后封爲震國公後自稱震王

五代史武后時乞乞仲象子祚榮立因幷有乞四比羽之衆四十萬人據挹婁

遼

遼史地理志瀋州昭德軍雙州保安軍定理府皆故挹婁國地按瀋州昭德軍今承德縣雙州保安軍今鐵嶺縣定理府在今興京境內

金

大金國志北接室韋西界渤海鐵離東瀕海三國志所謂挹婁地也

按挹婁之名始於後漢考之史傳即古肅愼氏晉書所謂肅愼一名挹婁是也至南北朝始別有勿吉靺鞨勿吉靺鞨俱另條詳後之稱而舊名之見於簡册者猶有可考如遼之瀋州雙州定理府金之挹婁縣皆僅指一隅非其全部元史稱瀋陽路爲挹婁故地似矣而於開元路則云古肅愼地隋唐曰靺鞨又似歧而二之者蓋魏晉以前部族未分魏晉以後釐而爲七族愈繁而地愈廣容有非舊部之名所能該者矣至金史地理志謂瀋州本遼

定理府爲挹婁故壤考遼志則瀋州之外別有定理府亦屬挹婁之地遼之定理實唐時渤海所建至金已廢又金志稱瀋州挹婁縣本遼舊興州常安縣考遼志東丹城北至挹婁縣范河二百七十里則遼時已有挹婁縣蓋郡邑雖移而幅員有定今見於

盛京通志者若承德若鐵嶺若吉林若甯古塔自奉天府治極於東北胥挹婁地也又明一統志載洪武二十九年設左右千戶於懿路城永樂八年復設中千戶於懿路城其廢址在今鐵嶺縣城南六十里又有站名懿路亦作伊魯當即遼金挹婁縣之遺今滿洲語謂巖穴之穴爲葉嚕與伊魯音相近可知當時命名之義而音轉傳訛歷代遂有互異究之遺蹟可尋正猶陶之爲陶邱豳之爲豳亭焉爾

三韓

御製三韓訂謬

嘗讀後漢書三韓傳稱辰韓人兒生欲令頭扁皆押之以石訝其說之悖於理而肆爲詭誕以惑世也夫以石押頭壯夫且不能堪而以施之初墮地之小兒實非人情所宜有閱考三韓建國本末諸史率多牴牾以方位準之蓋在今奉天東北吉林一帶壤接朝鮮與我國朝始基之地相近國朝舊俗兒生數日即置臥具令兒仰寢其中久而腦骨自平頭形似扁斯乃習而自然無足爲異辰韓或亦類是耳范蔚宗不得其故從而曲爲之解甚矣其妄也且如漢人生兒常令側臥久而左右角平頭形似狹蒙古人生兒以韋帶束之木板植立於地長則股形微箕此亦皆習而自然無足爲異藉如蔚宗所言豈漢人蒙古亦皆以石押之令其頭狹而股箕乎若夫三韓命名史第列馬韓辰韓弁韓亦曰弁辰而不詳所以稱韓之義陳壽魏志直云韓地韓王魚豢魏略且以爲朝鮮王準冒

姓韓氏其爲附會尤甚蓋國語及蒙古語皆謂君長爲汗韓與汗音相混史載三韓各數十國意當時必有三汗分統之史家既不知汗之爲君而庸鄙者至譌韓爲族姓何異扣槃捫籥以喻日哉且中外語言不通不能強爲詮解者勢也今夫天昭昭在上人皆仰之然漢語謂之天國語謂之阿卜喀蒙古語謂之騰格哩西番語謂之那木喀回語謂之阿思滿以彼語此各不相曉而人之所以敬與天之所以感則無弗同若必一一以漢字牽附臆度之能乎不能夫韓與汗音似義殊謬而失之誣猶可也至於以石押頭之謬實悖於理斯不可也然則余之三韓訂謬之作烏容已乎哉

謹按三韓雖與漢時諸郡毗連然音譯多訛往往以漢字轉相附會於是異說分歧至范蔚宗有生兒以石押頭之論誕妄不經莫斯爲甚矣恭讀

御製三韓訂謬以國語蒙古語證韓之當爲汗而即漢人蒙古習俗

之不同并推及

國俗生兒仰寢臥具見理之至當而無足怪審音知義曠若發蒙據事揆情瞭如指掌誠非歷代紀載家所能窺測也謹錄冠諸書之前以昭準則

漢

漢書朝鮮傳眞番辰國欲上書見天子朝鮮雍閼弗爲通師古曰辰謂辰韓之國也

通典三韓後漢時通焉一曰馬韓二曰辰韓三曰弁辰晉書梁書作弁韓馬韓在西有五十四國其北與樂浪南與倭接辰韓在東十有二國其北與濊貊接弁辰在辰韓之南亦十有二國其南亦與倭接凡七十八國百濟另條詳後是其一國焉大者萬餘戶小者數千家各在山海間地合方四千餘里東西以海爲限皆古之辰國也馬韓最大共立其種爲辰王都目支魏志作月支通考作自支國盡

王三韓之地其諸國王先皆是馬韓種人

後漢書馬韓邑落雜居無城郭辰韓耆老自言秦之亡人避苦役適韓國馬韓割東界地與之或名之爲秦韓有城栅屋室諸小別邑各有渠帥貿易以鐵爲貨兒生欲其頭扁皆押之以石弁辰與辰韓雜居城郭衣服皆同其人形皆長大美髮而刑罰嚴峻初朝鮮王準爲衛滿所破乃將其餘衆走入海攻馬韓破之自立爲韓王準後滅絕馬韓人復自立爲辰王

魏略朝鮮王準爲衛滿所破走入海其子及親留在國者因冒姓韓氏準王海中不與朝鮮相往來

魏略初右渠（朝鮮王衛滿之孫）未破時朝鮮相歷谿卿以諫右渠不用東之辰國時民隨出居者二千戶亦與朝鮮貢番不相往來至王莽時廉斯鑡爲辰韓右渠帥欲來降出其邑落見一人其語非韓人問之曰我等漢人名戶來我等輩千五百人伐材木爲

韓所得積三年矣辰鑡因將戶來出詣樂浪郡郡令鑡乘大船入辰韓取戶來伴輩尙得千人其五百人已死辰韓曰我當出贖直耳乃出辰韓萬五千人弁韓布萬五千匹鑡收取直還郡

冊府元龜漢建武二十年韓國廉斯人蘇馬諟等詣樂浪貢獻帝封蘇馬諟爲廉斯邑君使屬樂浪郡四時朝謁

後漢書本紀建武二十年韓國人率衆詣樂浪內附（注辰韓卞韓馬韓謂之三韓國也）

通考靈帝末韓濊並盛郡縣不能制百姓苦亂多流亡入韓者獻帝建安中公孫康分屯有有鹽縣（屯有有鹽兩縣並漢遼東所屬）以南荒地爲帶方郡遣公孫模張敞等收集遺民興兵伐韓濊舊民稍出是後韓遂屬帶方郡

三國

魏志韓在帶方之南東西以海爲限南與倭接方可四千里有

三種一曰馬韓二曰辰韓三曰弁韓辰韓者古之辰國也馬韓在西其民土著各有長帥大者名臣智散在山海間無城郭凡五十餘國總十餘萬戶辰王治月支國魏景初中明帝密遣帶方太守劉昕樂浪太守鮮于嗣越海定二郡諸韓國臣智加賜邑君印綬其次與邑長部從事吳林以樂浪本統韓國分割辰韓八國以與樂浪吏譯轉有異同臣智激韓忿攻帶方郡崎離營時太守弓遵樂浪太守劉茂興兵伐之遵戰死二郡遂滅韓辰韓在馬韓東自言避秦役來適韓國今有名之爲秦韓者始有六國分爲十二國弁辰亦十二國又有諸小別邑各有渠帥總四五萬戶其十二國屬辰王辰王常用馬韓人作之世世相繼土地肥美弁辰與辰韓雜居亦有城郭衣服居處與辰韓同其瀆盧國與倭接界十二國亦有王

晋

晉書馬韓居山海之間凡有小國五十六所武帝太康元年二年其主頻遣使貢方物七年八年十年又頻至太熙元年詣東夷校尉何龕上獻咸甯三年復來明年又請內附辰韓常用馬韓人作主雖世世相承而不得自立明其流移之人故爲馬韓所制也太康元年其王遣使獻方物二年復來朝貢七年又來

通考三韓自咸甯三年來貢明年又請內附其王來朝自後無聞蓋爲百濟新羅（另條詳後）所吞併

南北朝

梁書辰韓始有六國稍分爲十二新羅其一也馬韓有五十四國百濟其一也

唐

舊唐書百濟國爲馬韓故地

宋

宋史定安國本馬韓之種爲契丹所破其帥糾合餘衆保於西鄙建國改元自稱定安開寶三年其王烈萬華因女眞遣使入貢

遼

遼史地理志高州三韓縣辰韓爲扶餘弁韓爲新羅馬韓爲高麗開泰中聖宗伐高麗取三國之遺人置縣

按三韓統名辰國自漢初已見後爲新羅百濟所併其七十八國之名備載於魏志國名多繫以卑離二字如監奚卑離內卑離辟卑離如來卑離以滿洲語考之當爲貝勒之轉音正猶汗之訛爲韓而三汗之統諸貝勒於體制恰相符合也至馬韓亦作慕韓辰韓亦作秦韓弁韓亦作弁辰又作卞韓尚書傳扶餘馯並稱正義謂馯即韓也當時祇以諸音並非漢語范蔚宗始稱爲韓國韓人魏志遂有韓地韓王之目甚者至訛爲韓氏又

如弁韓在三韓中記載獨少考史記眞番注謂番音普寒切遼東有潘汗縣或即弁韓之轉音亦未可定或有以三韓爲高麗者蓋因宋史高麗傳有崇甯後鑄三韓通寶之文又遼史外紀遼時常以三韓國公爲高麗封號遂謂三韓之地盡入高麗不知高麗之境亦屬三韓所統當時假借用之未經深考耳至遼之三韓縣乃取高麗俘戸所置非其故壤也

勿吉

南北朝

魏書勿吉在高麗北舊肅愼國也邑落各自有長不相總一其人勁悍常輕豆莫婁諸國延興中遣使乙力支朝獻太和初又貢馬五百匹自云其國先破高句麗十落密共百濟謀從水道并力取高句麗來請其可否詔三國宜共和順勿相侵擾九年復遣使侯尼支朝獻十二年遣使貢楛矢方物十七年遣使婆

非等五百餘人朝獻景明四年遣使俟力歸（北使作俟力歸）興和二年遣使石久云（北使作石文云）等貢方物至於武定不絕

北使勿吉一曰靺鞨（另條詳後）其部類凡七種其一號粟末部與高麗接勝兵數千多驍武其二伯咄部在粟末北勝兵七千其三安車骨部在伯咄東北其四拂涅部在伯咄東其五號室部在拂涅東其六黑水部在安車骨西北其七白山部在粟末東南勝兵並不過三千而黑水部尤勁自拂涅以東矢皆石鏃即古肅愼氏也

冊府元龜魏孝文延興五年勿吉國遣使朝獻又太和二年十年並遣使朝貢十二年勿吉國貢楛矢石砮十七年遣使朝獻又宣武景明四年正始四年勿吉國貢楛矢又永平元年二年三年並遣使朝貢四年延昌元年貢楛矢延昌二年三月七月九月並朝獻四年孝明熙平二年貢楛矢神龜元年二年朝貢

東魏孝靜帝天平三年興和二年三年武定二年四年五年北齊武平三年並遣使朝貢

隋

太平寰宇記隋初靺鞨國有使來獻謂即勿吉也

通考隋開皇初勿吉遣使貢獻文帝厚勞之其國與隋懸隔惟粟末白山爲近

唐

舊唐書靺鞨蓋肅愼之地後魏謂之勿吉

太平寰宇記貞觀初汨咄安車骨入號室部高麗破後並歸渤海惟黑水部全盛分爲十六部落

通考拂涅亦稱大拂涅開元天寶間八來獻鯨睛豹鼠白兔

新唐書渤海本粟末部姓大氏

五代

五代史黑水靺鞨本號勿吉當後魏時見中國蓋古肅愼氏之地也其衆分爲數十部而黑水最處其北尤勁其部族世次史皆失其紀

遼

遼史營衛志國外十部有長白山部

金

金史世紀景祖稍役屬諸部自白山之屬以至五國之長皆聽命

金史世紀勿吉古肅愼地也元魏時勿吉有七部太祖敗遼兵於境使梁福達烏喇舊作斡答剌招諭渤海人曰女眞渤海本同一家皆勿吉之七部也

北盟錄女眞所居之地東瀕海南接高麗西接渤海鐵離北近室韋三國所謂挹婁元魏所謂勿吉是也

按勿吉始見於北魏亦謂之靺鞨故魏書爲勿吉傳隋書爲靺鞨傳而北史傳云勿吉一名靺鞨其事則實爲一國蓋南北音殊譯對互異併不得謂一國而二名也第自唐武德以前則勿吉與靺鞨互稱武德以後則黑水一部獨强分爲十六部始專稱靺鞨而粟末部自萬歲通天以後改稱震國又稱渤海無復目爲勿吉者矣今靺鞨渤海各具專條取史傳之稱勿吉者繫屬於此至伯咄五代史太平寰宇記作汨咄拂涅寰宇記作拂湼按滿洲語謂朋友曰固楚與汨咄音同謂羣處之羣曰佛甯與佛湼音同兩句相連即朋友之意當時二部命名應取諸此而音字傳訛遂不畫一耳又按佛甯清文作ᡶᡝ下一字尼音二字合切漢字無恰合者借用甯字譯之考遼史地理志爲紫蒙縣爲興平軍爲始平軍地粟末部以粟末水得名即今之松阿哩江白山今長白山滿洲語謂之果勒敏珊延阿琳黑水今黑龍江滿洲語謂之薩哈連烏拉詞美義同尤信而可徵也至諸史咸稱七部中黑水尤勁扶輿之氣鍾厚於茲益

以徵我

國家出震方行霆驅電掃八旗勁旅有勇知方所由來者遠矣

欽定滿洲源流考卷二

欽定滿洲源流考卷三

部族三

百濟一作伯濟

漢

後漢書三韓另條見前凡七十八國伯濟是其一國焉

三國

三國志馬韓有伯濟國

晉

册府元龜晉簡文帝咸安二年正月百濟遣使貢方物六月遣使拜百濟王餘句按百濟爲夫餘王尉仇台之後故以夫餘爲姓諸史往往删去夫字誤爲鎭東將軍領樂浪太守孝武帝太元十一年以百濟世子餘暉爲鎭東將軍百濟王義熙十二年以百濟王映爲使持節都督百濟諸軍事鎭東將軍百濟王

通典晉義熙中以百濟王夫餘腆爲使持節督百濟諸軍事

通考百濟即後漢末夫餘另條見前王仇台之後馬韓五十四國百濟是其一也初以百家濟因號百濟後漸强大兼諸小國晉時句麗既略有遼東百濟亦略有遼西晉平唐柳城北平之閒自晉以後吞併諸國據有馬韓故地南接新羅另條詳後北拒高麗千餘里西限大海處小海之南自晉代受藩爵自置百濟郡

太平寰宇記百濟西限大海過海至越州處小海之南南到海即倭國晉代受藩爵自置百濟郡其人土著地多下濕率皆山居

南北朝

宋書高麗傳高祖踐阼詔曰使持節督百濟諸軍事鎮東將軍百濟王映執義海外遠修貢職惟新告始宜荷國休可鎮東大將軍持節都督王公如故

宋書百濟國本與高麗俱在遼東之東千餘里其後高麗略有遼東百濟畧有遼西百濟所治謂之晉平郡晉平縣義熙十二年以百濟王餘映爲使持節都督百濟諸軍事鎮東將軍百濟王高祖踐阼進號大將軍少帝景平二年映遣長史張威詣闕貢獻元嘉二年太祖詔之曰皇帝問使持節都督百濟諸軍事鎮東將軍百濟王累葉忠順越海效誠慕義既彰厥懷亦款浮桴驪水獻琛執贄故嗣位方任以藩東服勉勖所莅無墜前蹤今遣兼謁者閭丘恩子兼副謁者丁敬子等宣旨慰勞稱朕意其後每歲遣使奉表獻方物七年百濟王餘毗復修職貢以映爵號授之二十七年毗上書獻方物私假臺使馮野夫西河太守表求易林占式腰弩太祖並與之毗死子慶代立世祖大明元年遣使求除授詔許之二年慶遣使上表曰臣國累葉偏受殊恩文武良輔世蒙朝爵行冠軍將軍右賢王餘紀等十一人

忠勤宜在顯進伏願垂愍並聽賜除仍以行冠軍將軍右賢王餘紀爲冠軍將軍以行征虜將軍左賢王餘昆行征虜將軍餘暈並爲征虜將軍以行輔國將軍餘都餘乂並爲輔國將軍以行龍驤將軍沐衿餘爵並爲龍驤將軍以行甯朔將軍餘流麋貴並爲甯朔將軍以行建武將軍于西餘婁並爲建武將軍太宗泰始七年又遣使貢獻

齊書武帝永明八年百濟王牟大上表曰甯朔將軍臣姐瑾等四人振竭忠效攘除國難志勇果毅等威名將論功料勤宜在甄顯今依例輒假行職伏願恩愍聽除所假甯朔將軍面中王姐瑾歷贊時務武功並列今假行冠軍將軍都將軍都漢王建威將軍八中侯餘古弱冠輔佐忠效夙著今假行甯朔將軍阿錯王建威將軍餘歷忠款有素文武列顯今假行龍驤將軍邁盧王廣武將軍餘固忠效時務光宣國政今假行建威將軍弗

斯侯又表曰臣所遣行建威將軍廣陽太守兼長史臣高達行建威將軍朝鮮太守兼司馬臣楊茂行宣威將軍兼參軍臣會邁等三人志行清亮忠款夙著往太始中比使宋朝今任臣使冒涉波險宜在進爵謹依例各假行職伏願除正達邊効夙著勤勞公務今假行龍驤將軍帶方太守茂志行清壹公務不廢今假行建威將軍廣陵太守邁（舊作萬今據前文改）執志周密屢致勤効今假行廣武將軍清河太守詔可並賜軍號除大爲使持節都督百濟諸軍事鎮東大將軍使謁者僕射孫副策命大襲其祖父（梁書作父）牟都爵爲百濟王是歲魏人又發騎數十萬攻百濟入其界牟大遣將沙法名贊首流解禮昆木干那率衆襲擊魏軍大破之建武二年遣使上表曰去庚午年（按庚午爲齊武帝永明八年）玁狁弗悛舉兵深逼臣遣沙法名等領軍逆討宵襲霆擊乘奔追斬僵尸丹野今邦宇謐實名等之略今假沙法名行征虜將軍

邁羅王贊首流爲行安國將軍辟中王解禮昆爲行武威將軍弗中侯木干那前有軍功又拔臺舫爲行廣威將軍面中侯伏願天恩特愍聽除又表曰臣所遣行龍驤將軍樂浪太守兼長史臣慕遺行建武將軍城陽太守兼司馬臣王茂兼參軍行振武將軍朝鮮太守臣張塞行揚武將軍臣陳明在官忘私蹈難弗顧今任臣使冒涉波險各假行爵伏願特賜除正詔可並賜軍號案此所載百濟人地名有與滿洲語相近者若牟大當爲穆丹韻也弗斯當爲富森滋生也牟都當爲穆敦切磋之磋也弗中當爲法珠樹杈也又如沙氏解氏木氏皆百濟大族其名如首流當爲舒嚕珊瑚也干那當爲噶納往取也時代雖遙尙有可通者耳

梁書馬韓有五十四國百濟其一後漸强大兼諸小國其國本在遼東之東晉世據有遼西晉平二郡自置百濟郡晉太元中王須義熙中王餘映宋元嘉中王餘毗並遣獻生口餘毗死子慶立慶死子牟都立都死子牟太齊書作大立齊永明中除太都督

百濟諸軍事鎭東大將軍百濟王天監元年進太號征東將軍尋爲高句驪所破衰弱者累年遷居南韓按弁韓在辰韓之南故史稱爲南韓地普通二年王餘隆始復遣使奉表稱累破句驪今始得通好而百濟更爲强國其年詔加甯東大將軍五年隆死復以其子明爲綏東將軍百濟王號所治城曰固麻中大通六年大同七年累遣使獻方物并請涅槃等經義毛詩博士并工匠畫師等勑並給之太清三年猶遣使貢獻

南史馬韓五十四國百濟其一也後漸强大兼諸小國其國本與句驪俱在遼東之東千餘里晉世據有遼西晉平二郡地自置百濟郡晉義熙十二年以餘映爲王宋元嘉七年百濟王餘毗復修貢職以映爵號授之毗死子慶代立慶死立子牟都牟都死立子牟大齊永明中除大都督百濟諸軍事鎭東大將軍百濟王梁天監中爲高麗所破衰弱累年遷居南韓地普通二

年王餘隆始復遣使奉表稱累破高麗今始與通好五年隆死
復以其子明爲持節督百濟諸軍事綏東將軍百濟王其人形
長太清三年遣使貢獻及至見城闕荒毁並號慟涕泣侯景怒
囚執之景平乃得還國
冊府元龜宋高祖永初元年餘映進號鎮東大將軍文帝元嘉
七年十七年二十年二十七年並遣使獻方物孝武大明元年
七年並遣使朝貢順帝昇明二年王牟都遣使貢獻詔授使持
節都督百濟軍事鎮東大將軍齊武帝永明八年遣謁者僕射
孫副策命牟太爲百濟王曰於戲惟爾世襲忠勤誠著遐表海
路肅澄要貢無替式循彝典用纂顯命敬膺休業可不慎歟梁
普通二年詔加餘隆甯東大將軍詔曰守藩海外遠修貢職乃
誠款到朕有嘉焉宜率舊章服兹榮命三年遣使獻方物五年
以餘隆子明爲綏東將軍百濟王陳文帝天嘉三年以百濟王

餘明爲撫東大將軍臨海王光大元年宣帝太建九年後主至德二年四年並遣使入朝

魏書百濟國其先出自夫餘其民土著地多下濕率皆山居延興二年其王餘慶始遣使上表曰臣建國東極豺狼隔路雖世承靈化莫由奉藩瞻望雲闕馳情罔極涼風微應伏惟陛下協和天休不勝係仰之情謹遣私署冠軍將軍駙馬都尉弗斯侯長史餘禮龍驤將軍帶方太守司馬張茂等投舫波阻搜徑元津託命自然之運遣進萬一之誠冀神祇垂感皇靈洪覆克達天庭宣暢臣志雖旦聞夕沒永無餘恨又云臣與高句麗源出夫餘先世之時篤崇舊款其祖釗輕廢隣好親率士衆陵踐臣境臣祖須整旅電邁應機馳擊矢石暫交梟斬釗首自爾以來莫敢南顧自馮氏數終餘燼奔竄醜類漸盛遂見陵逼搆怨連禍三十餘載財殫力竭轉自孱踧若天慈曲矜遠及無外速遣

一將來救臣國又云今漣有罪國自魚肉大臣强族殺戮無已
是滅亡之期假手之秋也且馮族士馬有鳥畜之戀樂浪諸郡
懷首丘之心天威一舉有征無戰臣雖不敏志效畢力當率所
統承風響應且高麗不義逆詐非一外慕隗囂藩卑之辭內懷
兇禍豕突之行或南通劉氏或北約蠕蠕共相脣齒謀陵王略
今若不取將貽後悔去庚辰年後臣西界小石山北國海中見
屍十餘并得衣器鞍勒視之非高麗之物後聞乃是王人來降
臣國長蛇隔路以沈於海雖未委當深懷憤恚陛下合氣天地
勢傾山海豈令小豎跨塞天逵今上所得鞍一以爲實驗顯祖
以其僻遠冒險朝獻禮遇優厚遣使者邵安與其使俱還詔曰
卿處五服之外不遠山海歸誠魏闕欣嘉至意用戢於懷卿與
高麗不睦屢致陵犯苟能順義守之以仁亦何憂於寇讐也前
所遣使浮海以撫荒外之國積年不返達否未能審悉卿所送

鞍比校舊乘非中國之物不可以疑似之事以生必然之過經略權要已具別旨又詔曰知高麗阻强侵軼卿士修先君之舊怨棄息民之大德兵交累代難結荒邊使兼申胥之誠國有楚越之急乃應展義扶微乘機電舉但以高麗稱藩先朝供職日久於彼雖有自昔之釁於國未有犯令之愆卿使命始通便求致伐討尋事會理亦未周故往年遣禮等至平壤欲驗其由狀然高麗奏請頻煩辭理俱詣行人不能抑其請司法無以成其責故聽其所啓詔禮等還若今復違旨則過咎益露後雖自陳無所逃罪然後興師討之於義爲得所獻錦布海物雖不悉達明卿至心今賜雜物如別又詔璉護送安等安等至高句麗璉稱昔與餘慶有讐不令東過安等於是皆還乃下詔切責之五年使安等從東萊浮海賜餘慶璽書褒其誠節安等至海濱遇風飄蕩竟不達而還

魏書高麗傳高麗王釗烈帝時與慕容氏相攻建國四年慕容元眞伐之釗單騎奔竄後爲百濟所殺按烈帝爲道武帝之伯祖隋書以昭烈帝三字相連爲高麗王名殊誤涉羅國爲百濟所幷

魏書勿吉傳勿吉先破高句麗十落密共百濟謀從水道并力取高句麗勿吉國另條見前

太平寰宇記百濟國後魏孝文帝遣衆征破之後其王牟大爲高句麗所破遷居南韓舊地

後周書百濟者馬韓之屬國夫餘之別種有仇台者始國於帶方其地界東極新羅北接高句麗西南俱限大海王姓夫餘氏自晉宋齊梁據江左後魏宅中原並遣使稱藩兼受封拜齊氏擅東夏其王隆亦通使焉隆子昌建德六年遣使獻方物宣政元年又遣使來獻

北史百濟夫餘王東明之後詳見前夫餘條有仇台者篤於仁信始立

國於帶方故地漢遼東太守公孫度以女妻之遂爲强國初以百家濟因號百濟王姓餘氏（按後周書作夫餘氏當以後周書爲是）其都曰居拔城亦曰固麻城其外更有五方方有十郡其人雜有新羅高麗倭等亦有中國人有僧尼多寺塔而無道士有鼓角箜篌筝竽篪笛之樂行宋元嘉曆以建寅月爲歲首國中大姓有八族（原脫八字今據隋書增）沙氏燕氏劦（通考作劦注云音狹）氏解氏眞（隋書新唐書俱作貞）氏國氏木氏苗（新唐書作苗通考作苩注云音白）氏齊武平元年齊後主以餘昌爲使持節侍中車騎大將軍帶方郡公百濟王如故二年又以餘昌爲持節都督東青州諸軍事東青州刺史周建德六年齊滅餘昌始遣使通周宣政元年又遣使來獻

隋

隋書百濟夫餘王東明之後開皇初其王餘昌遣使貢方物拜昌爲上開府帶方郡公百濟王平陳之歲有一戰船漂至海東

躭牟羅國其船得還經於百濟昌資送之甚厚并遣使奉表賀
平陳高祖善之下詔曰百濟往復至難若逢風浪便致傷損百
濟王心迹淳至朕已委知相去雖遠事同言面何必數遣使來
自今以後不須年别入貢朕亦不遣使往王宜知之開皇十八
年北使作八年昌使其長史王辯那來獻方物屬興遼東之役遣使
請爲軍導帝下詔曰往歲爲高麗不供職貢無人臣禮故命將
討之高元君臣畏服歸罪朕已赦之不可致伐厚其使而遣之
高麗頗知其事以兵侵掠其境昌死子餘宣立餘宣死子餘璋
立大業三年璋遣使者燕文進朝貢其年又遣使王孝隣入獻
請討高麗煬帝許之令覘高麗動静然璋内與高麗通和七年
帝親征高麗璋使其臣國智牟來請軍期帝大悦厚加賞錫遣
尚書起部郎席律詣百濟與相知明年六軍度遼璋亦嚴兵於
境聲言助軍尋與新羅有隙每相戰爭十年復遣使朝貢後天

下亂使命遂絶其南海行三月有躭牟羅國南北十餘里東西數百里附庸於百濟

唐

舊唐書百濟地在京師東六千二百里東北至新羅西渡海至越州南渡海至倭國北渡海至高麗其王所居有東西兩城又外置六帶方管十郡其用法叛逆者死籍沒其家殺人者以奴婢三贖罪官人受財及盜三倍追贓仍終身禁錮武德四年其王夫餘璋遣使獻果下馬七年又遣大臣奉表朝貢高祖遣使册爲帶方郡王百濟王自是歲遣朝貢高祖撫勞甚厚因訟高麗閉其道路不許來通中國詔遣朱子奢往和之又與新羅世爲讐敵數相侵伐貞觀元年賜璽書曰王世爲君長撫有東蕃海隅遐曠風濤艱阻忠款之至職貢相尋尚想徽猷甚以嘉慰新羅王金眞平王之隣國每聞遣師征討不息阻兵安忍殊乖

所望朕已對王姪福信及高麗新羅使人具勑通和咸許輯睦王必須忘彼前怨識朕本懷共篤隣情即停兵革璋因遣使陳謝實相仇如故十一年遣使獻鐵甲雕斧賜綵帛三千段并錦袍等十五年璋卒其子義慈告哀太宗素服哭之贈光祿大夫賻物二百段遣使册義慈爲柱國帶方郡王百濟王十六年義慈興兵伐新羅取四十餘城發兵以守之與高麗通好謀取党項（新唐書作棠項誤）城以絕新羅入朝之路新羅遣使告急請救太宗遣司農丞相里元奬齎書告諭及太宗親征高麗百濟乘虚襲破新羅十城（新書作七城）二十二年又破其十餘城數年之中朝貢遂絕高宗永徽二年始又遣使朝貢使還降璽書於義慈曰海東三國開基自久地實犬牙近代已來遂搆嫌隙戰爭交起朕代天理物載深矜憫去歲新羅使金法敏奏書乞詔百濟令歸所侵之城若不奉詔即自興兵打取但得故地即請交和朕以

其言既順不可不許王所兼新羅之城並宜還其本國王若不從朕已依法敏所請任其決戰亦令約束高麗不許救恤高麗若不從命即令契丹諸蕃渡遼直入抄掠王可深思朕言自求多福六年新羅王金春秋又表稱百濟與高麗靺鞨侵其北界已沒三十餘城顯慶五年命左衛大將軍蘇定方統兵討之大破其國擄義慈及太子隆小王孝演等五十八人送京師命右衛郎將王文度爲熊津都督總兵以鎮之義慈事親以孝行聞友于兄弟時人號海東曾閔及至京數日而卒贈金紫光祿大夫衛尉卿文度濟海而卒百濟僧道琛舊將福信按新唐書福信爲夫餘璋之從子率衆據周留城遣使往倭國迎故王子夫餘豐立爲王其西部北部並翻城應之時郎將劉仁願留鎮於百濟府城道琛等引兵圍之帶方州刺史劉仁軌代文度統衆便道發新羅兵以救仁願轉鬬而前所向皆下道琛於熊津江口立兩柵以拒

官軍仁軌與新羅兵四面夾擊之退走入柵阻水橋狹墮水及戰死萬餘人道琛等乃釋仁願之圍退保任存城按新唐書作任孝城新羅兵以糧盡引還時龍朔元年三月也於是道琛自稱領軍將軍福信自稱霜岑將軍使告仁軌曰聞唐與新羅約誓百濟無問老少一切殺之然後以國付新羅與其受死豈若戰亡所以聚結自守耳仁軌作書具陳禍福遣使諭之道琛置仁軌之使於外館傳語謂曰使人官職小我一國大將不合自參不答書遣之尋而福信殺道琛并其衆夫餘豐但主祭而已二年七月仁願仁軌率留鎮之兵大破福信餘衆於熊津之東福信等以眞峴城臨江高險又當衝要加兵守之仁軌引新羅兵乘夜薄城四面攀堞而上比明而入據其城遂通新羅運糧之路仁願奏請益兵詔發淄青萊海之兵七千人遣左新唐書作右威衛將軍孫仁師統衆浮海赴熊津以益之時福信既專其兵權與夫餘

豐漸相猜貳稱疾臥於窟室將俟夫餘豐問疾謀襲殺之夫餘豐覺而率其親信掩殺福信又遣使往高麗及倭國請兵以拒官軍孫仁師中路迎擊破之遂與仁願之衆相合兵士大振於是仁師仁願及新羅王金法敏帥陸軍進劉仁軌及別帥杜爽夫餘隆率水軍及糧船自熊津江往白江以會陸軍同趨周留城仁軌遇夫餘豐之衆於白江之口四戰皆捷焚其舟四百艘豐脫身而走王子夫餘忠勝忠志等率士女及倭衆並降百濟諸城皆復歸仁師等振旅還詔劉仁軌代仁願率兵鎮守乃授夫餘隆熊津都督遣還本國共新羅和親以招輯餘衆麟德二年八月隆到熊津城與新羅王金法敏刑白馬而盟先祀神祇及川谷之神而後歃血藏其盟書於新羅之廟仁願仁軌等既還隆懼新羅尋歸京師儀鳳二年拜光祿大夫太常員外卿兼熊津都督帶方郡王令歸本蕃安輯餘衆時百濟本地荒毁漸

爲新羅所據隆竟不敢還舊國而卒其孫敬則天朝襲封帶方郡王授衛尉卿其地自此爲新羅及渤海靺鞨所分百濟遂絶按周留既破夫餘豐脱身而走通考亦言豐走不知所在至後唐清泰三年百濟國復遣使來蓋其支裔共保海濱仍稱百濟雖故地已失而世祀未嘗絶也

新唐書顯慶五年詔蘇定方爲神丘道行軍大總管率左衛將軍劉伯英右武衛將軍馮士貴左驍衛將軍龐孝泰發新羅兵伐百濟自成山濟海百濟守熊津口定方擊敗之乘潮以進趨眞都城復破之拔其城義慈挾太子隆走北鄙定方圍之次子泰自立爲王率衆固守義慈孫文思曰王太子固在叔乃自王若唐兵解去如我父子何與左右縋而出民皆從之泰不能止定方令士超堞立幟泰開門降定方執義慈隆等送京師平其國析置熊津馬韓東明金漣按地理志作遠太平寰宇記作蓮德安五都督府按地理志云又置帶方州麟德後俱廢擢渠長治之命劉仁願守百濟城義慈尋

卒授隆司稼卿

唐會要百濟本夫餘之別種當馬韓之故地其後有仇台者爲高麗所破以百家濟因號百濟東北至新羅

册府元龜唐武德七年封百濟王夫餘璋爲帶方郡王七年九月遣使獻光明甲貞觀十一年璋遣太子隆來朝並獻鐵甲雕斧十三年獻金甲雕斧十五年詔曰故柱國帶方郡王百濟王夫餘璋棧山航海遠稟正朔獻琛奉贄克固始終宜加常數式表哀榮可贈光祿大夫令其嫡子義慈嗣位使祠部郎中鄭文表備禮册命十九年正月百濟太子夫餘康信貢方物百濟自武德四年至永徽三年朝貢不絶顯慶五年蘇定方旣濟熊津口乘山而陣與之大戰揚帆蓋海相續而至敵兵大潰官軍連舳入江水陸並進直趨眞都去城二十餘里復傾國來拒大戰破之追奔入郭義慈及太子隆走北境其大將禰植將義慈來

降及諸城主亦俱送款龍朔三年百濟西部人黑齒常之來降常之長七尺餘驍勇有謀略按唐書列傳常之爲百濟達帥蘇定方平百濟特常之糾合逋亡依任存山自固定方攻之不克常之遂復二百餘城高宗遣使招諭乃詣劉仁軌降授左領軍將軍

通考百濟王夫餘映子餘毗子慶慶子牟都牟都子牟大毎王立必遣使詣江南請命俱授以鎭東大將軍都督百濟諸軍事亦遣使稱藩奉貢於魏尋爲高麗所破衰弱累年梁時王餘隆累破高麗隆卒子明嗣北齊時亦通使焉齊亡遣使通周隋時其王餘昌立餘昌卒子餘璋立隋亂貢使遂絶唐武德四年璋始通使自是數朝貢且訟高麗梗道貞觀初詔使平其怨璋卒子義慈立義慈事親孝與兄弟友時號海東曾子明年與高麗連和取新羅四十餘城聞帝討高麗又取新羅七城久之又奪十餘城因不朝貢永徽六年復與高麗取新羅三十餘城顯慶五年蘇定方平其國璋從子福信等立故王子夫餘豐龍朔二

年劉仁願等復破之豐走不知所在帝以夫餘隆爲熊津都督
俾歸國平新羅故憾招還遺人麟德二年與新羅王會熊津城
刑白馬以盟辭曰往百濟先王侵削新羅破邑屠城天子憐百
姓無辜命行人修好先王負險恃遐皇赫斯怒是伐是夷立前
太子隆爲熊津都督守其祭祀附仗新羅長爲與國結好除怨
永爲藩服右威衛將軍魯城縣公仁願親臨厥盟有貳其德明
神監之乃作金書鐵券藏新羅廟中仁願等還隆畏衆攜散亦
歸京師儀鳳時進帶方郡王遣歸藩是時新羅强隆不敢入舊
國寄治高麗卒武后又以其孫敬襲王而其地已爲新羅渤海
靺鞨所分百濟遂絶
太平寰宇記百濟舊有五部分統三十七郡二百城七十六萬
戶顯慶五年以其地分置熊津馬韓東明金蓮德安五都督府
至麟德三年其舊地沒於新羅城傍餘衆後漸寡弱散投突厥

及𩋾鞨其王夫餘崇新舊唐書俱作隆竟不敢歸舊國土地盡入於新羅𩋾鞨

五代

五代史後唐清泰三年正月百濟國遣使貢方物册府元龜同

宋

通考高麗以百濟爲金州金馬郡號南京按此乃百濟東南邊境其全部始屬新羅後歸渤海及契丹非高麗所能有也

元

元史世祖至元四年正月百濟遣其臣梁浩來朝賜以錦繡有差

謹按百濟自後漢時已見史傳歷晉迄唐使命歲通王本夫餘王仇台之後以夫餘爲氏舊國屬馬韓晉代以後盡得馬韓故地兼有遼西晉平二郡自置百濟郡宋書言所治謂之晉平郡

晉平縣都城號居拔城則百濟郡即晉平而居拔城即晉平城也馬端臨謂晉平在唐柳城北平之間實今錦州甯遠廣甯之境一統志謂居拔城在今朝鮮境內者殆梁天監時遷居南韓之城歟普通以後累破高麗斬其王釗更爲强國號所治城曰固麻北史謂居拔城即固麻城以滿洲語考之固麻爲格們之轉音唐書云王居有東西兩城則居拔即滿洲語之卓巴兩城皆王都故均以格們稱之其曰建居拔者建字乃漢文通考連三字爲城名誤也通考又云南接新羅唐會要云東北至新羅考百濟之境西北自今廣甯錦義南跨海蓋東南極朝鮮之黄海忠清全羅諸道東西狹而南北長故自柳城北平計之則新羅在其東南而自慶尙熊津計之則新羅在其東北又魏時與勿吉謀併力取高麗則東北亦鄰勿吉矣唐初復取新羅六七十城其界益廣蘇定方浮海濟師故自熊津北趨其國熊津即

漢江在朝鮮國城南十里則今朝鮮國城亦百濟之南界也其後夫餘隆畏新羅不敢歸國故地爲新羅渤海靺鞨所分夫餘豐脫身而走不知所往而後唐時有百濟遣使入貢之文至元初猶通朝使是其支庶保守海隅仍用舊號國祚猶存唐書云百濟遂絕者非也又北史云國有五方方管十郡舊唐書云六方各管十郡則爲郡且五六十而定方所得僅三十七郡未得者尚五分之二此必餘衆所保第爲渤海契丹所隔故不復相聞耳若其聲明文物之盛與新羅埒史言俗重騎射兼愛墳史信矣其國內衆建侯王以酬勳懿自宋齊時已然則又地廣民稠之驗也

欽定滿洲源流考卷四

部族四

新羅

一作斯盧一作新盧一作雞林附

三國

三國志魏志辰韓另條見前十二國有斯盧國

通典新羅國魏時新盧國其先本辰韓辰韓始有六國稍分爲十二新羅其一也魏將毋丘儉討高麗破之高麗王奔沃沮其後復歸故國留者遂爲新羅焉沃沮見後條

通考新羅國在百濟東南五百餘里亦在高麗東南兼有漢時樂浪郡之地初曰新盧或曰新羅東濱大海魏毋丘儉破高麗奔沃沮其後復歸故國留者遂爲新羅故其人雜有華夏高麗百濟之屬兼有沃沮不耐韓濊之地其王本百濟人自海入新羅遂王其國

晉

前秦錄新羅在百濟東苻堅建元十六年苻洛反遣使徵兵於百濟新羅等國並不從

秦書苻堅建元十八年新羅國王樓寒案蒙古語謂龍曰婁寒字當即汗音之訛也遣使朝獻

通志新羅國在百濟東南五百餘里東濱大海其王本百濟人自海入新羅遂王其地其國初附屬于百濟後因百濟伐高麗人不堪戎役相率歸之遂致强盛因襲伽羅任那諸國滅之其西北界出高麗之間先是其國小不能自通苻堅時其王樓寒遣使衛頭朝貢堅曰卿言海東之事與古不同何也對曰亦猶中國時代變革名號改易今焉得同

南北朝

宋書元嘉二年倭國遣使自稱使持節都督倭百濟新羅任

那秦韓慕韓六國諸軍事案宋書無新羅傳其名但見于倭國傳中南齊書同

通志新羅時魏新盧國也宋時曰新羅或曰斯羅

梁書新羅者其先本辰韓也辰韓亦曰秦韓相去萬里傳言秦人避役來適馬韓另條見前馬韓割其東界居之辰韓始有六國稍分爲十二新羅其一也其國在百濟東南東濱大海南北與句驪百濟接魏時曰新盧宋時曰新羅或曰斯羅南史同國小不能自通使聘普通二年王名慕秦按南史通志太平御覽皆作姓慕名秦通考引梁史亦同且云未詳易姓之由新羅金姓相承已久不應于梁時忽稱姓慕考中國人本稱秦人此慕秦二字當爲書語非姓名也始使使隨百濟奉方物

陳書本紀廢帝光大二年六月新羅國遣使獻方物宣帝太建二年六月三年五月十年七月並遣使獻方物

南史新羅在百濟東南五十餘里其地東濱大海南北與句麗百濟接

册府元龜北齊河清四年詔以新羅國王金眞興爲使持節領東夷校尉樂浪郡公新羅王自河清三年至武平四年並遣使朝貢

北史百濟居漢時樂浪地或稱魏將毋丘儉討高麗破之奔沃沮其後復歸故國有留者遂爲新羅亦曰斯盧其王本百濟人自海入新羅初附庸于百濟百濟征高麗不堪戎役民相率歸之遂强盛傳世三十至眞平

隋

隋書新羅或稱斯羅其國傳祚至金眞平開皇十四年遣使貢方物高祖拜眞平爲上開府樂浪郡公新羅王大業已來歲遣朝貢地多山險雖與百濟搆隙百濟亦不能圖之

隋東蕃風土記新羅金姓相承三十餘葉至今亦姓金

通考隋文帝時其王姓金名眞平襲加羅任那諸國滅之並三韓之

地其西北界犬牙出高麗百濟之間地多山險王姓金貴人姓朴民無氏有名初百濟伐高麗來請救悉兵往破之自是相攻不置後獲百濟王殺之結怨滋深

唐

舊唐書新羅弁韓之苗裔也在漢時樂浪之地有城邑村落王所居曰金城周七八里衛兵三千人設獅子隊武德四年王金眞平遣使朝貢高祖親勞問之遣通直散騎侍郎庾文素往使焉賜以璽書及畫屏風錦綵三百段自此朝貢不絕國人多金朴兩姓異姓不爲婚高祖既聞海東三國舊結怨隙遞相攻伐乃問其使爲怨所由對曰先是百濟往伐高麗詣新羅請救新羅發兵大破百濟國因此爲怨每相攻伐新羅得百濟王殺之怨由此始七年遣使册拜金眞平爲柱國封樂浪郡王新羅王貞觀五年卒無子立其女善德爲王宗室大臣乙祭案蒙古語謂全部之

長曰伊濟與乙祭音近總知國政詔贈眞平左光祿大夫九年遣使冊命善德爲王十七年遣使上言高麗百濟累相攻襲亡失數十城乞師救助太宗遣相里元奬齎璽書賜高麗不聽太宗將親伐高麗詔新羅纂集士馬應接大軍新羅遣大臣領兵五萬人入高麗南界攻水口城降之二十一年善德卒贈光祿大夫餘官封並如故立其妹眞德爲王二十二年眞德遣其弟國相伊贊子金春秋案唐會要以春秋爲眞德子誤及其子文正案新書作文王來朝詔授春秋爲特進文正爲左武衛將軍春秋請詣國學觀釋奠及講論太宗因賜以所製溫湯及晉祠碑幷新撰晉書將歸國令三品以上宴餞之永徽元年眞德大破百濟之衆遣其弟法敏以聞案下文春秋卒以其子法敏嗣此處弟字云當誤新書云遣春秋子法敏是也帝嘉之拜法敏爲太府卿五年眞德卒詔以春秋嗣立爲王加授開府儀同三司樂浪郡王六年百濟與高麗靺鞨率兵侵其北界攻陷三十餘城春秋

上表求救顯慶五年命蘇定方爲熊津道大總管統水陸十萬仍令春秋爲嵎夷道行軍總管與定方討平百濟自是新羅漸有高麗百濟之地其界益大龍朔元年春秋卒詔其子太府卿法敏嗣位爲開府儀同三司上柱國樂浪郡王新羅王三年詔以其國爲雞林州都督府（案雞林與今吉林音譯地理俱符是時新羅既兼有百濟高麗之地北與靺鞨鄰故設都督府于此俾王領之以重其鎮耳）授法敏爲雞林州都督法敏以開耀元年卒其子政明嗣位垂拱二年遣使來朝天授三年（案册府元龜作長壽二年）政明卒立其子理洪爲王仍令襲父輔國大將軍行豹韜衛大將軍雞林州都督理洪以長安二年卒輟朝二日立其弟興光爲王仍襲兄將軍都督之號（案遼宋以後每以雞林稱高麗金元時亦以雞林部爲高麗封號蓋新羅嗣王既世襲都督雞林遂爲新羅之通稱迨渤海盛而新羅偏安南境又爲高麗所併故高麗亦襲是稱雖地非其舊而名仍沿之耳）興光本名與太宗同先天中則天改焉（案唐會要興光本名崇基是與明皇名同非太宗也又先天爲明皇初即位改元之號其非則天所改益明蓋舊唐書記載之訛耳）開元二

十一年渤海靺鞨越海入登州時興光族人金思蘭光因入朝留京師至是拜爲太僕員外卿令歸國發兵以伐靺鞨仍加授興光甯海軍使二十五年興光卒贈太子太保仍遣左贊善大夫邢璹往弔祭幷册立其子承慶上謂璹曰新羅號爲君子之國卿到彼宜闡揚經典使知儒教之盛又聞其人多善奕碁因令善碁人率府兵曹楊季鷹爲璹之副天寶二年承慶卒詔遣贊善大夫魏曜往弔祭之册立其弟憲英爲王大歷二年憲英卒國人立其弟乾運爲王遣其大臣金隱居奉表入朝請加册命三年遣使册立仍册乾運母爲太妃建中四年乾運卒無子雞人立其上相金良相爲王貞元元年授良相檢校太尉都督國林州刺史甯海軍使新羅王其年卒立上相金敬信爲王敬信即從兄弟也案敬信即從兄弟何謂意未爲明晰據通考蓋即良相之從兄弟耳十四年敬信卒其子先亡國人立敬信嫡孫俊邕十六年遣司封郎中韋丹

持節册命至鄆州聞俊邕卒丹還永貞元年遣兵部郎中元季方册俊邕子重興案册府元龜作重熙爲王案册府元龜云幷册其母和氏爲太妃妻朴氏爲妃元和三年新羅使人金力奇上言前貞元十六年奉詔册臣故主金俊邕爲王母申氏爲太妃妻叔氏爲王妃册使韋丹至中路知俊邕薨其册卻迴在中書省今臣還國請授臣以歸敕鴻臚寺于中書省領受至寺宣授與力奇令奉歸國七年重興卒立其相金彥昇爲王授彥昇開府儀同三司檢校太尉持節大都督雞林州諸軍事甯海軍使上柱國新羅王妻貞氏册爲妃命職方員外郎崔廷持節弔祭册立以其質子金士信副之太和五年彥昇卒以嗣子金景徽爲開府儀同三司檢校太尉使持節大都督雞林州諸軍事充甯海軍使新羅王母朴氏爲太妃妻朴氏案册府元龜作貞氏爲妃命太子左諭德源寂持節弔祭册立

新唐書新羅國東距長人東南日本西百濟南瀕海北高麗而

王居金城長人者人類長三丈或搏人以食其國連山數十里有峽固以鐵闔號關門新羅常屯弩士數千守之貞觀二年獻女樂二太宗曰比林邑獻鸚鵡尚思鄉丐還況於人乎付使者歸之王金眞平無子立女善德爲王國人號聖祖皇姑二十一年其妹眞德襲王明年遣子文王及弟伊贊子春秋來朝拜文王左武衛將軍春秋特進因請改章服從中國制內出珍服賜之龍朔三年詔以其國爲雞林州大都督府授其王法敏都督咸亨五年納高麗叛衆略百濟地守之詔削法敏官爵以其弟右驍衛大將軍臨海郡公仁問爲新羅王自京師歸國詔劉仁軌爲雞林道大總管發兵窮討法敏遣使入朝謝仁問乃還辭王詔復法敏官爵然多取百濟地遂抵高麗南境矣（按唐會要言盡有百濟之地及高麗南境蓋高麗北境已屬渤海故新羅既有百濟之地又兼有高麗南境非得百濟而始抵高麗之南也新書誤會及字之意與高麗傳不合謹詳訂于後）開元中王金興光數入朝帝賜興光瑞文

錦五色羅紫繡紋袍金銀精器興光亦上異狗馬黃金美髢諸物初渤海靺鞨入登州興光擊走之進興光甯海軍大使使攻靺鞨二十五年冊其子承慶爲王承慶妻朴氏爲妃卒弟憲英嗣王帝在蜀遣使泝江至成都朝正月大歷初其子乾運立甫丱會其宰相爭權相攻國大亂三歲乃定建中元年卒無子國人共立宰相金良相貞元元年遣戶部郎中蓋塤持節冊命之永貞三年使臣金力奇爲其宰相金彥昇金仲恭王弟蘇金添明丏門戟詔皆可凡再朝貢七年彥昇立長慶寶歷間再遣使者來朝留宿衛開成五年鴻臚寺籍質子及學生歲滿者一百五人皆還之有張保皋鄭年者皆善戰工用槍年復能沒海履其地五十里不噎角其勇健保皋不及也年以兄呼保皋保皋以齒年以藝常不相下自其國皆來爲武甯軍小將後保皋歸新羅謁其王曰遍中國以新羅人爲奴婢願得鎭淸海使賊不

得掠人西去淸海海路之要也王與保皐萬人守之自太和後海上無鬻新羅人者保皐既貴于其國年饑寒客漣水一日謂戍主馮元規曰我欲東歸乞食于保皐元規曰若與保皐所負何如奈何取死其手年曰饑寒死不如兵死快遂去謁保皐飲之極歡飲未卒聞大臣殺其王國亂無主保皐分兵五千人與年持年泣曰非子不能平禍難年至其國誅反者立王以報王遂召保皐爲相以年代守青海會昌後朝貢不復至

唐會要新羅者本弁韓之地其先出高麗魏破高麗其衆保沃沮後歸故國其留者號新羅國多金朴兩姓異姓不爲婚永徽元年王金眞德大破百濟遣使金法敏來朝五年眞德卒高宗爲舉哀于永光門使太常丞張文收弔祭之贈開府儀同三司仍賜綾綵三百段詔以其子春秋嗣位顯慶元年三月又破百濟兵使來告捷龍朔元年春秋卒子法敏嗣位三年四月詔新

羅置雞林州大都督仍授法敏雞林州大都督麟德二年八月法敏與熊津都督夫餘隆盟于百濟之熊津城于是帶方州刺史劉仁軌領新羅百濟新羅倭人四國使浮海西還以赴泰山之下上元元年（案新唐書作咸亨五年與此異）二月新羅王金法敏既納高麗叛亡之衆又封百濟故地遣兵守之帝怒削法敏官爵遣宰臣劉仁軌討之仍以法敏弟金仁問爲新羅王時仁問在京師詔令歸國以代其兄仁問至中路聞新羅降乃還二年二月雞林道行軍大總管劉仁軌大破新羅之衆于七重城而還新羅于是遣使入朝幷獻方物前後相屬復法敏官爵既盡有百濟之地及高麗南境東西約九百里南北約一千八百里（案舊唐書云東西千里南北二千里新唐書云橫千里縱三千里今既併百濟高麗無反狹于前之理蓋專指新闢之地耳）開耀元年法敏卒遣使冊立其子政明爲王長壽二年（舊唐書作天授三年）政明卒冊其子理洪爲王三年遣使來朝其年理洪卒（舊唐書作長安二年卒）冊

其弟崇基爲王仍襲兄輔國大將軍左豹韜衛大將軍雞林州
都督神龍三年授驃騎大將軍先天元年改名興光開元十年
頻遣使獻方物十一年興光遣獻果下馬二匹及金銀等仍上
表陳謝至十二年遣其臣金武勳來賀正及武勳迴降書賜之
又使其弟金嗣宗來朝幷貢方物至二十一年命太僕卿員外
置及金思蘭使于新羅思蘭本新羅行人恭而有禮因留宿衛
是委以出疆之任且便之也是年興光奏國内有芝草生畫圖
以獻二十二年遣大臣金竭丹來賀正又遣姪志廉獻方物授
志廉鴻臚少卿員外置賜絹百匹留宿衛二十三年十一月遣
從弟金忠相來朝卒於路贈衛尉卿二十五年興光卒子承慶
嗣位至二十八年册其妻朴氏爲新羅王妃天寶三年卒命弟
憲英嗣位是歲四月遣使獻方物十月遣使來賀正授左淸道
率府員外長史賜綠袍銀帶還番自後頻來朝貢七載遣使金

銀及六十總布魚牙紬朝霞紬牛黄頭髮人參寶應二年憲英
遣使朝貢授其使檢校禮部尚書放還大歷二年憲英卒子乾
運立三年命倉部郎中歸崇敬持節册命七使金標石來賀正
授衛尉員外少卿八年遣使來朝并獻金銀牛黄魚牙紬等方
物建中四年乾運卒無子國人立其上相金良相爲王貞元元
年令戸部郎中蓋塤往册其年良相卒立上相敬信爲王十四
年敬信卒其子先卒國人立敬信嫡孫俊邕爲王元和元年放
宿衛王子金獻忠歸本國仍加試秘書監三年遣使金力奇來
朝四年遣使金陸珍等來朝貢五年王子金憲章朝貢七年重
興卒其相金彥昇遣金昌南等告哀其年七月授彥昇開府儀
同三司檢校太尉新羅國王彥昇妻貞氏册爲妃仍賜大宰相
金崇斌等三人戟十一年十一月其入朝王子金士信等遇風
飄至楚州鹽城界淮南節度李鄘以聞十五年遣使朝貢長慶

二年使金柱竭來朝寶歷元年王子金昕來朝兼充宿衛太和四年（舊唐書作五年）彦昇卒五年四月詔以金景徽爲國王母朴氏太妃妻朴氏爲妃開成元年王子義宗來謝恩宿衛會昌元年七月勅歸國新羅官前入新羅宣慰副使充兖州都督府司馬賜緋魚袋金雲卿可淄州長史

唐六典河南道控新羅之貢獻

册府元龜唐武德九年新羅遣使訟高麗王建武閉其道路不得入朝又相與有隙屢相侵掠詔員外散騎侍郎朱子奢和解之建武奉表謝罪請與新羅對使會盟貞觀十七年九月新羅遣使言高麗百濟侵陵臣國累遭攻襲數十城兩國連兵期于必取將以今兹九月大舉謹遣陪臣歸命大國願乞偏師以存救援帝謂使人曰我頻使人和爾三國高麗百濟旋踵翻悔意在吞滅我少發邊兵總契丹靺鞨直入遼東爾國自解可緩一

年之圍此後知無繼兵還肆侵侮然四國俱擾于國未安此為一策我又能給爾數千朱袍丹幟二國兵至建而陳之彼以為我兵必皆奔走此為二策百濟負海之險不修兵械我以數十百船載卒泛海直襲其地此為三策爾國以婦人為主為隣國輕侮我遣一宗枝以為爾國王待爾國安任爾自守此為四策爾宜思之將從何事使者但唯而無對帝於是遣相里元獎齎璽書賜高麗曰新羅委命國家朝貢不闕爾與百濟宜即戢兵若更攻之明年當出師擊爾國矣蓋蘇文謂元獎曰高麗新羅怨隙已久往者隋室相侵新羅乘釁奪高麗五百之地自非反地還城此兵恐未能已元獎曰既往之事安可追論蘇文竟不從十八年元獎還元獎初至平壤蓋蘇文又破新羅兩城詔以高麗侵逼新羅令營州都督張儉等率幽營二都督府兵馬問罪屬遼東水泛儉等兵不能濟二十二年新羅國伊贊於於字新舊

唐書俱作子金春秋及其子文王來朝帝遣光祿卿柳亨持節郊勞之是年百濟復破其一十三城永徽元年六月新羅王金眞德大破百濟之衆遣使以聞六年二月遣營州都督程元振左衛中郎將蘇定方發兵一萬討高麗以侵掠新羅故也時新羅王金春秋言高麗百濟靺鞨相連侵其北境奪三十三城乞兵救援故遣元振經略之顯慶元年百濟伐新羅新羅拒戰破之是年十月遣王子文王來朝咸亨四年燕山道總管李謹行案謹行靺鞨入破高麗叛黨于瓠盧河之西高麗平壤餘衆遁入新羅五年二月遣劉仁軌爲雞林道行軍大總管以伐新羅又以靺鞨兵浮海而南略新羅之南境仁軌還詔以李謹行爲安東鎭撫大使屯兵於新羅之買肖城以經略之前後三戰皆捷于是新羅遣使入朝幷獻方物開元二年二月王子金守忠來朝留宿衞賜宅及帛以寵之十一年四月遣使獻果下馬一匹表曰鄉居

海曲地處遐陬原無泉客之珍本乏賨人之貢輒將方產之物塵瀆天宮駑蹇之才滓穢龍廄竊方燕豕敢類楚雞深覺靦顏彌增汗戰是年賀正使金武勳還國賜興光錦袍金帶及綵素三千匹十九年二月使臣金志良來賀正授太僕員外少卿賜帛六十匹還番降書與新羅王曰所進牛黃及金銀等物省表具知卿二明慶祚三韓善鄰時稱仁義之鄉代著勳賢之業文章禮樂闡君子之風納款輸誠効勤王之節固藩維之鎮衛諒中外之表儀朕每晨興佇念宵衣待賢想見其人以光啟沃俟卿覲止允副所懷今使至知嬰疾苦不遂祇命言念遐澗用增憂勞時候暄和想痊復也今賜綵綾五百匹帛二千五百匹宜即領取（詳此詔則開元時曾命新羅王入朝而王因疾不至也）二十一年十二月王姪志廉來朝謝恩也初帝賜興光白鸚鵡雄雌各一及紫羅繡袍金銀鈿器物瑞文錦五色羅綵三百餘段興光表曰地隔蓬壺天

慈洽遠鄉睽華夏睿澤覃幽伏覩瓊文跪披玉匣含九霄之雨露帶五綵之鵷鸞辯惠靈禽素蒼兩妙或稱長安之樂或傳聖主之恩羅錦綵章金銀寶鈿見之者爛目聞之者驚心微效若塵重恩如岳循涯揣分何以上酬詔饗志廉于內殿二十二年新羅王金興光從弟左領軍衛員外將軍忠信上表曰臣所奉進止令臣執節本國發兵馬攻靺鞨有事續奏者奉聖旨時爲替人金孝方身亡便留臣宿衛今從姪志廉到訖臣即合還每思前所奉旨無忘夙夜陛下先有制加本國王甯海軍大使錫之旌節伏望因臣還國以副使假臣豈惟斯怒益振固亦武夫作氣帝許焉二十四年六月新羅王表曰伏奉恩勅浿江以南令新羅安置錫臣境土廣臣邑居遂使墾闢有期農桑得所奉絲綸之旨荷榮寵之深粉骨糜身無由上答按此則開元時以浿江以南地與新羅新舊書俱未載天寶二年制曰故開府儀同三司使持節都督雞林

州諸軍事兼持節甯海軍使新羅王金承慶弟憲英弈葉懷仁率心當禮大賢風教條理光明中夏軌儀衣冠素襲馳海珍而遣使準雲呂而通朝代爲純臣累効忠節頃者兄承土宇沒而無嗣弟膺繼及抑惟常經是用賓懷優以册命可襲兄新羅國王開府儀同三司使持節大都督雞林州諸軍事兼充持節甯海軍使憲宗元和三年勑新羅王叔金彥昇弟仲恭等三人宜令本國准舊例列戟七年勑新羅國大宰相金崇斌等三人令本國准例賜戟十五年新羅質子金士伯奏本國嘗差質子宿衛每有天使臨番即充副使轉通聖旨下告國人今在城質子臣當次行敬宗初即位雞林人前右監門衛率府兵曹參軍金雲卿進狀請充入本國宣慰副使從之敬宗寶歷元年國王金彥昇奏先在太學生崔利貞金叔貞朴季業四人請放還番其新赴朝貢金允夫金立之朴亮之等十二人請留在宿衛仍請

配國子監習業鴻臚寺給資糧從之二年十二月新羅質子金允夫請准舊例中使入番便充副使同到本國譯詔書不許但隨告使充副使文宗開成元年新羅王金景徽遣其子義琮來謝恩兼宿衞二年還番是年十二月新羅質子試光祿卿金允夫進狀稱入朝充質二十六年三蒙改授試官再當本國宣慰及册立等副使准往例皆蒙特授正官遂授武成王廟令三年新羅王金祐徵遣淄青節度使奴婢帝矜以遠人令卻歸本國新羅自武德四年至會昌元年朝貢不絕

張九齡集與新羅王金興光勅知卿欲于浿江置戍既與渤海衝要又與祿山相望仍有遠圖宜遵長策且渤海久已逋誅卿每嫉惡深用嘉之

五代

五代史新羅自唐高祖時封金眞案新唐書俱作金眞平當係此誤爲樂浪郡

王其後世常爲君長同光元年國王金朴英遣使者來朝貢長興四年權知國事金溥遣使來朴英溥世次立卒史皆失其紀自晉以後不復至

册府元龜後唐同光二年十一月國王金朴英遣倉部侍郎金樂錄事參軍金幼卿朝貢二年正月國王及本國泉州案新唐書有全州無泉州當即一州而傳寫異也節度使王逢規遣使朝貢六月遣使朝散大夫倉部侍郎賜紫金岳來朝授朝議大夫試衞尉少卿天成二年四月新羅國康州遣使林彥來朝貢對于中興殿長興三年四月權知本國金溥遣使執事侍郎金朏貢方物

五代會要天成二年二月新羅遣使張芬等來朝三月以新羅國權知康州事王逢規爲懷化大將軍新羅國前登州都督府長史張希巖新羅登州舊訛金州據册府元龜改知後官本國金州司馬李彥謨並檢校右散騎常侍又以張芬爲檢校工部尚書副使兵

郎中朴述洪兼御史中丞判官倉部員外郎李忠式兼御史清泰二年以入朝使金朏爲檢校工部尚書副使司賓大卿李儒爲將作少監

宋

諸番志新羅國與泉之海門對峙俗忌陰陽家子午之說故興販必先至四明而後再發案宋時新羅爲契丹所隔故由海道以至四明與陰陽家之說殊無干涉志蓋爲此說以文之耳或曰泉之水勢漸低故必經由四明有大族金氏朴氏其治法峻故少犯道不拾遺建隆二年遣使來貢興國二年又貢中國使至必涓吉而後具禮

高麗圖經高麗既併新羅東北稍廣其西北與契丹接昔以大遼爲界後爲所侵逼退保鴨淥以爲險案此與下通考所云皆北宋末高麗之界也是時新羅北境屬金其南境屬高麗故高麗之東北稍廣而退保鴨淥亦始于此時云

通考高麗以新羅爲東州樂浪府號東京建炎二年募使絕域

者浙東副總管楊應忱請身使三韓結雞林以達燕雲假刑部尙書往使高麗高麗不奉詔乃還

奉使行程錄自咸州九十里至同州皆北行東望大山金人云此新羅山山內深遠無路可行深處與高麗接界山下至所行路可三十里自同州百七十里至黃龍府東行案遼之咸州金為咸平府同州金為銅山縣俱在今鐵嶺開原之間東至威遠堡即吉林界南至奉天即唐時高麗界開原即漢時夫餘國界百濟之舊國也通考謂新羅西北界出高麗百濟之間者應即指此其後皆併于渤海是時則屬女眞也

遼

遼史太祖九年新羅遣使貢方物天贊四年復來貢天顯元年以王郁等從征新羅有功優加賞賚太宗天顯三年還東丹民以實東平其民或亡入新羅女眞聖宗開泰元年歸州言居民本新羅所遷未習文字請設學以敎之

遼史兵衛志屬國可紀者五十九其二十一曰新羅

遼史地理志唐元和中渤海王大仁秀南定新羅開置郡縣海州巖淵縣東界新羅故平壤城在縣西南又中京大定府設朝天館以待新羅使

契丹國志太祖併吞諸部渤海王大諲譔深憚之與新羅結援新羅言語名物有似中國國王誦自契丹承天太后時入貢其後王誦爲部下所殺立其弟詢契丹以王誦進貢興兵北討十年方罷兵新羅依舊朝貢（案新羅王之名遼史不載聖宗本紀高麗西京留守康肇弑其王誦立誦從兄詢詔東征後高麗復朝貢是誦與詢皆高麗王名此事亦係高麗非新羅也聖宗用兵新羅本紀亦未載惟地理志有聖宗伐新羅還一語耳）契丹四至東南至新羅國以鴨淥江東八里黃土嶺爲界

元

元史高麗傳高麗地東至新羅南至百濟皆跨大海後闢地益廣併古新羅百濟高句麗三國爲一（按高麗所併實止二國東南之地其西北諸境並未

屬高麗也

謹案新羅自魏時始見謂之斯盧亦曰新盧實一國也唐初兼百濟高麗二國之地龍朔元年始以其國爲雞林州都督府以新羅王金法敏兼大都督其後嗣王皆兼雞林都督之號考新羅故地本與百濟高麗爲鄰通考云在百濟東南其西北界出高麗百濟之間唐書唐會要言在百濟東北以新唐書高麗傳考之高麗東跨海距新羅南跨海距百濟西北度遼水接營州北接靺鞨則自今奉天遼陽南至鳳凰城渡鴨綠江至今朝鮮之咸鏡平安等道者高麗也自今開原廣甯錦義甯遠南至蓋平復州甯海又東南跨海極朝鮮之全羅黃海忠清等道者百濟也而新羅之境東南兼有今朝鮮慶尚江原二道西北直至今吉林烏拉又西近開原鐵嶺出高麗百濟之間故百濟之東北東南皆相隣近高麗介處其中通考所云亦在高麗東南奉

使行程錄所云自咸州至同州今開原鐵嶺界東望大山即新羅州遼志所云海州即金海州始屬百濟後爲高麗所分復入渤海又歸于遼東界新羅是也唐顯慶乾封以後百濟高麗之地多入新羅東西增九百里南北增千餘里幅員益廣而唐人篇什往往以海外稱之者蓋西北爲渤海契丹所隔必浮海往來始達其南境故耳洎開元元和之際渤海愈盛鴨綠江以北皆爲渤海所有遼志所謂渤海王大仁秀南定新羅開置郡邑是也後唐清泰末高麗復起王建襲據新羅邊邑建都松岳元史所謂在鴨綠江東千餘里非平壤之舊者是也于是新羅所有僅海城以東及朝鮮數道非復唐時之境而自五代至遼傳國依然不絕也至雞林即今吉林雞與吉音既相符核諸地里亦合蓋在龍朔時既兼二國與靺鞨渤海壤地相錯設重鎮于此而王自領之自後相沿世襲其號雖吉林故地旋歸渤海而都督之號仍繫新羅雞林遂爲新羅

之通稱遼宋以後爲高麗所併因舉而屬之高麗若王雲之撰雞林志王熙王煦之封雞林郡公亦皆沿其舊名耳諸史又云新羅始保沃沮考後漢書魏志通考俱有東沃沮南沃沮北沃沮之文無大君長邑落各自有地而其地或在挹婁另條見前夫餘之南或在挹婁之北或屬元菟或屬樂浪或屬句驪東濱海而南接濊所載皆朝鮮句驪及漢樂浪諸郡事則沃沮者應即今之窩集

盛京邊外東南北諸處在在有之新羅所保據毋丘儉傳在肅慎另條見前界南千餘里則當在吉林烏拉之南近長白山殆納沁庫哷訥納嚕諸窩集之地歟王本百濟人金姓隋初已三十餘世唐武德至會昌又十八世五代以後史弗能詳至其山林盤互法令修明道不拾遺人嫻書射史稱君子之國不虛也若休忍䏶羅諸國並爲新羅所併其遺迹皆在今朝鮮南界云

欽定滿洲源流考卷四

欽定滿洲源流考卷五

部族 五

靺鞨

南北朝

北史靺鞨即古肅愼氏也所居多依山水渠帥曰大莫弗瞞咄案滿洲語謂長曰達稱老翁曰薩克達瑪法是大莫弗三字當係達瑪法也瞞咄二字與滿珠音相近

括地志靺鞨古肅愼也在東北萬里已下東及北各抵大海

册府元龜靺鞨在高麗之北其地在營州東二千里南與新羅相接地方二千里編戶十餘萬兵數萬人北齊武成帝河清二年三年俱遣使朝貢後主天統元年至四年武平元年四年六年並遣使朝貢

後周書高麗北鄰靺鞨

隋

隋書靺鞨國在高麗之北邑落各有君長不相總一凡有七部詳見前勿吉條西北與契丹接每相攻掠後因其使來高祖謂之曰我憐念契丹與爾無異宜各守土境豈不安樂何爲輒相攻擊使者謝高祖因厚勞之煬帝初與高麗戰頻敗其衆渠帥度地稽率其部來歸拜右光禄大夫居之柳城及遼東之役度地稽率其徒以從每有戰功十三年從帝幸江都尋令歸柳城在途遇李密之亂至高陽復役於王須拔未幾歸羅藝

册府元龜開皇元年靺鞨遣使貢方物三年十一年十三年大業十一年並來貢突地稽者靺鞨之長也大業中與兄瞞咄率其部内屬營州瞞咄卒代總其衆拜遼西太守封夫餘侯親來江都屬宇文化及之亂仍歸柳城唐武德二年通使焉

唐

舊唐書靺鞨蓋肅慎之地後魏謂之勿吉在京師東北六千餘

里其國凡爲數十部各有長帥而黑水靺鞨按黑水即黑龍江詳見前勿吉條最處北方尤稱勁健父子相承世爲君長武德初突地稽遣使朝貢以其部落置燕州仍以突地稽爲總管劉黑闥之叛也突地稽率所部赴定州遣使詣太宗請授節度以戰功封耆國公冊府元龜作耆國公又徙其部落於幽州之昌平城會高開道引突厥來攻幽州突地稽率兵邀擊大破之貞觀初拜右衛將軍賜姓李氏尋卒子謹行偉貌武力絕人麟德中歷遷營州都督其部落家僮數千人以財力雄邊累拜右領軍大將軍爲積石道經略大使吐蕃論欽陵等率十萬人入寇湟中謹行兵士探樵素不設備忽聞賊至遂建旗伐鼓開門以待之吐蕃疑有伏兵竟不敢進上元三年又破吐蕃數萬衆於青海降璽書勉勞之累授右衛大將軍封燕國公永淳元年卒贈幽州都督自後或其長自來或遣使朝貢每歲不絕其白山部素附於高麗因收平壤

之後部種多入中國汨咄安居骨室等部亦因高麗破後並爲渤海編戶惟黑水部全盛分爲十六部開元十三年安東都護薛泰請於黑水靺鞨內置黑水軍續更以最大部落爲黑水府置長史就其部落監領之十六年其都督賜姓李氏名獻誠授按渤海傳作開元十四年與此小異仍以其首領爲都督諸部刺史隸屬焉中國雲麾將軍兼黑水經略使仍以幽州都督爲其押使自此朝貢不絶

舊唐書百濟傳永徽六年新羅王金春秋表百濟與靺鞨攻其北界沒三十餘城

舊唐書高麗傳貞觀十九年太宗次安市城高麗北部耨薩高延壽等率高麗靺鞨之衆十五萬來援安市乾封九年分高麗故地置都督府九又置安東都護府以統之自是高麗舊戶分投靺鞨

舊唐書鐵勒傳鐵勒國東至靺鞨西至葉護太宗征高麗鐵勒遣使請發兵助軍高麗莫離支潛令靺鞨啗以厚利不敢動

新唐書地理志靺鞨州三府三愼州（武德初以涑沫烏索固部落置僑治良鄉）夷賓州（乾封中以愁思嶺部落置僑治良鄉）黎州（載初元年析愼州置僑治良鄉按原文作載初二年考本紀載初無二年今改）黑水州都督府渤海都督府安靜都督府右初皆隷營州都督府李盡忠陷營州乃遷愼州於淄青之境夷賓州於徐州之境黎州於宋州之境神龍初乃使北還二年皆隷幽州都督府

通典古時肅愼後魏以後曰勿吉唐則曰靺鞈焉（按鞨字作鞈與諸史異）

册府元龜唐武德五年靺鞨帥阿固郎來朝七年九年貞觀三年並來朝貢五年黑水部獨來自此每歲朝貢開元元年靺鞨王子來朝請就市交易入寺禮拜許之二年拂涅靺鞨首領失異蒙越喜靺鞨首領烏施可蒙鐵利靺鞨首領闥許離等來朝

迄開元天寶之世一歲或二三至十年拂涅部靺如價鐵利部買取利來朝並授折衝越喜部茂利蒙鐵利部可婁計黑水部倪屬利稽來朝並授中郎將十一年越喜部勃施計拂涅部朱施蒙鐵利部倪處梨來朝並授郎將十二年鐵利部湨池蒙來朝授將軍越喜部努布利拂涅部魚可蒙並授郎將黑水首領屋作箇授折衝越喜部復遣使破支蒙來賀正旦十三年黑水部遣其將五郎子來賀正授將軍鐵利大首領封阿利越喜部苾利施拂涅部薛利蒙來朝黑水大首領烏素可蒙授折衝諸箇蒙授果毅職紇蒙授郎將十五年鐵利部米象來朝授郎將失伊蒙授果毅十八年黑水部遣使阿布科思（又作阿布思利）獻方物倪屬利稽等十人來朝授中郎將拂涅部兀異獻馬四十匹授左武衛折衝留宿衛二十四年越喜部首領聿棄計授折衝二十五年拂涅首領兀異授中郎將二十八年越喜部遣其臣野

古利鐵利部遣其臣綿度戶獻方物二十九年越喜部遣烏舍利黑水部遣阿布利稽拂涅部遣那棄並來朝大歷二年至十二年建中八年並遣使朝貢建中十九年虞婁越喜並來元和十年黑水部長十一人來案册府元龜所載靺鞨人名以滿洲語考之如謂好曰賽音謂能曰莽阿與失異蒙音近工於甲者曰烏克紳莽阿與烏施可蒙音近善騎者曰摩琳莽阿與茂利蒙音近謂弩曰努伯哩與努布利音近羽毛豐滿曰豐阿拉與封阿利音近聰明能事曰蘇呼莽阿與蘇利蒙音近甚能曰諾凱莽阿與諾箇蒙音近稱弓彎曰密色與米象音近謂柔軟曰烏延與兀異音近傳譯之訛尙有可訂也

册府元龜高宗儀鳳中授高藏爲朝鮮郡王授夫餘隆爲帶方郡王並遣歸遼東以輯高麗百濟餘衆高藏既至謀叛唐與靺鞨相結召還流卭州其地沒與新羅餘衆散投突厥及靺鞨夫餘隆亦不敢歸舊國土地盡沒於靺鞨高氏夫餘氏君長遂絶上元二年劉仁軌破新羅之衆於七重城又以靺鞨兵浮海而南略新羅之南境斬獲甚衆開元八年九月遣左驍衞郎將攝

郎中張越使於靺鞨以將討奚及契丹也開元十二年新羅王弟金忠信上表請攻靺鞨帝許之

太平寰宇記靺鞨在高麗北古肅愼地隋初有使來獻謂即勿吉也唐武德三年部長突地稽遣使朝貢以其部置燕州拜爲總管其後黑水部全盛分爲十六部落黑水西北有思慕靺鞨正北微東十日程有郡利靺鞨東北十日程有窟說靺鞨亦謂之屈設東南十日程有莫曳皆靺鞨今黑水靺鞨界南至渤海國德里府北至小海東至大海西至室韋南北二千里東西千里初太宗謂侍臣曰靺鞨遠來蓋突厥降服所致也其拂涅等部唐初至天寶末亦嘗朝貢或隨渤海國而來惟郡利莫曳皆二部未至

通考唐武德五年靺鞨渠長阿固郎始來太宗貞觀二年以其地爲燕州帝伐高麗其北部與高麗合率衆援安市城每戰靺

鞨常居前開元十年其帥倪屬利稽來朝拜勃利州刺史於是置黑水府以部長爲都督刺史詔帝世朝獻者十五大歷世凡七貞元一來元和中再初黑水西北又有思慕部益北行十日得郡利部東北行十日得窟說部稍東南行十日得莫曳皆部又有拂涅虞婁越喜鐵利等部其地南距渤海北東際於海西抵室韋南北袤二千里東西千里其後渤海盛皆役屬之

五代

五代史黑水靺鞨本號勿吉當後魏時見中國其國東至海南界高麗西接突厥北隣室韋蓋肅愼氏之地也同光二年黑水首領兀兒遣使者來其後常來朝貢自登州泛海出青州其部族世次史皆失其紀按索倫語謂山曰烏呼與兀兒音同黑水部族至廣而兀兒所部史失其紀以音譯考之當與今索倫近也

五代會要黑水靺鞨蓋肅愼之地在京師東北六千餘里東至

於海西接突厥南界高麗北鄰室韋其國凡有十部各有統帥而黑水最處北方尤稱勁健天成四年八月遣使骨至（按骨至當爲郭濟之訛滿洲語曲指也）來貢方物以骨至爲歸德司戈遣還長興元年二月其首領兀兒復遣使朝貢二年五月青州奏黑水兀兒部至登州賣馬

册府元龜後唐同光二年九月黑水國遣使朝貢三年黑水胡獨鹿（按滿洲語令急速曰呼都拉與胡獨鹿音近）等遣使朝貢三年青州奏市到黑水馬三十匹

遼

遼史太祖天顯元年靺鞨來貢太宗會同元年靺鞨來貢

遼史兵衛志屬國軍有靺鞨部朝貢無常有事則遣使徵兵或下詔令專征助軍多寡各從其便

遼史地理志唐載初元年（原本作載初二年蓋沿唐志之誤謹改）析愼州（原本愼訛鎮今

置黎州處靺鞨部落後爲奚人所據遼爲榆州據唐地理志改

金

金史世紀靺鞨本號勿吉隋稱靺鞨初七部並同唐初有黑水靺鞨粟末靺鞨其五部無聞粟末靺鞨後稱渤海黑水靺鞨居肅愼地東瀕海南接高麗嘗以兵十五萬助高麗拒唐太宗開元中置黑水府賜都督姓李氏名獻誠領黑水經略使其後渤海盛强黑水役屬之朝貢遂絕五代時契丹盡取渤海地而黑水附於契丹其在南者籍契丹其在北者不在契丹籍地有長白山黑龍江所謂白山黑水是也

元

元史地理志開元路古肅愼之地隋唐曰黑水靺鞨其後渤海盛役屬之渤海爲契丹所攻黑水復有其地

謹按靺鞨後魏謂之勿吉其名始見於南北朝北史合爲一傳

至隋唐則專爲靺鞨傳武德以後遂無復勿吉之稱其七部即勿吉之七部也迨後分部愈廣至有數十最强者爲粟末黑水粟末部大氏既興改稱渤海另條詳後靺鞨自後魏以來邑落各有君長不相統一其與隋唐諸國使命相通者特其一部一邑即唐時都督刺史之授亦不過假借虛名以通互市往來之便實未有能統而一之者後或分屬契丹猶然散處而黑水一部實在今薩哈連烏拉之境唐時即已獨盛又自分爲十六部至五代時改稱女眞兼靺鞨諸部而有之而完顏氏另條詳後世君其地未嘗一日屬契丹也其部族之可考者若思慕郡利窟說莫曳皆虞婁越喜鐵利等皆是案今黑龍江將軍所屬有錫哷穆第河有庫裕爾河與思慕窟說音相近當皆以水得名八旗姓譜有裕嚕氏當即虞婁之轉音上湖揑婁亦相近也又滿洲語謂全部之部曰約希謂隊伍曰猷音謂理曰堅與越喜莫曳皆音亦近中間渤海盛時亦有侵併若越喜故地之爲懷遠安遠二府領達越等十三州鐵利故地之爲鐵利府領廣汾

等六州而遼地志載新興縣本越喜國地遼本紀鐵驪國屢通
貢使至天祚不絶是越喜入遼而鐵利復自立國迄於金世猶
存利與驪音同續通考乃云不知其所始非也虞婁當即挹婁
之轉音思慕等部亦當在今黑龍江左右至唐書言白山左部
散入中國而遼志有長白山女眞三十部稱號雖殊山川可考
金源盛而諸部始歸於一焉爾

欽定滿洲源流考卷五

欽定滿洲源流考卷六

部族 六

渤海

唐

舊唐書渤海靺鞨大祚榮者始居營州萬歲通天年契丹李盡忠叛祚榮與靺鞨乞四比羽各東奔保阻以自固盡忠既死則天命右玉鈐衛大將軍李楷固率兵討其餘黨先破乞四比羽又度天門嶺以迫祚榮祚榮令高麗靺鞨之衆以拒楷固王師大敗楷固脫身還屬契丹及奚盡降突厥道路阻絕則天不能討祚榮遂率其衆東保桂婁（新唐書作挹婁）之故地據東牟山築城以居之祚榮驍勇善用兵靺鞨之衆及高麗餘燼稍稍歸之聖歷中自立爲振（通考作震）國王遣使通於突厥其地在營州東二千里南與新羅相接東北至黑水靺鞨地方二千里編戶十餘萬勝

兵數萬人中宗即位遣侍御史張行岌往招之祚榮遣子入侍將加册立會契丹與突厥連歲入邊使命不達先天二年遣郎將崔訢往册拜祚榮爲左驍衛員外大將軍渤海郡王仍以其所統爲忽汗州加授忽汗州都督開元七年祚榮卒册立其嫡子桂婁郡王大武藝十四年黑水靺鞨遣使來朝詔以其地爲黑水州置長史武藝謂其屬曰黑水途經我境今始與唐家相通舊請突厥吐屯皆即知同去今不計會即請漢官必是與唐家通謀腹背攻我也遣母弟大門藝及其舅任雅（新唐書通考皆作任雅相）發兵以擊黑水門藝曾充質子至京師開元初還國至是謂武藝曰黑水請唐家官吏即欲擊之是背唐也昔高麗全盛時强兵三十餘萬唐兵一臨掃地俱盡今日渤海之衆數倍少於高麗事必不可武藝不從門藝兵至境又上書固諫武藝怒遣從兄大壹夏代統兵徵門藝欲殺之門藝遂棄其衆間道來奔詔

授左驍衛將軍武藝上表極言門藝罪狀請殺之上密遣門藝往安西報武藝云門藝遠來歸投義不可殺今流向嶺南乃留其使馬文軌葱勿雅別遣使報之俄有洩其事者武藝又上書云大國示人以信豈有欺誑之理今聞門藝不向嶺南請依前殺卻帝遣門藝暫向嶺南以報之二十年武藝遣其將張文休率海賊攻登州詔門藝往幽州徵兵以討之仍令太僕員外卿金思蘭發新羅兵以攻其南境屬寒凍雪深丈餘兵士死者過半無功而還武藝懷怨不已密遣使至東都假刺客刺門藝於天津橋南門藝格之不死詔捕獲其賊盡殺之二十五年武藝卒子欽茂嗣立

新唐書渤海本粟末靺鞨姓大氏高麗滅率衆保挹婁之東牟山地直營州東二千里南北新羅以泥河爲境東窮海西契丹築城郭以居萬歲通天中有舍利乞乞仲象者與乞四比羽東

度遼水保太白山之東北武后封乞四比羽爲許國公乞乞仲象爲震國公不受命李楷固擊殺比羽是時仲象巳死其子祚榮敗楷固兵乃自號震國王地方五千里盡得夫餘沃沮弁韓朝鮮海北諸國先天中拜爲左驍衛大將軍渤海郡王自是始去靺鞨號專稱渤海祚榮卒其國謚爲高王子武藝立斥大土宇東北諸國畏臣之改年曰仁安卒謚武王子欽茂立改年大興天寶末欽茂徙上京直舊國三百里忽汗河之東卒謚文王子宏臨早卒族弟元義立一歲國人殺之推宏臨子華璵爲王復還上京改年中興卒謚成王欽茂少子嵩鄰（舊唐書作璘）立改年正歷謚康王子元瑜立改年永德謚定王弟言義立改年朱雀謚僖王弟明忠立改年太始立一歲卒謚簡王從父仁秀立改年建興其四世祖野勃（案野勃當爲伊伯之轉音滿洲語令進也）祚榮弟也仁秀頗能討伐海北諸部開大境宇有功卒謚宣王子新德早卒孫彝

震立改年咸和卒弟虔晃立虔晃卒元錫立初其王數遣諸生詣京師太學習識古今制度至是遂爲海東盛國地有五京十五府六十二州以肅愼故地爲上京曰龍泉府領龍湖渤三州其南爲中京曰顯德府領盧顯鐵湯榮興六州濊故地爲東京曰龍原府亦曰柵城府領慶鹽穆賀四州沃沮故地爲南京曰南海府領沃晴椒三州高麗故地爲西京曰鴨淥府領神桓豐正四州曰長領府（案遼史作長嶺古字相通通考今吉林烏拉城西南五百里有山名長嶺子滿洲語謂之果勒敏珠敦南接納嚕窩集北接庫呼訥窩集自長白山南一環繞至此綿亙不絕爲衆水分流之地渤海府名當取諸此嶺）領瑕河二州夫餘故地爲夫餘府常屯勁兵扞契丹領扶仙二州鄚頡府領鄚高二州挹婁故地爲定理府領定潘（遼志作瀋當係此誤）二州安邊府領安瓊二州率賓故地爲率賓府領華益建三州拂涅故地爲東平府領伊蒙陀（通考作沱）黑比五州鐵利故地爲鐵利府領廣汾蒲海義歸六州越喜故地爲懷遠府領達越懷紀

富美福邪芝九州安遠府領甯湄慕常四州又郢銅涑三州爲獨奏州涑州以其近涑沫江蓋所謂粟末水也府州並詳後疆域門幽州節度府與相聘問自營平距京師蓋八千里而遠後朝貢至否史家失傳考册府元龜渤海朝貢在唐時至會昌間止今詳於後

册府元龜唐元宗先天二年二月封靺鞨大祚榮爲渤海郡王祚榮聖歷中自立爲振國王在營州東二千里兵數萬人至是遣郎將崔訢往册命祚榮左驍衛員外大將軍渤海郡王仍以其所統爲忽汗州都督自是每歲遣使朝貢開元七年祚榮卒遣使弔祭立其嫡子桂婁郡王大武藝襲爲左驍衛大將軍渤海郡王忽汗州都督八年六月册武藝嫡男大都利行爲桂婁郡王二十年武藝卒其子大欽茂嗣立二十一年渤海靺鞨越海來侵登萊殺刺史韋俊詔新羅王金興光發兵伐之貞元十一年二月令內常侍殷志贍往渤海册大嵩璘爲郡王嵩璘欽

茂之子也十四年三月加大嵩璘銀青光祿大夫檢校司空册
爲渤海國王依前忽汗州都督嵩璘父欽茂以開元間襲郡王
都督左金吾大將軍天寶中累加特進太子詹事賓客寶應元
年進封國王大歷中又累拜司空太尉及嵩璘嗣位時但授其
郡王將軍嵩璘遣使敍理更加册命焉貞元二十一年復加金
紫光祿大夫檢校司徒元和元年加檢校太尉四年嵩璘卒册
男元瑜爲銀青光祿大夫檢校祕書監充忽汗州都督渤海國
王八年元瑜卒以其長弟權知國務言義襲十三年以知渤海
國務大仁秀爲國王十五年加仁秀金紫光祿大夫檢校司空
太和五年以權知國務大彝震襲爲國王
册府元龜唐開元九年渤海大首領來朝十年遣其大臣味勃
計來朝授大將軍十二年遣其臣賀祚慶來賀正旦十三年遣
首領烏借芝蒙來賀正首領謁德來朝授果毅王弟大昌勃價

來朝授左威衛將軍留宿衛十四年渤海王子大都利行原文作渤海王大都利考之史傳渤海王實未嘗來朝惟開元八年封王子大都利行爲桂婁郡王蓋渤海之支郡下文亦稱宿衛王子大都利行卒此處係脫二字謹增來朝授左武衛大將軍留宿衛王子義信來朝十五年大昌勃價還國封襄平縣開國男王弟大寶方來朝十六年宿衛王子大都利行卒贈特進令有司護歸國首領菸夫須來朝授折衝十七年獻鷹及鯔魚王弟大胡雅來朝授遊擊將軍留宿衛王弟大琳來朝授中郎將留宿衛十八年王弟大郎雅來賀正大首領遣使知蒙獻馬三十匹烏那達初案烏氏爲渤海大姓那達初以滿洲語考之當爲納丹珠之轉音也來獻海豹皮五貂鼠皮五瑪瑙杯一馬三十匹十九年國王遣大姓取珍等百二十人來朝二十三年王弟蕃來朝册府元龜褒異門作二十四年並載授蕃太子舍人二十五年首領木智蒙公伯計等來獻鷹鶻二十六年獻豹鼠皮千張乾文魚百口二十七年王弟大勖進來朝宴於內殿授左武衛大將軍留

宿衛十月使其臣受福子一作優福子來謝二十九年遣失阿利來朝天寶二年王弟蕃來朝留宿衛自天寶迄大曆一歲皆二三至建中元年三年並來朝貞元七年以賀正使大常靖爲衛尉卿王子大貞幹來宿衛十年以來朝王子大淸允爲右衛將軍十四年以王姪大能信爲中郎將元和元年二年四年並遣使二年進奉端午使楊光信逃歸楡關吏執以至五年遣其臣高才南及其子大延眞來朝七年御麟德殿宴使臣賜官告三十五通衣各一襲八年遣辛文德等九十七人九年遣高禮進等三十七人大孝眞等五十九人來朝十年賜使者茆貞壽大呂慶等告遣王子大庭俊等一百一人來朝十一年授使人高宿滿等官十二年十三年十五年長慶二年四年寶歷元年二年太和元年三年五年並遣使朝貢六年遣王子大明俊來朝七年遣同中書右平章事高賞英謝册命開成元年遣王子大明

俊來朝淄青節度使奏渤海將到熟銅請不禁斷四年遣王子
大延廣來朝會昌六年遣使來朝

五代

五代史渤海本號靺鞨唐高宗滅高麗徙其人散處中國置安
東都護於平壤以統之武后時契丹攻北邊高麗別種大乞乞
仲象與靺鞨長乞四比羽走遼東分王高麗故地武后遣將擊
殺乞四比羽而乞乞仲象亦病卒仲象子祚榮立因并有比羽
之衆其衆四十萬人據挹婁臣於唐中宗時以爲忽汗州都督
封渤海郡王其後世遂號渤海其貴族姓大氏開平元年國王
大諲譔遣使者來訖顯德常來朝貢國土產物與高麗同諲譔
世次立卒史失其紀

五代史契丹附錄契丹欲攻中國患渤海等在其後欲擊渤海
懼中國乘其虛乃遣使聘唐以通好明宗遣供奉官姚坤至西

樓契丹主方東攻渤海坤追至慎州見之契丹主曰昨聞中國亂欲以甲馬五萬往助我兒而渤海未除志願不遂因攻渤海取夫餘一城以爲東丹國通考與此同

舊五代史出榆關行砂磧中七八日至錦州又五六日過海北州又行十餘日渡遼水至渤海國鐵州又行七八日至南海府天成元年十一月青州霍彦威奏得登州狀申契丹先發諸部攻逼渤海自契丹主卒雖已抽退尚留兵馬在夫餘城今渤海王弟部領兵士攻圍夫餘城契丹

通鑑同光二年契丹擊渤海之遼東無功而還天成元年復擊渤海七月拔夫餘城

宋史渤海併有夫餘肅愼等十餘國歷唐梁後唐朝貢不絕後唐天成初爲契丹攻夫餘城下之改夫餘爲東丹府命其子托雲舊作突欲留兵鎭之契丹主卒渤海王復攻夫餘不能克歷長興

清泰遣使朝貢周顯德初其豪崔烏斯等三十人來歸其後隔絕不復通宋會要與此同案烏斯當爲烏蘇之訛蒙古語水也

册府元龜梁開平元年五月渤海王子大昭順貢海東物產三年三月渤海王大諲譔遣其相大誠諤朝貢進人口及貂皮熊皮等乾化元年遣使來賀二年五月遣王子大光贊進方物後唐同光二年正月遣王子大禹謨五月遣其姪元讓並來朝貢三年使臣裴璆貢人參松子昆布黃明細布貂鼠被一褥六髮靴革奴子二拜右贊善大夫天成元年四月遣使大陳林等百十六人進兒口女口三及人參昆布白附子虎皮等七月使人大昭佐等六人朝貢十一月青州奏契丹先發諸部攻渤海自契丹主卒雖已抽退尚留兵夫餘城今渤海王弟部領兵士攻圍夫餘四年渤海遣使高正詞貢方物長興元年正月青州奏差人押渤海平憲一行歸本國被黑水剽劫今得黑水兀兒狀

及將印紙一張進呈二年使人文成角來朝貢三年正月遣使來朝應順二年十一月遣使列周義入貢案後唐愍帝應順改元止三月即爲潞王清泰元年考五代史載清泰二年渤海遣使者來是應順當係清泰之誤通考後唐同光二年渤海王遣姪學堂親衛大元讓原本避宋濮王允讓諱改讓爲謙今據冊府元龜改來朝授原本脫三字今據冊府元龜補試國子監丞三年及天成元年俱遣使入貢先是契丹太祖兵力雄盛東北諸國多臣屬之以渤海土地相接常有吞併之意是歲率諸部攻渤海夫餘城下之改夫餘城爲東丹府命其子托雲鎮之未幾安巴堅舊作阿保機今改死命其弟率兵攻夫餘城不克而還四年及長興二年三年四年清泰二年三年俱遣使貢方物周顯德元年渤海國烏思羅等三十人歸化其後隔絕不通

宋

宋史太平興國四年太宗平晉陽移兵幽州渤海首領大鸞河

率小校李勛等十六人部族三百騎來歸以鸞河爲渤海都指揮使六年賜烏舍城浮渝府渤海琰府王詔令助攻契丹九年春宴大明殿召鸞河慰撫久之謂殿前都校劉延翰曰俟高秋戒候當與駿馬數十匹令出郊遊獵以遂其性因以緡錢十萬并酒賜之案渤海無浮渝府當即夫餘府音近而訛

宋會要太平興國六年賜渤海烏舍城清渝府宋史作浮渝府渤海琰府王詔曰闢爾國爰從前代本是大藩近年以來頗爲契丹所制宜盡率部族來應王師朔漠之外悉以相與渤海大國近來服役於契丹至是將發師大舉故先告諭俾爲應也淳化二年以渤海不通朝貢令女眞發兵攻之凡斬一級給絹五匹徽宗政和八年五月臣僚言登州與渤海相望熙甯中巡檢每季下北海駞基島駐劄以駞基石爲界自北朝通好不曾根理深慮渤海相近作過則駞基寨孤立乞以末島嗚呼島爲界并欽島

添置卓望兵令戍守往來巡邏詔令指畫聞奏不得希功生事

通考定安國宋開寶三年遣使入朝太平興國中詔其國張犄角之勢同伐契丹六年冬遣使上表云定安國王烏元明言臣本高麗舊壤渤海遺黎保據方隅涉歷星紀頃歲契丹入侵境土攻破城寨俘掠人民臣祖考守節不降與衆避地僅存生聚以迄於今而又夫餘府昨背契丹並歸本國災禍將至無大於斯所宜率兵助討必欲報敵其末題云元興六年十月日上答以詔書令其協力同伐契丹端拱二年其王子獻馬及雕羽鳴鏑淳化二年王子大元上表後不復至（按烏氏為渤海著姓詳表中所敍當係渤海舊臣保守方隅不肯降遼者高麗舊壤在渤海為鴨淥府夫餘復歸事遼史未載）

宋薛暎記渡潢水石橋旁有饒州唐於契丹嘗置饒樂今渤海人居之

遼

遼史本紀太祖神册二年渤海遣使來貢四年修遼陽故城以渤海戶實之天贊三年渤海殺遼州刺史張秀實而掠其民四年十二月親征大諲譔丁巳次商嶺夜圍夫餘府天顯元年正月庚申拔之丙寅命特哩衮（舊作惕隱今改）阿敦（舊作安端今改）前北府宰相蕭阿固齊（舊作阿古只今改）等將萬騎爲先鋒遇諲譔老相兵破之是夜大元帥耀庫濟（舊作堯骨今改）南府宰相蘇北院額爾奇木（舊作夷离菫今改）薩納齊（舊作斜涅赤今改）南院額爾奇木迪里（舊作迭里今改）圍忽汗城辛未諲譔牽僚屬三百餘人出降上優禮而釋之甲戌詔諭渤海郡縣丙子遣近侍康末怛等十三人入城索兵器爲邏卒所害諲譔復叛攻其城破之駕幸城中諲譔請罪馬前詔以兵衛諲譔及族屬出帝還軍中二月安邊鄚頡南海定理等府洎諸道節度刺史來朝慰勞遣之甲午復幸忽汗城改城名天福改渤海國爲東丹册皇太子貝爲人皇王以主之以皇弟塔喇（舊作迭剌）

今改爲左大相渤海老相爲右大相渤海司徒大素賢爲左次相耶律伊濟舊作羽之今改爲右次相赦其國內三月遣額爾奇木康默記等攻長嶺唐書通考俱作領府己巳安邊鄭頡定理三府叛遣阿敦討平之乙酉以大諲譔舉族行五月南海定理二府復叛大元帥耀庫濟討之七月鐵州刺史衞鈞反耀庫濟攻拔之八月康默記等攻下長嶺府耀庫濟討平諸州太宗天顯三年遷東丹即夫餘城民以實東平其民或亡入新羅女眞五年以渤海戶賜皇弟拉呼舊作李胡今改聖宗統和四年涿州之役渤海小校貫海等叛入於宋十四年渤海雅必舊作燕頗今改等侵鐵驪遣奚王和碩努等討之不克削和碩努官二十一年四月渤海部遣使來貢聖宗開泰八年置東京渤海承奉官都知押班遷甯州渤海戶於遼土二河之間太平八年以渤海宰相羅漢權東京統軍使九年八月東京賓里舊作舍利今改軍詳袞舊作詳穩今改大延琳囚留守駙馬蕭

孝克及南陽公主殺戶部使韓紹勳等即位號其國爲興遼年爲天慶延琳先與副留守王道平謀道平夜踰城與延琳所遣召黃龍府黃翩者俱至行在告變上即徵兵進討時蕭丕勒迪舊作匹敵今改治近延琳先率兵據其要害絕其西渡之計渤海太保夏行美先戍保州延琳密馳書使圖統帥耶律布爾古舊作蒲古今改行美反以實告布爾古遂殺渤海兵八百人而斷其東路延琳知黃龍保州皆不附遂分兵西取瀋州節度副使張傑聲言欲降故不急攻及知其詐而已有備攻之不克而還時南北女眞皆從延琳及諸道兵皆至延琳嬰城固守命燕王蕭孝穆等攻之十年八月延琳將楊祥世夜開南門納遼軍擒延琳渤海平詔渤海舊族有勳勞材力者敍用餘分居來隰遷閏等州天祚帝天慶五年二月饒州渤海古裕舊作古欲今改等自稱大王以蕭色佛呼舊作謝佛留今改等討之爲古裕所敗以南面副部署蕭圖斯哈

舊作陶蘇幹今改爲都統赴之五月及古裕戰敗績丙辰獲古裕等六年正月朔東京裨將渤海高永昌稱隆基元年閏月貴德州守將耶律伊都舊作余都今改以廣州渤海附永昌二月張嘉努誘饒州渤海攻陷高州三月饒州平五月金軍破東京擒高永昌七月春州渤海叛尋降

續通考遼太祖嘗親征渤海大諲譔拔夫餘府誅其守將遂圍忽汗攻破其城詔以兵衛諲譔及族屬以出改渤海爲東丹忽汗城爲天福册皇子貝爲人皇王以居之衛送大諲譔於皇都西城名諲譔曰烏爾古舊作烏魯古今改妻曰阿勒扎舊作阿里只今改改夫餘府爲黃龍府世爲遼重鎮

遼史營衛志太祖宏義宮以心腹之衛置益以渤海戶永興宮以太祖平渤海俘戶等置敦睦宮以渤海建瀋巖三州戶置

遼史兵衛志天顯元年滅渤海國地方五千里兵數十萬五京

十五府六十二州盡有其衆契丹益大遼國兵制詔諸道徵兵惟南北奚王東京渤海兵馬雖奉詔未敢發兵必以聞上遣大將持金魚符合然後行遼東爲渤海故國太祖以其地建南京遼陽府統縣六轄軍府州城二十六有丁四萬一千四百

遼史地理志太祖東併渤海得城邑之居百有三東京道遼陽府本朝鮮之地後爲渤海大氏所有併吞海北地方五千里兵數十萬

金

金史粟末靺鞨始附高麗姓大氏李勣破高麗粟末靺鞨保東牟山後爲渤海稱王傳十餘世有五京十五府六十二州太祖二年執甯江州渤海大嘉努次扎錫（舊作扎只今改）水遇渤海軍攻我左翼七穆昆（舊作謀克今改）衆少卻敵兵直犯中軍太祖射耶律色錫（舊作謝十今改）死敵大奔十月召渤海梁福烏達喇（舊作斡剌今改）答使僞亡

去招諭其鄉人曰女眞渤海本同一家我興師伐罪不濫及無辜也收國二年詔渤海諸部官民已降或爲軍所俘獲逃遁而還者勿以爲罪其酋長仍官之且使從宜居處太宗天會四年命貝勒（舊作孛堇今改）大臭以所領渤海軍八明安（舊作猛安今改）爲萬戶

松漠紀聞渤海國去燕京及女眞所都皆千五百里以石壘城脚東並海其王以大爲姓右姓曰高張楊竇烏李不過數種部曲奴婢無姓皆從其主男子多智謀驍勇出他國右至有三人渤海當一虎之語契丹太祖滅其王大諲譔徙其名帳千餘戶于燕給以田疇蠲其賦入往來貿易關市皆不征有戰則用爲前驅天祚之亂聚族立姓大者於舊國爲王金人討之軍未至其貴族高氏棄家來降言其虛實城遂陷契丹所遷民益蕃至五千餘戶勝兵可三萬金人慮其難制頻年轉戍山東每徙不過數百家至辛酉歲盡驅以行其居渤海故地者仍契丹舊爲

東京置留守有蘇扶等州蘇與中國靑州登州相直契丹東丹王封於此自蘇乘筏浮海歸後唐

遼東行部誌瀋州在唐時嘗爲高麗侵據唐季不能勤遠爲大氏所有傳國十餘世當五代時契丹與渤海血戰數十年竟滅其國于是遼東之地盡入于遼

謹案渤海處黑水靺鞨之南實靺鞨之粟末部也南併百濟北兼黑水幅員五千里在東方最爲大國大氏自唐則天時建國迄於後唐歷二百餘年官府制度燦然大備其世次傳受及使命往來史皆詳述惟是遼紀稱天顯元年太祖破忽汗城獲王大諲譔遂併其地改渤海爲東丹國而諸書皆云取夫餘一城以封托雲太祖旣崩渤海王復攻夫餘不能克似諲譔尙在而宋太宗時有賜渤海琰府王之詔徽宗時登州有置戍巡防渤海之奏似其國至北宋末猶存考之薛史及册府元龜諲譔旣

俘統兵攻夫餘城者爲王之弟即遼紀所載渤海諸州爲遼攻得者惟忽汗城及西南二京南京止南海一府西京未得者尚有東平安遠等六府其東北之境並未屬遼即長嶺南海鄚頡定理諸府亦屢平屢叛聖宗十四年紀云渤海侵鐵驪遣奚王討之不能克二十一年紀云渤海來貢是忽汗破後壤地與遼相接者雖已入遼而國人收合餘部别自立王故五代史宋史宋會要通鑑通考皆謂止取夫餘一城也册府元龜又有後唐遣人送渤海王䛕歸國之文䛕必王之子弟留中國者長興清泰間使命往來則仍世君其國可知第爲遼所隔石晉又臣遼遂不復至耳至五京十五府六十二州之名詳見新唐書而州止六十考遼志東京道有崇集麓三州皆渤海所置而唐書不載又蓋州亦渤海置而唐書止載嗇州蓋本高麗之蓋牟城在今蓋平境嗇州爲率賓故地實係二州則渤海州名固不止六

十有二矣遼史又云唐元和時渤海王大仁秀南定新羅北畧諸部開置郡邑其見於志者若龍河會農吉理杉盧沸流鐵利安定銅山安甯諸郡若銀州之改爲富州蓋州之改爲辰州皆唐書所未及也王都忽汗城因河得名以地理及音譯考之當即今呼爾哈河河源出吉林烏拉界會畢爾騰湖東流經故會甯城北又九十餘里繞甯古塔城南北流七百里入混同江唐書云渤海上京在忽汗河之東爲肅愼故地新唐志云自安東都護府經蓋牟城又經渤海長嶺府千五百里至渤海王城城臨忽汗海其西南三十里有古肅愼城又曰自神州陸行四百里至顯州又正北如東四百里至渤海王城明一統志亦言金滅遼設都于渤海上京是忽汗城實與古肅愼城金會甯城相近俱在今甯古塔境其北即黑水境遼史以遼陽當之失之遠矣其餘府州多在今吉林烏拉甯古塔及朝鮮界並詳後疆域門遼既

未能全併渤海以所俘獲散置他處多取渤海州邑之名以名之亦猶黔潭嚴廣蘇潤松江諸州之在遼耳又若大延琳之志恢宗國烏元明之守節不降割據頻興迄于天祚之世金太祖以本屬一家遣人招諭松漠紀聞謂智謀驍勇出他國右至有二人渤海當一虎之語不信然哉

欽定滿洲源流考卷六

欽定滿洲源流考卷七

部族 七

完顏

五代

金史世紀金之先出靺鞨（另條見前）氏古肅愼（另條見前）地也五代時附屬于契丹在南者籍契丹曰熟女眞在北者不在契丹籍號生女眞（按滿洲語稱國初所屬曰佛滿珠謂舊滿洲也新附編入旗分者曰伊徹滿珠謂新滿洲也此所云生熟蓋即新舊之意）生女眞地有混同江長白山所謂白山黑水也金之始祖諱哈富（舊作函普）初從高麗來（按通考及大金國志皆云本自新羅來姓完顏氏考新羅與高麗舊地相錯遼金史中往往二國互稱不爲分別以史傳按之新羅王金姓相傳數十世則金之自新羅來無疑建國之名亦應取此金史地理志乃云以國有金水源爲名史家附會之詞未足憑耳）居完顏部布爾噶（滿洲語叢柳也舊作僕幹今改正）水之涯生二男長曰烏嚕（舊作烏魯）次曰斡魯遂爲完顏部人至獻祖徙居海古勒（蒙古語行軍殿後也舊作海古今改正）水耕墾樹藝始築室

有棟宇之制自此遂定居于阿勒楚喀（舊作安出虎）水之側矣（按金史云：國言金曰安出虎以安出虎水源于此故名金源考滿洲語稱金曰愛新與安出虎音不相涉大金國志亦祇言國產金及有金水源其以安出虎為金蓋作史者強加附會猶黑水擲之黴黑鴨淥江色若鴨頭之論耳金自始祖四遷至此後為上京故地實與今阿勒楚喀拉林河源相近詳見下疆域門）六世至景祖稍役屬諸部修弓矢備器械前後願附者衆鄂敏（舊作幹泯）水富察（舊作蒲察）部特克新特布（舊作泰神忒保）水完顏部圖們（舊作統門案圖們江在今甯古塔城南六百里源出長白山）水溫特赫（舊作溫迪痕）部舍音（舊作神隱）水完顏部（按此二完顏部族姓之散居者）蓋皆相繼來附

大金國志金國本名珠里眞（謹案本朝舊稱滿珠所屬曰珠申與珠里眞音相近但微有緩急之異實皆肅愼之轉音也）後訛為女眞或曰慮眞肅愼氏之後渤海（另條見前）之別族也唐貞觀中靺鞨來中國始聞女眞之名（按通考云五代時始稱女眞據此則唐時已有是稱矣）世居混同江之東長白山下南鄰高麗北接室韋西界渤海東瀕海三國志所謂挹婁（另條見前）元魏所謂勿吉（另條見前）唐所謂黑水靺鞨者今其地也其屬分六部有黑水契丹目為

混同江按混同即松阿哩江雖下流與黑龍江會實係二水此合爲一亦誤居江之南者謂之熟女眞以其屬契丹也江之北爲生女眞亦有受宣命號太師者契丹自賓州混同江北八十里建寨以守之契丹恐女眞爲患誘豪右數千家處之遼陽之南使不得與本國往來謂之哈斯罕滿洲語藩籬也據云不得與本國往來實有防閑之意舊作合蘇款又作曷蘇館今改正自咸州東北分界入山谷至涑沫江按涑沫即混同而志並稱蓋誤以混同爲黑龍江也中間所居之女眞隸咸州兵馬司謂之輝發舊作回霸亦作回跋案咸州在今威遠英峩門之間東北至松阿哩江約六七百里今有輝發河國初尼瑪察部人旺吉努于河邊築城以居因號輝發國蓋猶沿其稱也極遠而野居者謂之黃頭女眞又居涑沫江之北甯江州之東地方千餘里戶十餘萬族帳散居山谷無國名自推豪傑爲長小者千戶大者數千戶蓋七十二部落之一也或云金祖本新羅人號完顏氏傳至太祖以其國產金及有金水源故稱大金按志但言有金水源未嘗以安出虎爲金考金源之稱始於遼中京有金源縣以地有金甸爲名金元並因之在今喀喇沁右翼界是金源之稱固

與安出虎無涉氐金本紀載太祖建國之詔曰賓鐵雖堅終亦變壞惟金不變于是國號大金是併未嘗因水取名矣

通考女眞蓋古肅愼氏五代時始稱女眞後避契丹主宗眞諱更爲女直俗訛爲女質安巴堅舊作阿保機呑北方三十六國此其一也

遼

通考安巴堅遷女眞豪右數千家于遼陽南而著籍焉謂之哈斯罕哈斯罕者熟女眞也隸咸州兵馬司者謂之輝發輝發者非熟女眞亦非生女眞也自涑沫江之北甯江之東地方千餘里戶十餘萬無大君長亦無國名小者千戶大者數千則謂之生女眞宋建隆後屢遣使來淳化時契丹伐女眞女眞衆纔萬人而弓矢精勁又爲灰城以水淋之爲堅冰不可上距城三百里燔其積聚設伏于山林間契丹既不能攻城野無所取遂引騎去大爲山林之兵掩襲殺戮大中祥符三年契丹征高麗道

由女眞女眞復與高麗合兵拒之契丹大敗而還自天聖後屬契丹世襲節度使兄弟相傳其帥本新羅另條見前人號完顏氏女眞服其練事以首領推之自哈富解見前此又作龕福今併改按此所載諸名與金史異同者頗多今但從金史改正仍注原文于下後同以下班班可紀哈富生烏嚕舊作訛魯烏嚕生雅哈舊作洋海雅哈生蘇赫舊作隨闊蘇赫生實魯實魯生呼蘭舊作胡來呼蘭三子伯曰和勒博舊作核里頗叔曰富勒蘇舊作蒲剌束季曰伊克舊作楊割伊克聚族帳最多謂之伊克太師能用其人遂稱強諸部賦斂調發刻箭爲號事急者三刻之粟粥燔肉爲食上下無異品和勒博四子長曰烏魯斯舊作吳喇束次太祖次太宗次曰賽音舊作撒也永昌八年秋太祖盡得遼東長春兩路始稱皇帝建元天輔改國號大金

契丹國志女眞國乃肅慎故區也地方數千里戶口萬餘無大君長立首領分主部落地饒山林契丹於長春路置東北統軍

司黃龍府置兵馬都部署司咸州置詳袞（舊作詳穩）司分隸之黃頭女眞皆山居號哈斯罕（按此又合二部爲一蓋契丹志爲葉隆禮所撰傳聞之詞未得其眞也）其人勇鷙契丹每出戰皆被以重札令前驅

契丹國志東南五節度熟女眞部族共一萬餘戶皆處山林尤精弋獵其地南北七百餘里東西四百里西北至東京五百餘里又次東南至熟女眞國其地東西八百餘里南北千餘里居民皆處山林耕養屋宇與五節度同無首領統轄至東京二百餘里東北至生女眞國居民屋宇耕鑿言語衣裝與熟女眞並同精於騎射前後屢與契丹爲患契丹亦設防備南北二千餘里沿邊創築城堡屯守其南界西南至東京六百里

遼史營衛志阿延（滿洲語尊大也舊作奧衍今改）女眞部聖宗以女眞戶置隸北府節度使屬西北路招討使司戍鎭州境自北至河西部皆俘獲諸國之民初隸諸宮戶口蕃息置部訖于五國皆有節度

使伊德蒙古語令食也舊作乙典今改女眞部聖宗以女眞戶置隸南府居高州北國外十部有長白山部

遼史兵衛志伊德女眞部隸西南路招討司又有東北路女眞兵馬司又高州屬國軍有北女眞南京女眞女眞哈斯罕輝發

金

金史本紀收國元年正月壬申朔羣臣奉上尊號是日即皇帝位上曰遼以賓鐵爲號取其堅也賓鐵雖堅終亦變壞惟金不變不壞金之色白完顏部色尙白於是國號大金改元收國按金開國以後具詳金史茲不復載

大金國志女眞靺鞨之後也其國在元魏齊周之時稱勿吉至隋稱靺鞨地直長安東北六千里東瀕海分爲數十部有黑水白山等名後爲奚契丹所攻部族分散其居混同江之上者初名女眞乃黑水舊部

大金國志女眞在契丹東北隅地饒山林國初之時族帳散居山谷地千餘里無城郭居止自後并遼得大遼全盛之地深入中原舉大江以北皆有之疆宇始廣矣

元

元史地理志開元路古肅愼之地隋唐曰黑水靺鞨後屬渤海渤海寖弱黑水復有其地即金祖之部落也元初立開元南京二萬户府又設軍民萬户府五分領混同江南北之地並見後疆域門其居民皆碩達勒達舊作水達達今改正女眞之人各仍舊俗以射獵爲業設官牧民隨俗而治

謹按金始祖本從新羅來號完顏氏所部稱完顏部新羅王金姓則金之遠派出於新羅所居有白山黑水南北之境二千里而遙固與

本朝肇興之地輪廣相同大金國志言金國本名珠里眞與

本朝舊稱所屬曰珠申相近實即肅愼之轉音也五代以後盡得
靺鞨舊部于是女眞之名始著考之遼史有繫籍不繫籍之分
繫籍者惟遷居遼陽南之數千家所謂哈斯罕大王不繫籍者
亦間有節度太師之號所謂長白山太師輝發部太師是也金
景祖亦曾受遼太師之稱而終不肯受印繫籍遼人于邊境南
北二千餘里築城置戍蓋其震懾兵威者至矣自始祖八世十
帝遂至太祖應運造邦滅遼臣宋迹其初起衆未滿千洵由山
川鍾毓騎射精嫻故能所向無前光啓方夏也奇功偉績具詳
金史茲錄其開國時舊部分合之由而完顏氏之隸籍八旗者
具載姓氏通譜至若上京及呼爾哈海蘭諸路建置之詳則別
載於後疆域門云

建州

唐

新唐書渤海傳率賓故地爲率賓府領華益建三州按建州之名始見於此考率賓故地在今吉林烏拉境遼地理志云康州世宗遷率賓八戶置所屬有率賓縣志云本渤海率賓府地考遼康州及率賓縣俱屬顯州爲渤海顯德府地在今廣甯境當亦遷率賓八戶所置非故府地蓋遼志固別有率賓府在涑州定理之間也又鴨淥江本名益州江即益州亦去長白不遠渤海建州固與國初所統之地相近矣

遼

遼史營衛志孝文皇太弟敦睦宮以渤海另條見前建瀋巖三州戶置屬州三建瀋巖按此爲建州移于西北之始志云以三州戶置明非渤海建州之舊率賓故地在遼爲東京此屬中京遼史所謂在靈河之南者是也

遼史地理志中京道興中府本號霸州彰武軍節度制置建霸宜錦白川等五州建州保靜軍節度使唐武德中置昌樂縣太祖完葺故壘置州按此云置不言仍渤海之舊其非率賓故地明矣漢乾祐元年石晉太后詣世宗求於漢城側耕墾自贍許於建州南四十里給地五十頃州在靈河之南按靈河以元一統志考之當即淩河屢遭水害聖宗遷於

河北唐崇州故地初屬武甯軍隸永興宮後屬敦睦宮統縣二

永霸永康按此則建州再移于遼聖宗時其在靈河之南者遼初所置州城是也在靈河之北者自聖宗以後至金元相承不改考大清一統志在今喀喇沁及土默特地故城在土默特右翼西南一百二十里周二里餘四門與哈喇沁左翼毗連明屬三衛

契丹國志節鎮三十三處有建州

金

金史地理志建州保靖軍刺史遼初名軍曰武甯後更今名金因之領縣一永霸唐昌黎縣地

大金國志刺史七十五處有建州按金承遼舊非渤海建州故地也

元

元史地理志大甯路唐初屬營州貞觀中置饒樂郡遼爲中京大定府金因之元初爲北京路總管府領川建等十州元至元七年改北京爲大甯仍領川建等州按元承遼金之舊非渤海之建州也

元一統志金上京故城古肅慎（另條見前）氏地按圖册所載京之南曰建州京之西曰賓州又西曰黃龍府北曰肇州府之東曰永州曰昌州延州東北曰尼嚕干城皆渤海遼金所置州縣並廢城址猶存海蘭河經故建州東南一千里入於海混同江北流經故建州五十里會諸水東北流經故上京下達五國頭城按此所云故建州蓋渤海之舊在金上京之南者金之上京自開原東抵甯古塔自長白北抵阿勒楚喀幅員甚廣考金地理志云上京山有長白青嶺水有阿勒楚喀混同江拉林河皆在今吉林境又云東至呼爾哈路六百三十里西至肇州五百五十里東南至海蘭路一千八百里呼爾哈河在甯古塔城旁海蘭河在甯古塔城南四百十里據四至以求其中則金上京正在今吉林城東北阿勒楚喀河旁而渤海之建州東去松花江北流之所五十里東南去海蘭河一千里亦在吉林境明初土人猶沿舊稱耳又按大清一統志海蘭河有五皆在甯古塔吉林境內一入呼爾哈河三入混同江皆去海遠惟在甯古塔城南四百一十里源出無名山者東流會布爾哈圖河入海元志所云海蘭應即指此也並詳後疆域及山川門

元一統志碓觜河在大甯路金源縣西東南入建州境合于靈河淩河在大甯路興中州源出龍山縣經本州下流達建州境

大淩河自建州界流經興中州東南下流入義州境淩水在大甯府建州南五里自富庶縣流至本境四十里入興中界一云發源龍山縣南八十里東北流百里入利州界又北經富庶縣東南三十里入建州境（按此所云建州蓋元時大甯所領即遼時以渤海建州入戶移置者在淩河南者故城在錦縣西北在淩河北者故城在土默特右翼西南皆非渤海之舊也金原龍山富庶並元大甯路屬縣今屬喀喇沁土默特界）

明實錄永樂二年置建州衛十年置建州左衛宣德七年置建州右衛

謹按建州爲

本朝岐邠故地州置於渤海本在今吉林境至遼時一移於淩河之南再移于淩河之北金元相承置節度刺史而建州遂在今錦州邊外喀喇沁土默特之間大抵東土州郡之名多始於渤海而移于遼遼志所載襲渤海之名而易其地者十

居七八如率賓府遝遷其人戶于今廣甯謂之率賓縣而其
故地仍有率賓府在涑州定理之間涑州以涑沫江名定理
府據一統志爲
興京而率賓府與之相連則所領之建州實即
國初所統之建州也以元一統志考之其秖稱建州者屬興中
府在淩河南北爲遼金所置明屬烏梁海其稱故建州者近
混同江北流之所即渤海所置是州雖已移而故地相傳舊
稱尙在明初因以名衞耳迨我
肇祖原皇帝始居赫圖阿拉是爲
興京實右衞之地舊邦
新命王迹
肇基恢天作之
鴻模啓億年之

景運嗣後若楝鄂哲陳蘇完及海西之烏拉哈達輝發葉赫長白山之訥殷珠舍哩以至瓦爾喀呼爾哈黑龍江諸部並入版圖東極使犬諾羅諸部罔不率先臣服東京盛京以次締創出震乘乾有開必先矣

附金史姓氏考

案金史所載姓氏均與滿洲氏族相合第譯對字訛今悉據八旗姓氏通譜改正仍依百官志所載序次如左

完顏 金始祖自新羅來居完顏部因以爲氏

温特赫 舊作温迪罕今改正史云圖們江水温特赫部景祖時來附

瓜爾佳 舊作夾谷

布薩 舊作僕散

珠格 舊作朮虎又作準葛今併改

伊勒圖 舊作移剌答

沃哷 舊作斡勒

旺扎卜 舊作斡準把

阿布哈 舊作阿不罕

珠嚕 舊作卓魯

輝特 舊作回特

輝罕 舊作黑罕

輝羅 舊作會蘭

徹木袞 舊作沈谷

賽密哷 舊作塞蒲里

烏克遜舊作烏古孫
舒爾圖舊作石敦
卓特舊作卓陀
烏蘇占舊作阿斯準
博提斯舊作匹獨思
博爾濟克舊作潘木古
烏實拉舊作暗石剌
舒古蘇舊作石古若
珠爾罕舊作綴罕
光嘉喇舊作光吉剌　以上皆封金源郡
費摩舊作裴滿
圖克坦舊作徒丹
温都舊作温敦

烏淩阿 舊作兀林答

阿克占 舊作阿典

赫舍哩 舊作紇石烈

納喇 舊作納蘭

富珠哩 舊作孛朮魯

珠勒根 舊作阿勒根

納哈塔 舊作納合

寶嘉 舊作石盞

布希 舊作蒲鮮

瓜爾佳 舊作古里甲

阿達 舊作阿迭

尼瑪蘭 舊作聶摸欒

穆延 舊作抹撚

納塔舊作納坦

烏蘇舊作兀撒惹

烏新舊作阿鮮

拜格舊作把古

温都遜舊作温古孫

諾延舊作耨盌

色赫哩舊作撒合烈

烏色舊作五塞

哈薩喇舊作和速嘉

納雅舊作能偃

阿馬從原文

巴爾舊作班兀里

尼沙舊作聶散

富色里舊作蒲速烈　以上皆封廣平郡

烏庫哩舊作烏古論

烏雅舊作兀顔

鈕祜祿舊作女奚烈

通吉舊作獨吉

洪果舊作黄摑

延扎舊作顔盞

博和哩舊作蒲古里

必喇舊作必蘭

斡哩舊作斡雷

都克塔舊作獨鼎

尼瑪哈舊作尼龐窟又作尼龐古今併改

托羅特舊作拓特

赫舒 舊作盍散

沙達喇 舊作撒答牙

阿蘇 舊作阿速

薩察 舊作撒剗

卓多穆 舊作準土谷

納木都魯 舊作納諾魯

雅蘇貝 舊作業速布

額蘇哩 舊作安煦烈

愛新 舊作愛申

納克 舊作拿可

古勒渾 舊作貴益昆

斡色 舊作温散

索歡 舊作梭罕

呼雅 舊作霍域 以上皆封隴西郡

唐古 舊作唐括又作同古今併改

富察 舊作蒲察

珠嘉 舊作朮甲

蒙古 從原文又作蒙刮亦作蒙括今併改

伯蘇 舊作蒲速

鄂屯 舊作奥屯

錫默 舊作斜卯

愛滿 舊作諳蠻

都克塔哩 舊作獨虎朮魯

摩年 舊作磨輦

伊年 舊作益輦

托諾 舊作帖暖

蘇伯林 舊作蘇孛輦 以上皆封彭城郡

欽定滿洲源流考卷七

欽定滿洲源流考卷八

疆域一

洪惟我
國家肇造大東覆育區宇輿圖之盛歷古所無
始祖建國鄂多理城
肇祖徙居赫圖阿拉
詒謀考卜實啟
興京
太祖高皇帝以十三戎甲次第削平諸部經始瀋遼
太宗文皇帝正號
大清濯征明國臣服朝鮮
世祖章皇帝統一方輿極天所覆罔不率俾溯
王迹之肇基緬神區之鍾萃在原在巘因

陟降而地靈成邑成都啟版圖於日闢若肅愼以下故城舊治及渤海金元之所建置遺蹤猶在沿革可稽臣等謹立疆域一門條舉史傳所載附以考證仍先列興京及吉林黑龍江將軍所轄於前驗古徵今庶幾瞭如指掌至如奉天錦州所屬四州八縣之地則具詳

一統志

盛京通志中不復兼載云

興京

謹按

興京周以前爲肅愼氏漢晉爲挹婁南北朝暨隋爲靺鞨唐時渤海定理府遼金迄元爲瀋陽地在

盛京城東微南二百七十里城周五里羣山拱護河水環縈實

本朝邠岐故壤恭考

發祥世紀

始祖居長白山東俄莫惠之野鄂多理城城在

興京東一千五百里甯古塔城西南三百三十里勒福善河西

岸

肇祖原皇帝殲仇創業始居呼蘭哈達山下赫圖阿拉

太祖天挺神武相險宅中始

締構於

興京旋

經營於遼瀋東漸海西訖遼西東南及朝鮮北暨嫩江黑龍江以至

使犬諾羅諸部罔不臣服

太宗繼伐幅員孔長其城堡之隸

興京境內者有老城城南八里周十一里餘高麗城城南一百二十里周三里餘鹻廠

舊城城南一百四十六里周二里餘鹻廠新城城南一百四十八里周一百十步清河城城西

南一百六十里周四里餘山羊峪城城西南一百九十五里周一里餘瑪哈丹城城西南二百一十里周二里餘 太祖戊午年征明降其城薩爾滸城城西一百二十里內城周三里外城周七里 太祖破明四路兵二十萬於此界藩城城西北一百二十里在鐵背山上 太祖殲明將杜松於此而

親御桴鼓及

命帥奏功者曰烏拉在混同江東尼什哈站北 太祖癸丑年平其國有宜罕山城 太祖戊申年攻克臨河五城金州城壬子年攻克遜扎泰城郭多城鄂謨城富勒哈城皆癸丑年攻克哈達在開原東北邊外即明時所謂南關也有綏哈城 太祖己亥年平其國輝發國城在輝發河邊扈爾奇山上有多壁城 太祖乙未年攻克之丁未年平其國葉赫在威遠堡東北近葉赫河岸即明時所謂北關也 太祖癸巳年破葉赫等九部兵於古哷山甲辰年攻取張阿奇蘭二城癸丑年取吉當阿城烏蘇城雅哈城赫爾蘇城喀布齊賚城哈敦城額吉岱城天命四年取肯特伊城是年 親統大兵攻克東西二城平其國東城即葉赫新城西城即葉赫老城也蘇克素護河在清河東所屬城寨曰圖倫城 太祖癸未年起兵討尼堪外蘭于此曰薩爾滸城亦癸未年攻取曰瑪爾墩寨甲申年攻取曰安圖瓜爾佳城乙酉年攻取曰嘉木瑚城曰沾河寨曰古埒城曰沙濟城皆癸未以後收服渾河 太祖甲申年征之鑿道噶哈嶺乙酉年敗其兵于太蘭岡吉林崖所屬城寨曰巴爾達城丙

戊年攻取曰兆佳城己丑年攻取曰杭甲城曰扎庫木城曰東佳城曰伯伊庫寨俱以次攻取之完顏太祖戊子年平其部棟鄂在寬甸堡外有齊吉達城翁鄂洛城太祖甲申年征之戊子來歸哲陳太祖乙酉年征之托漠河章甲巴爾達界瀋俱集兵來禦我兵四百人敗其八百人丁亥年復征克之長白山之訥殷有佛多和城太祖癸巳年勦誅訥殷部長於此珠舍哩太祖癸巳年征之鴨淥江部太祖辛卯年征取之瓦爾喀之安褚拉庫內河太祖丙申年征之取屯寨三十餘阿庫里尼滿太宗天聰九年平其部烏爾格辰崇德二年平其部綏芬太祖庚戌年攻克雅蘭太祖甲寅年攻克瑚葉太祖己酉年攻克烏爾吉額赫庫倫俱崇德二年攻克諾羅阿萬天命元年招服呼爾哈之扎庫搭太祖辛亥年攻克烏扎拉崇德五年征服烏蘭海倫崇德五年征服庫爾喀之拉里禪鐸辰阿薩津多津烏庫爾城卦拉爾額蘇里額爾圖俱崇德五年征服黑龍江之薩哈連部天命元年征之取其屯寨三十六卦爾察部天命十年十一年兩次征之天聰八年歸附索倫部天聰八年通貢崇德五年征之博和里諾爾噶勒都里崇德八年攻取小噶勒達蘇大噶勒達蘇綽庫禪能吉勒俱崇

八德年征降窩集之赫什赫額木赫索囉佛訥赫托克索俱太祖丁未年征取錫璘太祖甲寅年征取而部落之舉族內附者曰蘇完太祖戊子年歸附曰雅爾古太祖戊子年歸附瓦爾喀則有斐優太祖丁未年部長為烏拉所侵率戶五百歸順呼爾哈則有錫喇忻天命元年招服格伊克哩天聰二年歸附納堪泰天聰四年朝貢托科羅努雅喇默爾庫勒赫葉俱崇德二年朝貢輝克崇德五年朝貢瑪爾哲賴科爾佛科爾庫薩喀哩俱崇德六年朝貢喀爾喀木哲克特庫塔圖庫福題希額爾琿斡齊奇庫巴扎拉額題奇薩里尼葉爾北俱崇德七年招降松阿里則有巴雅喇天聰二年朝貢黑龍江則有杜莫訥武因庫魯木圖納屯俱天聰八年朝貢果博爾色布奇赫赫岱克殷烏魯蘇裕爾根海倫固濃昆都倫烏蘭俱天聰九年朝貢扈爾布爾俄勒俱崇德三年朝貢索倫之薩哈爾察天聰六年朝貢博穆博果爾崇德二年朝貢納木丹尼都遜烏喇喀德都爾俱崇德五年歸附庫爾喀之賴達爾崇德八年朝貢及延楚地方之庫雅

喇即庫爾喀之別名在圖們江北岸與朝鮮之慶遠相對去甯古塔五百里崇德八年朝貢精格里河琿春崇德三年朝貢窩集則有那木都魯甯古塔尼瑪察俱太祖庚戌年招降使犬部則有蓋青天聰八年朝貢使鹿部則有喀木尼漢崇德元年招降東北邊部落以次入貢者自甯古塔東北行四百餘里住呼爾哈松花江兩岸者曰諾雷天聰五年朝貢曰克宜克勒崇德二年朝貢曰祜什哈哩崇德三年朝貢皆編甲入戶自甯古塔東行千餘里住烏蘇里江兩岸者曰本揄太祖辛亥年征降又東二百餘里住尼滿河源者曰奇雅喀喇又有班吉爾漢喀喇亦在甯古塔東南去烏蘇哩四千里每二年一次遣官至尼滿河地方收貢頒賜自甯古塔東北行千五百里住松花江黑龍江兩岸者曰赫哲喀喇又東北行四五百里住烏蘇里松花黑龍三江滙流左右者亦曰赫哲喀喇自甯古塔水路至其部東北界共四千五百餘里即使犬國也又東北行七八百里曰費雅喀亦有居處甚遠不能至甯古塔之庫葉一部每年六月遣官至離甯古塔三千里之普祿鄉收貢頒賜自甯古塔東北行三

千里曰奇勒爾即使鹿鄂倫春游牧處所距齊齊哈爾城千餘里又使馬鄂倫春亦散處山林距齊齊哈爾五六百里直至於大東海皆自古荒遠未聞之地朝貢惟謹遠至邇安廣輪有截豐水

詒謀夐乎莫並矣

御製盛京賦有序

嘗聞以父母之心爲心者天下無不友之兄弟以祖宗之心爲心者天下無不睦之族人以天地之心爲心者天下無不愛之民物斯言也人盡宜勉而所繫于爲人君者尤重然三語之中又惟以祖宗之心爲心居其要焉蓋以祖宗之心爲心則必思開創之維艱知守成之不易兢兢業業畏天畏人于是刑兄弟而御家邦斯以父母之心爲心也民同胞而物吾與斯以天地之心爲心也孔子曰明乎郊社之禮禘嘗之義治國其如示諸掌乎宗廟禘嘗之典固先王繼志述事之

大經也然自聖人象大過肇封樹以來上陵之制漢代已然
我國家肇興盛京邠岐之地橋山在焉昔
皇祖六十一年之間三謁
丹陵用展孝敬
皇考在位百度維新日不暇給適西鄙有事徵役已勞又
藩邸時曾奉
皇祖命往謁
祖陵是以十有三年中未舉是典予小子纘承丕基懼德弗嗣深維
祖宗締搆之勤日有孜孜敬奉神器言念盛京爲天作之基
永陵
福陵
昭陵巍然在望不躬親祀事其奚以攄愨忱而示來許爰以乾隆癸
亥秋恭奉

皇太后發軔京師屆我陪都孝思以申
祖武是仰因周覽山川之渾厚民物之樸淳穀土之沃肥百昌之繁
廡洵乎天府之國興王之會也昔豳居相度召頌公劉岐宅
作屏周歌太王莫不於
上帝之鑒觀下民之君宗三致意焉故物以賦顯事以頌宣既見于
斯豈默于言乎遂作賦曰
歲大淵獻時旦柳中協律無射辨方庚辛歷吉日以建旗駕應
龍之龢鸞紛瀧虖蘣蜿蜒旗雄虹橦鳴鳶周乎神皋之壤屆乎
箕尾之躔循我留都殺禋
珠丘懷精氣仰
德流既備既申迺御黼座而覲臣僚維締造之彌艱撫草創之鴻圖
曰於休哉是蓋突載亳之子殷躐宅鎬之姬周凴虛致譏子東
約安處薦諝于西踰下此離爲十二之國合爲六七之侯鼎立

瓜分者益瑣纖旁魄不足以殫攄而孟堅平子太冲者倫方且
豔陳崤函隴坻之險鹽池墨井之腴柃楫天梁之麗三條五劇
之區極鋪張以詭辨彼何辭洒稱諸奚侔夫天作之皇宅又何
藉萇宏與魏舒於是諮文獻考圖册不惡不文爰賦其略聚精
搆思挂一漏百粤我淸初肇長白山扶輿所鍾不顯不靈周八
十里潭曰闥門鴨綠混同愛滹三江出焉
帝女天妹朱果是吞爰生
聖子
帝用錫以姓曰覺羅而徽其稱曰愛新是翦是除匪安匪康乃有葉
赫輝發界藩撫順遂築城于遼陽以爲東國之宗
大篤其祜載恢厥功天命十年相險宅中謂瀋陽爲王氣所聚乃建
盛京而俯關西故言其封域則雖始自秦漢歷隋唐以迄遼金
歟而舉其規模則維新

皇運膺靈佑之獨深也仰符十度之尾實臨析木之津得雲漢之所垂維北極之所鄰亦何異乎召伯相宅卜維洛食奉春建策留侯演成哉于是乎左挾朝鮮右據山海北屏白山南帶遼水滄溟爲池澎湃灅渨流湯湯赴瀰瀰潎澆潟迴渾渼浴日沃星莫測其始東盡使犬之部朔連牧羊之鄙啓我漢惠之原擴我俄朶之址高燥埤濕原田每每走大野而拱太室者萬有餘里其山則鐵嶺繡嶺平頂降龍木查石門東水南雙矗嵑嶭聚嵔嵬嵫兮岃崱嵌兮嵿峒嵛兮巃嵸嵂兮嵣嵱蔽虧日月源流湖江既孕奇而盤鬱亦含秀而隆崇故夫四蹄雙羽之族長林豐草之衆無不博產乎其中蹄類則虎豹熊羆野馬野騾鹿麞麅麐貇豺封駝狐貍貛貉跳兔娑娑鼧鼥艾虎貂鼠輕嘉其他牛馬羊豕之資以日用者蓋塡閭巷而烝寢訛羽類則野雞沙雞鵽鴨青鶉鸛鶴禿鷲維鵝在梁縮脖鳩燕啄木鵲鷂鷹鵅鵰鶻紅

牙啇倉黃鶬鼠化白雁霜橫曰海東青出黑龍江林擊則天鵝褫魄甸搏則竄兔走僵其他鴿雀銅嘴桃蟲鴛鴦雜沓紛泊騰軼翺翔其草則蒿艾香蒲蘆葦蕭荻章茅水葱紅藍綬虉馬藺知時木槿紀節厥惟人參三椏五葉氣稟地靈功符陰隲啇陸茵陳萹蓄葶藶蠡實兔絲均能已疾其林則五鬣之松萬年之柏重障隱天幽林蔽澤挺崇槐之曾青蔭柜柳之濃碧大椿以八千爲春壽櫟以不材爲德爛紅杏與緋桃紛白楝與黃蘗山藤柔韌是資鞭策雞桑落黃可供蠶織陸珍既牣海錯亦繁鯉魴鱒鱖鰀鯽鱅鰱鰷鯝鱧鰄鮠鰌鮎鱓比目分合重脣浮湛劒飾鮫翅柳炙細鱗牛魚之長丈計帶魚之白皁編烏鰂之鬚粘石渡父之喙矴船他如蛇馬驢狗豚獺豹貛出沒乎洶涌潛躍乎游淵蒼龍揵鬐而雲作赤螭掉尾而波開老蚌含珠九光燭天神奇是蘊瓌瑰是生雖山經與地志羌莫得而詳焉懿玆奧

區原隰畇畇厥田上中厥壤惟平抱海負蓋跨遼欲宣渾河爲帶興京爲襟袞複陸而坦坦曠拓落而芸芸偉嘉禎之萃薈信橐籥之絪緼

帝眷東顧用畀皇清而爲萬載之沛豐若其測圭臬度廣輪依繩尺疏渠川歌經始詠攸甯又可略聞矣天命天聰丕顯丕繼因其舊瀋拓我新制規天矩地嚮明授時增八門之詄蕩脅九逵之邐迤翼翼俾俔巖巖堞雉起

圜丘於郊南單堦垣之潔秘欽柴颺燔陳玉薦幣鼓雲和升繭栗以邀肸蠁而昭祀事霜露在履春秋聿遷愫乎僾乎肇禋閟宮滌濯毛炰元酒太羹

文祖

神宗爰歆于斯符帝車之太乙正王宮于未央重三殿之實枚表雙闕于閶闔闕名維何文德武功殿名維何崇政建中高樓望氛

厥題鳳皇後宮紫極交泰凊甯關睢麟趾化洽家邦維樸而安
乃鞏而臧豈其工榥檻之刻鏤豈其飾榱橑之焜煌豈其疏龍
首之嵔嶫豈其扳鳳翼之昂藏匪有心于儉約乃濬揆夫陶唐
大政當陽十亭雁行爰諏爰度曰贊曰襄吉君臣之一德而攜
我闔于八荒正號紀元以受天慶於是定兩翼之位列八旗之
方黃白紅藍有正有鑲法其象于河鼓則其數于羲經神其變
于三五握其奇于九宮
大聖創制動協天象是猶易之書契乃觀禘远焉樹以屛翰馭輕居
重本支百世昌我宗潢佐命之勳曰費英東額都希福績茂蕭
張曰有坐謀曰有折衝旣彬彬而濟濟亦赳赳而彭彭其餘附
鳳而攀龍者蓋車載與斗量爰制國書聿興文敎演義譯音物
取其肖允惟大海克稱檢校雖絕域其必通卽纖故其亦貌若
夫人自爲戰王者無敵角嚴則百墉失憑旌揮則三邊定㪉義

不返顧勇不重壁是以敉四海而莫攖亙千古而鮮匹故班祿于累世用以酬夫勞績及其斗杓北指涉冬背秋爰狩中原我戎是修靡虹罕梟蜺斿拖霧纛建雲旂後屬車前導游乘我良産屏彼彤鞹右忘歸之箭勁左繁弱之弓柔倩浰而雷動鴻絅而星流又何必王良執轡纖阿御軥也哉于是帶甲之士百萬盡發鷹犬而縣驊騮卑泰山之爲櫓跨渤海以張罘林林裔裔列列袞袞命地而後中應聲而先掊散壄麋之羣友剔穴狸之伏留駭巘巑之傔俟讐郊兔之佻偷即肩惰指倦而麌麌之羣猶緣陵蔽野比夏草之稠焉爰用三驅示無盡劉更命羽林佽飛之士手豹尾踞虎頭搏洞熊殲澤貜觀壯夫之鶴躍快猛獸之獼膢乃獻我成禽舍彼踐毛擇其上殺允惟左膘以奉宗廟乾豆烹炰充賓客乃薦君庖班獲行賞訖乎輿僚是蓋因天地之利習軍旅之勞戰則克而祭受福古者蒐苗獮狩之禮所

爲昭詎其害三時之土穀奪百姓之腴膏蹂桑柘之地廣虞獵之郊如子虛上林之所嘲也哉將將蕃后夔夔列君奉贄來朝齊邀侍宸或稽首而請聘或傾心而納姻于是樂以九奏饗以八珍邁呼韓之朝天踰頡利之舞庭合內外爲一家自我

祖而已然坰牧之宜曰大淩河亙肥壤之博衍茁靈草之敷披夏蚑避境春泉渿波是以駉駉之牡蕃孳孔多爾其驪騧騅駓騂騏駱驒騮駒驔騧馯馻駰騢或眠而䭾或行而駗惟致遠之有賴亦揚威之無過畿甸既闢農桑是咨爰飭田畯爰勵甸師物早晚之種辨高下之宜男則耕耘是務女則織紝是謀抑工商之末業勤衣食之本圖故深耕易耨穀用滋也九夏三耘免汙萊也雨我公田遂及私也庤我錢鎛銍艾時也我簋斯盛實佳粢也我倉如陵庾如坻也服尚布棉奚纖美也器用陶匏戒奢靡也土物是愛神降嘉生黍惟秬秠稻惟糯秔粟惟穈𪎊粱惟白

黃解蠡胡麻來牟鈴鐺麻分紫赤豆有豌豇蔬則蕓薹菘蒜蘿蔔韭葱蔓蒿蒲筍紫堇茴香壺蘆蔓菁萵苣葵薑鮮不旆旆穟穟唪唪幪幪驛驛綿綿厭厭穰穰惟脈土之獨純斯穡事之孔良農隙敎戰守禦相望國以殷富兵以盛强鬱葱佳氣盤薄無垠民風噩噩伾侁自然休有

烈光格于

皇天

上帝其子之惟有歷年是以我

世祖因人心之歸淸順天意之厭明掃驅除之閏位統子弟之精兵無亡矢遺鏃之費而膺圖正位乎燕京蓋嘗攷千古之興替稽百代之歷數拒符瑞之難諶信仁義之堪守斥逐鹿之蠱說審

神器之有授乃知

帝命不時眷淸孔厚也不有開之何以培之不有作之何以得之夫

其披荊棘冒氛霾歷艱辛躬利害無嬗代之迹而受車書之來者蓋書所謂于湯有光詩所謂民之攸歸矣皇矣陪都實惟帝鄉乃命秉鉞之帥乃置五部之卿民安郡縣旗樂屯莊春秋耕斂我倉我箱朝會朔望躋躋蹌蹌昭萬年之有道卜百世之靈長乃作頌曰

於鑠盛京惟瀋之陽大山廣川作觀萬方虎踞龍蟠紫縣浩穰爰浚周池爰築長墉法天則地陽耀陰藏貨別隧分旗亭五重神基崇峻帝系綿昌周曰邠岐漢惟豐沛白水慶善興王之會長白隆隆滄溟瀸瀸形勝之選奕世永賴俯臨區夏襟控中外休養百年既豐而泰溯其始謀繼序敢懈昔我
聖祖三至斯土犂麗六飛森沈萬旅孔碩九重不遑安處祗謁
山陵亦臨朝宁置酒故宮用酬父老乃霈恩施逮乎編戶匪勤于巡
良慕乎古閔予弗德實纘丕基歲時

太廟陟降格思緬仰
鼎湖維瞻維依荷
天之龍際時之和駕言徂東絡繹羽儀風舉雲搖鱗萃魚麗我賓我
臣我行是隨載至神鄉載覲
園寢靈鬱崇輝祥凝巨瀋原廟衣冠霸陵衾枕松柏雲縵溪池流淰
盪滌洪爐陶甄羣品石馬悲風淚泉沾衽豈必羹牆一氣是稟
聿造故宮故宮赫赫聿升太階太階奕奕無彩之飾惟厚之積
皜曜覰照歙鳩烏赤左墄右平坤闔乾闢土壁葛燈遐哉儉德
詒我孫謀萬年之宅乃開南端設席肆筵爰爵周親及披鵷鸞
南陽故舊洒如言言惟此嘉師
烈祖之臣是嗅是咻是貽我躬敬之敬之翼翼惴惴於億萬歲皇圖
永綿
謹按

盛京建置規模山川地理具詳
開國方略及
盛京通志恭讀
御製賦有可連類考見
興京吉林諸事實者謹錄簡端以昭垂信
吉林
謹按吉林周以前爲肅愼地漢以後屬挹婁靺鞨唐初爲新羅
之雞林州尋屬渤海遼於混同江左右置濱州甯江州稍西爲
黃龍府金於混同江左右置肇州隆州信州江之西爲率賓路
南近高麗爲海蘭路皆統于上京元置海蘭府碩達勒達路萬
戶府五分領混同江南北之民甯古塔則渤海之忽汗州後稱
上京龍泉府今城西南六十里呼爾哈河南有古城周三十里
內城周五里宮殿舊址猶存金爲呼爾哈路亦統于上京拉林

阿勒楚喀之間則金上京城在焉今城南四里尚有古城及子城宫殿遺址我

朝于吉林烏拉設將軍以統諸城而甯古塔白都訥三姓阿勒楚喀拉林各設副都統分鎮焉時代雖遥山川猶昔按其方域尚可參稽焉爾

黑龍江

謹按黑龍江在吉林東北東西三千餘里南北四千里後魏時曰黑水部屬勿吉唐曰黑水靺鞨跨江分南北部黑水部之北爲思慕靺鞨郡利靺鞨窟說靺鞨近西北者爲室韋部唐會要靺鞨傳言思慕等部南與渤海德里府接東至大海北至小海今考黑龍江極北有小海北史所云于巳尼大水即北海當即指此遼爲女眞金屬上京北境及扶餘路溟渤遠環興安層抱重江疊嶂控扼諸藩雖渤海之盛亦不能全有其地也所云思

慕郡利窟說等地名亦皆得自傳聞未通使傳我
朝德威遠被海隅日出罔不率俾黑龍江諸城爰自
國初望風景附至康熙二十三年設將軍副都統鎮守之與內地
郡縣無異固漢唐以來簡册所不能詳者矣

肅愼四至

後漢書古肅愼國在夫餘東北千餘里東濱大海
晉書肅愼在不咸山北按不咸山即今長白山東濱大海西接寇漫汗國
北極弱水其土界廣袤數千里
通考魏正始六年毋丘儉討高麗過沃沮千餘里到肅愼南界
舊唐書渤海以肅愼故地爲上京曰龍泉府領龍湖渤三州

肅愼城　肅愼縣

松漠紀聞古肅愼城四面約五里餘遺堞尚在在渤海國都三
十里以石累城脚

遼史東京路遼陽府肅愼縣以渤海戶置黃龍府黃龍縣本渤海長平縣幷富利佐慕肅愼縣置

元史開元路古肅愼之地按元時開元路所統甚廣不止今開原一邑元字明初始改原

謹按肅愼疆域僅見于後漢書晉書其國界南包長白北抵弱水東極大海廣袤數千里約而計之正在今吉林甯古塔黑龍江境史云西接寇漫汗國考晉書有寇莫汗國去養雲國馬行百日養雲國去裨離國五十日裨離國在肅愼西北可二百日莫與漫音實相同汗當爲王稱計去肅愼三百五十程矣又考遼史集州古陴離郡地金屬貴德州今爲撫順和屯陴與裨音亦相同撫順正在長白山西北然則後漢書言肅愼在夫餘東北者指甯古塔黑龍江諸境而言晉書謂裨離國在肅愼西北者指不咸山而言其程郵第約略計之未爲確據耳松漠紀聞稱古肅愼城在渤海國都三十里考唐書渤海始都忽汗州以

忽汗河得名今呼爾哈河是也唐天寶末徙上京直舊國三百里忽汗河之東考呼爾哈河源出吉林界色齊窩集中諸源滙爲一大河東注鏡泊又從鏡泊之發庫東注繞甯古塔城南復東北與混同江合是渤海王都皆臨忽汗而上京爲肅愼故地則肅愼古城實在上京爲今甯古塔地也至遼時黃龍府肅愼舊縣幷入黃龍縣者當爲渤海縣名遼陽府之肅愼縣則遼所自置雖各止一隅要皆肅愼之故地也

夫餘國都

後漢書夫餘國在元菟北千里南與高句驪東與挹婁西與鮮卑接北有弱水地方二千里

三國魏志夫餘本屬元菟漢末更屬遼東時句驪鮮卑强夫餘在二國閒其印文言濊王之印國有故城名濊城蓋本濊地而夫餘王其中

晉書夫餘在元菟北千餘里南接鮮卑（按後漢書作西接鮮卑當係此誤）國中有古濊城

晉書永和二年夫餘爲百濟所侵西徙近燕

夫餘城　夫餘府

通典夫餘南接高麗東接挹婁西接鮮卑後高麗得其地置夫餘城唐乾封二年薛仁貴破高麗于金山進拔夫餘城後屬于渤海

新唐書李勣伐高麗拔夫餘城

通考夫餘故地渤海爲夫餘府常屯勁兵扞契丹領扶仙二州

册府元龜後唐天成元年陳繼威使契丹至渤海界夫餘府契丹族帳在府城東南隅

通考遼太祖攻渤海扶餘城下之改夫餘城爲東丹府（按遼史作拔忽汗城以爲東丹王國誤）

遼史地理志通州安遠軍本夫餘國王城渤海號夫餘城通遠縣本渤海夫餘縣按遼史又有夫餘縣乃太祖遷渤海夫餘縣降戶所置非故地也

遼史地理志龍州黃龍府本渤海夫餘府

金史地理志隆州古夫餘之地有混同江拉林河

謹按夫餘在漢元菟郡北元菟爲今海城蓋平復州自開元以北千餘里皆夫餘之境南北朝爲慕容氏所侵走保沃沮又因百濟侵略西徙近燕尋爲高句麗分據唐滅高麗入于渤海遼併渤海以爲東京若龍州同州祺州肅州皆其故地其國王城則爲通州領通遠安遠歸仁漁谷四縣金爲隆州屬上京路尋廢州以三縣併入歸仁屬咸平府元初又廢歸仁故城在今鐵嶺東北金山據明統志在開元西北三百五十里遼河北岸又西北三十里曰東金山又二十里曰西金山二山綿亙三百餘里與烏梁海接境則隋唐伐高麗所謂出夫餘道者蓋嘗由此

而渤海傳所云夫餘爲契丹道及後漢書所言西接鮮卑者皆相符合至朝鮮亦有夫餘縣則徒襲其名不足憑也

挹婁國界

後漢書挹婁古肅愼之國在夫餘東北千餘里東濱大海南與北沃沮接不知其北所極土地多山險

三國魏志挹婁在夫餘東北千餘里濱大海南與北沃沮接未知其北所極邑落各有大人處山林之間古肅愼氏之國也

晉書肅愼氏一名挹婁在不咸山北去夫餘可六十日行東濱大海西接寇漫汗國北極弱水其土界廣袤數千里居深山窮谷其路險阻車馬不通

挹婁故地　挹婁縣

通考挹婁故地渤海爲定理府領定瀋二州

遼史地理志瀋州昭德軍本挹婁故地渤海建瀋州雙州保安

軍本挹婁故地渤海置安定郡定理府刺史故挹婁國地

遼史地理志東京城北至挹婁縣范河二百七十里按遼南京後改東京

金史地理志瀋州挹婁縣遼嘗置定理府刺史于此本挹婁故地

元史地理志遼陽路本挹婁故地

謹按挹婁疆域與肅愼正同史皆云處長白山北東濱大海不知其北所極則自今興京吉林甯古塔黑龍江諸境皆挹婁地奉天之承德鐵嶺亦挹婁之界其與肅愼稍異者惟今開原縣周秦以前屬肅愼漢屬夫餘國界考元史言開元路古肅愼之地太祖立開元南京二萬戶府治黃龍府遼史言黃龍府本渤海夫餘府夫餘府所屬有肅愼縣是始屬肅愼繼屬夫餘之明證也第元之開元路兼統東北諸境直抵海濱所轄甚廣不止一邑之

地又始則寄治黄龍府迨至元以後方徙治今城則不屬挹婁者僅今一邑若一邑以外屬肅愼即屬挹婁也其故地之見于史傳者若渤海之定理府安定郡遼金之瀋州雙州與州皆其一隅而瀋州挹婁縣之遺今猶有挹婁城在鐵嶺縣南六十里明爲懿路所置中左右等千戶懿路河在焉

太祖高皇帝辛酉年征明降懿路城即此葢字音之轉也新唐書及遼史言渤海大氏始保挹婁之東牟山明統志云山在瀋陽衛城東二十里恭考今承德縣城東二十里爲

天柱山即東牟山也舊唐書作桂婁之東牟山桂婁爲高麗部名高麗五部西漢以還桂婁部爲王已久前史並未言其分地亦未有止稱桂婁者當以新唐書爲正爾

三韓分地

後漢書韓有三種馬韓在西有五十四國其北與樂浪南與倭

接辰韓在東十有二國其北與濊接弁辰（即弁韓）在辰韓之南亦十有二國其南亦與倭接凡七十八國各在山海間地合方四千餘里東西以海爲限

三國魏志韓在帶方之南東西以海爲限南與倭接方可四千里有三種馬韓在西辰韓在馬韓之東弁辰與辰韓雜處其瀆盧國與倭接界

晉書辰韓在帶方南東西以海爲限馬韓居山海之間無城郭有小國五十六所辰韓在東分十二國又有弁辰亦十二國屬于辰韓

三韓屬國

通考馬韓有愛襄國牟水國桑外國小石索國大石索國優休牟涿國臣濆活國伯濟（另條詳後）國速盧不斯國日華國古誕者國古離國怒藍國月支（亦作目支）國治（魏志作咨）離牟盧國素謂乾國古爰

國莫盧國卑離國占卑離國臣釁國支侵國勾盧國卑彌國監奚卑離國古蒲國致利鞠國冉路國兒林國駟盧國內卑離國感奚國萬盧國辟卑離國舊魏志作臼斯烏旦國一離國不彌國支牟國勾素國捷盧國牟盧卑離國臣蘇塗國莫盧國古臘國臨素牟國臣雲新國如來卑離國楚山塗卑離國一難國勾奚國不雲國不斯濆邪國爰池國乾馬國楚離國凡五十餘國大國萬餘家小國數千家總十餘萬戶辰王治月支國按第一國曰爰襄襄與新音相近滿洲語謂金曰愛新魏志作爰襄則傳寫之異也又國名多繫以卑離二字以滿洲語考之當爲貝勒之轉音其後百濟盛强分建侯王有面中弗斯邁盧等當即彌凍不斯莫盧諸國也

三國志辰韓始有六國稍分爲十二國弁辰亦十二國又有諸小別邑有已抵國不斯國弁辰彌離彌凍國弁辰接塗國勤耆國難彌離彌凍國弁辰古資彌凍國弁辰古淳是國冉奚國弁辰牟路國弁樂努國軍彌國弁軍彌國弁辰彌烏邪馬國如湛

國弁辰甘路國戶路國州鮮國馬延國弁辰勾邪國弁辰走漕瑪國弁辰安邪國馬延國弁辰瀆盧國斯盧國按此即新羅國之本名優中國合二十四國大國四五千家小國六七百家總四五萬戶

按弁辰與辰韓雜居故魏志于兩國所屬不爲分隸其冠以弁辰者當爲弁辰所屬也

三韓故地　馬韓都督府　辰州　三韓縣

舊唐書百濟國爲馬韓故地顯慶五年以其地置熊律馬韓等五都督府

遼史地理志辰州本高麗蓋牟城渤海蓋州又改辰州以辰韓得名井邑騈列最爲衝會

遼史地理志高州三韓縣辰韓爲夫餘弁韓爲新羅馬韓爲高麗開泰中聖宗以三國之遺人置縣戶五千按此以三國分屬三韓殊爲謬誤

金史地理志三韓縣屬大定府

謹按三韓在夫餘挹婁二國之南所統凡七十八國合方四千

里馬韓在西辰韓在東弁韓在辰韓之南馬韓北與樂浪接則
所轄在今蓋平復州甯海辰韓北與濊接濊地即夫餘境也馬
韓弁韓之南皆與倭接東西以海爲限則幷今高麗全境亦隸
封域至所屬諸國多繫以卑離二字當爲貝勒之轉音而以三
汗統諸貝勒于體制亦適相符合晉書又載有陴離國在肅愼
西北陴與卑音亦相近遼史有陴離郡今爲撫順城是不獨東
南廣而西北亦極袤亙矣唐馬韓都督之設未久輒廢其址無
存辰州即金之蓋州今爲蓋平縣至三韓縣遼時以遷戸置但
取其名非故地也

欽定滿洲源流考卷九

疆域二

沃沮 濊

後漢書東沃沮在高句驪蓋馬大山之東案原注蓋馬縣名屬元菟郡其山在今平壤城西平壤即王險城也東濱大海北與挹婁夫餘南與濊接其地東西狹南北長可折方千里武帝滅朝鮮以沃沮地爲元菟郡後徙於高句驪西北更以沃沮爲縣屬樂浪東部都尉至光武罷都尉官封其帥爲沃沮侯又有北沃沮去南沃沮八百餘里南接挹婁

三國魏志東沃沮在蓋馬大山之東其地形東北狹西南長可千里案此與後漢書稍異漢武元封中以其地爲元菟郡後徙郡句驪西北今所謂元菟故府是也沃沮還屬樂浪漢以土地廣遠在單單大嶺之東分治東部都尉治不耐城別主嶺東七縣時沃沮

亦皆爲縣光武六年省都尉以縣中渠帥爲縣侯

遼史海州南海軍本沃沮國地有沃沮縣

後漢書濊北與高句驪沃沮南與辰韓接東窮大海西至樂浪濊及沃沮句驪本皆朝鮮之地元朔元年濊君南閭等率二十八萬口詣遼東内屬武帝以其地爲滄海郡數年乃罷至元封三年滅朝鮮分置樂浪臨屯元菟眞番原注番音潘四郡至昭帝始元五年罷臨屯眞番以并樂浪元菟元菟復徙居句驪自單單大嶺已東沃沮濊悉屬樂浪後以境土廣遠復分嶺東七縣置樂浪東部都尉建武六年省都尉官遂棄嶺東地悉封其帥爲侯

三國魏志濊南與辰韓北與高句驪沃沮接東窮大海今朝鮮之東皆其地也漢武帝分朝鮮爲四郡自單單大嶺以西屬樂浪自嶺以東七縣都尉主之皆以濊爲民後省都尉封其渠帥

爲侯今不耐濊皆其後也

謹案兩漢魏晉時國於東方者爲夫餘挹婁三韓其邑落散處山海間者又有沃沮濊等名以史傳核之沃沮之在東者東濱大海北接挹婁夫餘又有北沃沮南沃沮並皆散處山林無大君長所云單單大嶺即長白山單單與滿語洲珊延音固相近也今自長白附近東至海邊北接烏拉黑龍江西至俄羅斯叢林密樹綿亘其間魏毌丘儉討高麗絕沃沮千餘里到肅愼南界則沃沮者實即今之窩集也濊地君長亦皆分統邑落無所專屬夫餘挹婁皆有其地考其故壤自鳳凰城並海至朝鮮三國以後隋屬高麗唐屬渤海矣

勿吉行程

魏書勿吉國在高句麗北去洛五千里自和龍北二百餘里有善玉山山北行十三日至祁黎山又北行七日至如洛瓌水北史

作洛瓌水水廣里餘又北行十五日至太魯水北史作太岳魯水又東北行

十八日到其國國有粟末水徒太山按和龍爲今土默特右翼地太魯水當爲今滔爾河亦作淘爾洮兒又作拖羅皆音之轉新唐書之它漏遼金之他魯撻魯河并聖宗所改撻魯河爲長春河者皆是水也源出科爾沁西北興安山東南流合貴勒爾河又東北折經科爾沁右翼後旗南界又東經扎賴特南界匯爲納蘭薩蘭池亦名日月池會嫩江以入於松花江松花江即粟末水新唐書言粟末西北注它漏河者蓋不知它漏河東南入嫩江以達松花而反謂松花由嫩江以注它漏是據圖臆揣之誤也洛瓌當即老哈之轉音蒙古稱老河爲老哈源出喀喇沁右翼東北流經故大甯城東又北經敖漢翁牛特左翼南又東北經奈曼及喀爾喀左翼北流五百里許與潢河合證之下文使臣所行地里音譯更相符合其不能一經由東北行者蓋中間爲契丹所隔故耳又扎魯特右翼西北一百九十里亦有他魯河源出大青羊山南流數十里入阿里雅河史載自和龍至勿吉由北而東不應反歧至西北則太魯非此河也又有以如洛瓌爲饒樂之訛者考唐貞觀中置饒樂都督府領弱水祁黎洛瓌太魯湯野六州洛瓌太魯皆以水名州與饒樂並置且魏時亦未置州其非饒樂之訛明矣

太和初使臣乙力支稱初發其國乘船溯難河西上至太㳽河南出陸行渡洛孤水從契丹西界達和龍案難河亦曰那河即嫩江也太㳽即上文太魯洛孤即上文洛瓌皆音轉而訛實即滔爾及老哈二河也滔爾河入嫩江故自難河乘船可溯滔爾與老河相

隔故南出陸行渡老河以至和龍是時土默特地屬元魏之營州而老河旁若喀喇沁敖漢奈曼翁牛特等境皆屬契丹故云自契丹西界達和龍使臣所歷之途與魏史正同也時代雖遙其迹尚有可尋耳

勿吉七部故地

北史粟末部與高麗接

新唐書粟末部居最南抵太白山與高麗接依粟末水以居水源於山西北注它漏河案它漏即滔爾河入嫩江嫩江入松花江此云粟末西北注它漏河殊誤

新唐書渤海本粟末部附高麗者詳見後渤海條

北史伯咄部在粟末北

新唐書粟末稍東北曰汨咄部案此作汨與北史異

北史安車骨部在伯咄東北

新唐書汨咄又東北曰安居骨部案居與車音同字異

唐會要汨咄安居骨因高麗破後奔散微弱後無聞焉

北史拂涅部在伯咄東

新唐書安居骨東曰拂涅部

通考拂涅故地渤海爲東平府領伊蒙陀黑比五州

遼史地理志東京紫蒙縣本漢鏤芳（案兩漢志並作鏤方）縣地後拂涅國置東平府領紫蒙縣

遼史地理志東京遼州始平軍本拂涅國城渤海爲東平府唐太宗征高麗李世勣拔遼城高宗詔程名振蘇定方討高麗至新城大破之皆此地也有遼河羊腸河錐子河蛇山狼山黑山巾子山（案羊腸錐子河及蛇山等俱在今廣甯境遼河亦經廣甯境內則拂涅故地實在今廣甯）

北史號室部在拂涅東

北史黑水部在安居骨西北（詳見下靺鞨條）

新唐書安居骨之西北曰黑水部

北史白山部在粟末東南

新唐書粟末之東曰白山部

舊唐書白山部近高麗因收平壤之後部衆多入中國

遼史百官志長白山三十部大王府

勿吉傍國

北史勿吉傍有大莫盧國覆鍾國莫多回國庫婁國素和國具弗伏國匹黎尒國拔大何國郁羽陵國庫伏眞國魯婁國羽眞侯國魏書北史豆莫婁在勿吉北千里舊北夫餘也室韋之東東至於海方二千餘里當即大莫盧之轉音或言濊地也

謹案勿吉即挹婁爲肅愼故地分七部粟末部近長白山以粟末水得名則在今松花江左右伯咄在松花江北拂涅在伯咄東史稱拂涅故地渤海爲東平府領伊蒙陀黑比五州又遼史稱紫蒙縣拂涅國置東平府是其分州立邑又在渤海之前矣紫蒙故城在今遼陽東境東平府契丹爲遼州金爲遼濱縣屬瀋州故城在明瀋陽衛城西北百八十里唐以前爲高麗所據謂之遼東城唐太宗克之改曰遼州時亦謂之新城以別於遼

東故城也考唐書貞觀十九年伐高麗江夏王道宗將兵數千至新城二十一年復伐高麗命李世勣將青州兵自新城道入永徽三年高麗侵契丹契丹大敗高麗於新城儀鳳三年徙安東都護於新城皆此地也黑水以黑龍江名唐時最盛今詳載於靺鞨條白山部以長白山名舊唐書言因平壤之役多散入中國而白山部太師暨長白山三十部大王之稱見於遼志則其部族仍以繫號可知蓋自粟末部强諸部皆爲服屬於是中土但知有渤海其他部不可考矣東平府及遼州並詳後渤海契丹疆域條至勿吉附近之大莫盧當即魏書之豆莫婁亦稱達末婁覆鍾當即百濟之弗中郁羽陵當即尉厥里皆與契丹相接也

百濟里至

魏書百濟國北去高句麗千餘里處小海之南按史是時高麗國東至新羅西

渡遼二千里南接百濟國北隣靺鞨一千餘里

北史百濟始立國於帶方故地其國東極新羅句麗西南俱限大海處小海南東西四百五十里南北九百餘里

後周書百濟始立國於帶方其地界東極新羅北接高句麗西南俱限大海東西四百五十里南北九百餘里治固麻城

宋書百濟本與高驪俱在遼東之東千餘里其後高驪略有遼東百濟略有遼西

隋書百濟國東西四百五十里南北九百餘里南接新羅北距高麗

舊唐書百濟處大海之北小海之南東北至新羅案隋唐時通百濟皆自登萊泛海而往蓋爲契丹所隔新唐書所載亦同

新唐書百濟直京師東六千里而贏濱海之陽其東新羅也

唐會要百濟當馬韓故地處大海之北小海之南東北至新羅

通考百濟晉時略有遼西晉平（唐柳城北平之間）自晉以後吞併諸國據有馬韓故地其國東西四百里南北九百里

百濟都城　百濟郡邑

北史百濟所都曰居拔城亦曰固麻城其外更有五方中方曰古沙城東方曰得安城南方曰久知下城西方曰刀先城北方曰熊津城都下有方方分五部曰上部前部中部下部後部五方各有方領一人方有十郡城之內外民庶及餘小城咸分隸焉

宋書百濟所治謂之晉平郡晉平縣

梁書晉世百濟有遼西晉平二郡地自置百濟郡梁天監中爲高句驪所破遷居南韓地後更爲强國號所治城曰固麻謂邑曰檐魯其國有二十二檐魯皆以子弟宗族分領之（案宋書云百濟所治謂之晉平郡晉平縣是以郡統縣矣北史云國有五方方管十郡則當爲五十郡今梁書云二十二檐魯是縣反少於郡恐無

是理

隋書百濟國都曰居拔城畿內爲五部五方各有方領一人方有十郡國西南人島居者十五所皆有城邑自百濟西行三日至貊國云

舊唐書百濟王所居有東西兩城貞觀十六年伐取新羅四十餘城又襲破新羅十城二十二年又破其十餘城永徽中又與高麗靺鞨侵其北界三十餘城其國舊分五部統郡三十七城二百至顯慶五年以其地分置熊津馬韓東明等五都督府各統州縣立其帥爲都督刺史縣令命王文度爲熊津都督以鎮之

新唐書百濟王居東西二城有六萬方統十郡案六萬方與他書異當爲六方方統十郡萬字亦作万與方相近而訛耳顯慶五年平其國五部三十七郡二百城戶七十六萬析置熊津馬韓東明金漣得安五都督府後其地

爲新羅渤海靺鞨所分案五代史後唐清泰間及元史世祖本紀至元四年百濟皆遣使入貢是百濟至元代猶存但故地已失僅守偏隅非復隋唐之舊耳

唐會要百濟王所居有東西兩城又外置六方方管十郡唐顯慶五年分其國爲五部統郡三十七城二百置熊津馬韓東明金漣德安等五都督各統州縣立其長爲都督刺史縣令麟德以後其地爲新羅靺鞨所分

百濟諸城

舊唐書龍朔元年百濟僧道琛舊將福信據周留城其西部北部並應之帶方州刺史劉仁軌便道發兵轉鬬而前所向皆下道琛於熊津江口立兩栅以拒復退保任存城新書作任孝

舊唐書龍朔二年劉仁願仁軌大破福信餘衆於熊津東拔其支羅城及尹城大山沙井等栅福信等以眞峴城臨江高險又當衝要加兵守之仁軌夜拔之遂通新羅運糧之路仁願請益

兵詔發淄青萊海兵七千人浮海赴熊津於是水軍自熊津江往白江以會陸軍同趨周留城

通考高麗以百濟爲金州金馬郡

謹案百濟與新羅壤地相錯隋書云南接新羅唐會要言東北至新羅考百濟之境西北自今廣甯錦義南踰海蓋東極朝鮮之黄海忠淸全羅等道東西狹而南北長自柳城北平計之則新羅在其東南自慶尙熊津計之則新羅在其東北其北亦與勿吉爲隣也王都有東西兩城號固麻城亦曰居拔城以滿洲語考之固麻爲格們之轉音居拔蓋滿洲語之卓巴言二處也二城皆王都故皆以固麻名之宋書言百濟所治謂之晉平郡晉平縣通考云在唐柳城北平之間則國都在遼西而朝鮮全州境內又有俱拔故城殆梁天監時遷居南韓之城歟唐顯慶中分爲五都督府曰德安即百濟東方之得安城曰熊津即北

方之熊津城熊津今朝鮮漢江城在全州西北百濟與高麗分界處也曰東明者東明爲百濟之祖自槀離渡河以之名地當與槀離國相近考遼志槀離爲鳳州韓州皆在今開原境則東明都督府之設亦應與開原相邇矣任存城在熊津江口朝鮮全州西百濟之西部支羅眞峴在熊津東全州之北自熊津溯白江爲周留城在全州西加林城亦在焉沙井柵在其東北唐蘇定方劉仁軌等由登萊海道濟師故戰守之地皆在今朝鮮境耳唐書又言後爲新羅渤海靺鞨所分百濟遂絕而自五代迄元尚有百濟朝貢之文考百濟舊設五方方管十郡則列郡五十唐初又攻取新羅六七十城其幅員益廣蘇定方所得止三十七郡王子夫餘豐脫身而走是其支庶保守偏隅仍循位號僅有黄海忠清等地而海蓋以北盡歸新羅渤海矣

新羅

北史新羅在高麗東南居漢時樂浪地多山險兼有沃沮不耐韓濊之地附庸于百濟

梁書新羅本辰韓也其國在百濟東南五千餘里案通志通考俱作五百餘里考二國壤地毗連無相去五千里之理疑梁書之誤東濱大海南北與句驪百濟接其邑在內曰啄評案唐書通考俱作喙評考通典注云呼濊反則啄字當因字形相近而訛在外曰邑勒國有六啄評五十二邑勒今有邑勒必喇入松阿哩江與薩木什必喇相近

通志新羅國在百濟東南五百餘里東濱大海其西北界出高麗之間

隋書新羅在高麗東南居漢時樂浪之地魏將毌丘儉討高麗破之奔沃沮其後復歸故國留者遂爲新羅焉兼有沃沮不耐韓濊之地

册府元龜隋伐高麗新羅亦攻取高麗五百里

舊唐書新羅在漢時樂浪之地東及南方俱限大海西接百濟

北隣高麗東西千里南北二千里王所居曰金城周七八里顯慶以後漸有高麗百濟之地其界益大西至於海

新唐書新羅居漢樂浪地橫千里縱三千里咸亨五年王金法敏畧百濟地守之上元二年劉仁軌破其衆於七重城以靺鞨兵浮海畧南境又詔李謹行屯買肖城

册府元龜開元二十四年勅浿江以南令新羅安置

太平寰宇記新羅在百濟東南五百餘里兼有漢樂浪地東濱大海

通考新羅在百濟東南五百餘里亦在高麗東南隋時襲加羅任那諸國滅之其西北界犬牙出高麗百濟之間地多山險

奉使行程錄自咸州北行至同州東望大山即新羅山深處與高麗接界 案遼咸州即金咸平府同州爲金銅山縣俱在今鐵嶺開原之間東至威遠堡即吉林界南至奉天即唐時高麗界開原即漢時夫餘界百濟之舊國也通考謂新羅西北界出高麗百濟之間者應即指此

雞林州

舊唐書龍朔三年詔以新羅爲雞林州都督府授其王金法敏爲都督案自此以後凡新羅嗣王俱加雞林州大都督之號

新唐書王居金城環八里龍朔元年案舊唐書作三年與此異以其國爲雞林州大都督府

新羅九州

新唐書新羅多取百濟地抵高麗南境置尚良康熊全武漢朔溟九州州有都督統郡十或二十案是時高麗北境已屬渤海新羅旣有百濟之地又兼有高麗南境非得百濟而始抵高麗之南也尚州全州遼金皆有之朝鮮亦有之遼地志云尚州屬東京路本漢襄平縣地渤海爲東平寨金地志云全州屬北京路治安豐縣二史並未詳沿革之由或遼金所置徒襲其名未必即其舊地也朝鮮慶尚道之尚州本辰韓南境爲新羅故地全羅道之全州本弁韓邊境爲百濟要隘似爲相近然考唐會要五代會要太平寰宇記皆作金州與唐書通考作全者異唐平高麗嘗置金州明爲金州衞即今甯海縣新羅既得高麗之地其州名即沿唐舊亦未可知第國初烏拉國有金州城爲武勳王揚古利攻克今吉林城北猶有金州山金州站實與新羅之雞林州相近非唐以後

所置其稱名當有所自也康州遼屬顯州去醫巫閭山不遠熊州當以熊岳爲名唐儀鳳初徙熊津都督于建安城與此相近在蓋州南六十里渤海之杉盧郡也漢州以漢江爲名本百濟地後爲朝鮮王都朔州在鳳凰城東南溟州本濊地

唐會要新羅封百濟故地及高麗南境東西約九百餘里南北約一千八百餘里于界內置尙良康熊金武漢朔溟九州

唐會要武州物產爲新羅之最

謹案新羅始附庸於百濟後兼加羅任那諸國與百濟爲隣考其疆土東南並有今朝鮮之慶尙江原二道西北直至今吉林烏拉又西近開原鐵嶺唐顯慶以後又得百濟故地及高麗南境於是東西增九百里南北增千餘里開元以後渤海盛强其西北諸境盡爲所倂新羅所有僅鴨淥江以南唐末高麗復起割其南境暨渤海爲契丹所侵於是新羅西與契丹以海州巖淵縣爲界西北與契丹以鴨淥江東八里黃土嶺爲界矣雞林州之名始於唐龍朔三年以其國爲雞林州大都督府國王世

襲都督之號以音譯及地理考之即今吉林許亢宗行程錄云自咸州至同州東望大山即新羅山遼之咸州今爲咸平府同州今爲銅山縣俱在今鐵嶺開原之間東至威遠堡門即吉林界則州名取此無疑第其後地爲渤海所得而都督之號則仍係新羅於是并朝鮮之地亦沿雞林之稱耳七重城在朝鮮慶州北南臨發盧河舊唐書言劉仁軌率兵絶匏盧河攻七重城即此水也買肖城亦在其地當時用兵皆自登萊浮海往來故多在朝鮮界也至九州之設東至吉林西至廣甯跨海蓋而包朝鮮幅員式擴矣

靺鞨

隋書靺鞨在高麗之北凡有七部見前勿吉條勿即古之肅愼也其國西北與契丹接

舊唐書靺鞨後魏謂之勿吉在京師東北六千餘里東至於海

西接突厥南界高麗北隣室韋其國凡爲數十部黑水最處北方分爲十六部部又以南北爲柵

新唐書黑水靺鞨居肅愼地亦曰挹婁元魏時曰勿吉東瀕海西屬突厥南高麗北室韋離爲數十部部間遠者三四百里近者二百里黑水分十六落以南北稱黑水西北又有思慕部益北行十日得郡利部東北行十日得窟說部亦號屈說稍東南行十日得莫曳皆部又有拂涅見前勿吉條虞婁越喜鐵利等部其地南距渤海北東際於海西抵室韋南北袤二千里東西千里案上文云西屬突厥北室韋而後又云西抵室韋考新唐書室韋傳室韋地據黃龍北東黑水靺鞨西突厥南契丹北瀕海附於突厥則黑水部實西北皆隣室韋也因室韋嘗附突厥故有西屬突厥之文耳

新唐書室建河東合那河忽汗河又東貫黑水靺鞨故靺鞨跨水有南北部按室建河即黑龍江那河即嫩江忽汗河即呼爾哈河皆會混同以合黑龍江而唐宋諸史多以混同爲黑龍江者蓋傳聞之誤

唐會要靺鞨有數十部黑水靺鞨最處北方分爲十六部落又以南北爲柵舊說黑水西北有思慕靺鞨正北微東十日程有郡利靺鞨東北十日程有窟說靺鞨東南十日程有莫曳皆靺鞨今黑水界南與渤海國德里府接按渤海十五府具載唐書及通考無德里府之名據新唐志蓋鎮名也以地與音考之今甯古塔城西九十里自鄂摩和湖東繞沙蘭站之南至呼爾哈河有大石廣二十餘里袤百餘里石平如鏡孔洞大小不可數計或圓或方或六隅八隅如井如盆如池或口如盂而中如洞深或丈許或數尺中有泉澄然凝碧名德林林沃赫俗呼黑石甸子石縫中魚或躍出甸上草木皆異車馬行其上加閧空洞之聲石或少損即有水從罅出探之深不可測迤西十餘里有海眼季春冰泮水流石下聲如雷吼里與林音實相近呼爾哈河即渤海舊都所在鎮名當取諸此北至小海按今黑龍江極北有海汊北史謂于巳尼大水即北海者當即此也東至大海西至室韋南北約二千里東西約一千里渤海寖强黑水亦爲所屬

册府元龜靺鞨在高麗北營州東二千里越喜靺鞨東北至黑水靺鞨地方二千里

通考拂涅鐵利虞婁越喜時時通中國而郡利屈設案二字與唐書異莫曳皆不能自通

元史地理志開元路隋唐曰黑水靺鞨其後渤海盛靺鞨皆役屬之又其後渤海寖弱黑水復擅其地東瀕海南界高麗西北與契丹接壤即金鼻祖之部落也案元時開元路所統至廣今黑龍江甯古塔及開原縣地皆爲所轄

黑水州　黑水府

唐會要武德三年部長突地稽遣使朝貢以其部置燕州並以其長帥爲都督總管貞觀十四年以黑水地爲黑水州

册府元龜黑水帥突地稽隋末率部落千餘家內屬處之營州

唐武德初以其部落置燕州以突地稽爲總管按此爲營州地屬靺鞨之始燕州之置實在營州也通考云武德三年黑水長阿固郎始來貞觀二年以其地爲燕州

通考開元十年拜黑水部長帥勃利州刺史於是安東都護請

置黑水府以部長爲都督刺史領黑水經畧使

舊唐書開元十年置黑水經畧使其地南距渤海北東際海西抵室韋南北二千里東西千里其後渤海盛府遂廢

唐會要開元十三年於黑水部落內置黑水軍續又以最大部落爲黑水府仍以其首領都督諸部刺史隸屬焉

元史開元路唐黑水靺鞨以其地爲燕州置黑水府

鐵利越喜故地

通考渤海以鐵利故地爲鐵利府領廣汾蒲海義歸六州越喜故地爲懷遠府領達越懷紀富美福邪芝九州詳後渤海條

遼史地理志東京廣州渤海爲鐵利郡太祖建鐵利州按鐵利郡即渤海鐵利府所屬之廣州也渤海屬州往往以郡稱今詳後渤海條

遼史地理志東京鐵驪府故鐵驪國地按鐵驪即鐵利音同字異又按元一統志云蒲河在瀋陽路源出鐵利國蒲谷流經蒲水田故名松漠紀聞云蒲河距瀋州四十里今考蒲河在承德縣城西北四十里源出

香爐山經永安橋入蓮花泊則鐵利故國實在於此

遼史地理志東京韓州本渤海粵喜縣地按粵喜縣亦以越喜國得名音同字異韓州故櫜離國地在開原東北

遼史地理志銀州新興縣本故越喜國城按遼銀州本渤海懷遠府所屬之富州也新興縣之地渤海亦嘗置銀州遼移其名新興縣金隸咸平府志云南有范河北有柴河西有遼河以今水道考之外遼河在鐵嶺城西十里柴河源出城東南百八十里繞至城北西入於遼范河出城東南二百十里西流過城南西入遼河則越喜國城正在今鐵嶺縣也

遼史地理志東京信州本越喜故城地隣高麗按此即渤海懷遠府治所據元一統志在瀋州之西今開原之東蓋遼時渤海衰而高麗復興故與高麗相近也

金史地理志韓州柳河縣本粵喜縣地以河爲名有枸河柳河

元一統志柳河縣故城本粵喜地後置縣以其地近柳河故名今城址猶存按元一統志第言地近柳河金地理志云有枸河一河柳河考盛京通志有柳河而無枸河第云遼河一名巨流河一名句驪河亦名枸柳河謂是枸河柳河合流之處今考柳河源出遼陽州城東北八十里西北流經承德縣城東

南之磯子山紅寶石山陽入十里河又考十里河舊名稱柳河源出遼陽州城北六十里亦西北流至楊家灣合沙河入渾河渾河入遼河則枸河或即十里河也第十里河與柳河合流之地去巨流河尚遠而遼河之大豈轉因二小水得名舊志止屬傳聞未有確據蓋因句麗巨流枸柳音頗相同是以傳疑有此說耳又按今土默特右翼西北亦有柳河東南流經喀喇城入大淩河又義州境內之柳河川亦發源於土默特右翼南亦東南流入大淩河土默特右翼爲古柳城地雖與靺鞨接界在遼爲興中府屬中京殊不相涉考遼金韓州信州故城皆在今科爾沁左翼東南科爾沁地在隋唐屬靺鞨無柳河有遼河則所謂枸河柳河者當即枸柳之誤分爲二河耳

謹案靺鞨即勿吉舊屬七部並同拂涅白山等部已載前勿吉條粟末後稱渤海另條詳後惟黑水一部復分爲十六考之史傳思慕郡利寔說莫曳皆虞婁皆在黑水以北不與中土相聞今黑龍江之外當即其地可考者惟黑水之南北部及越喜鐵利二部新唐書言室建河東合那河忽汗河又東貫黑水靺鞨故跨江有南北之稱所言較諸史爲詳尚猶有未盡者室建即今黑龍江那河即嫩河忽汗即呼爾哈河二河並入混同江混同合

黑龍江入海混同黑龍合流之處僅在靺鞨東界新唐書兼那河忽汗河言之似誤以混同爲黑龍江也其實一出長白一出肯特遠不相涉前史但知有黑水而未知黑水源委僅據其入海之處與混同合流故誤以混同爲黑水金史亦言混同江一名黑龍江指下流交會處而言猶之可也若新唐書言混同入嫩江北盟會編稱混同南流入鴨綠通鑑注又以混同爲鴨綠尤舛謬之甚者矣嫩江之地亦屬靺鞨魏書稱勿吉使臣自其國溯難河至太瀰河是也難河即嫩河太瀰即洮爾詳見前勿吉條忽汗河上流屬渤海其入混同江處亦屬靺鞨唐會要所稱南與渤海德里府接界是也唐會要又云北至小海東濱大海渤海盛時黑水亦爲所屬考渤海郡縣實未嘗過混同以北惟鐵利越喜兩部故地渤海嘗郡縣之而鐵利仍自爲國朝貢往來見於遼史者不一暨金興始屬於金殆故地爲渤海所得而其部落稍徙相遠

歟鐵利故地有蒲河在今承德縣西北越喜故地有遼河范河
柴河在今開原鐵嶺東北唐時黑水府黑水州但即其全部遙
授都督之名初無專治燕州之設則在營州僅爲別部長帥突
地稽所居統計黑水全部北東際海南至甯古塔其西界嫩江
科爾沁西南至開原鐵嶺史言南北袤二千里東西千里第約
計之詞實不止是也

欽定滿洲源流考卷九

欽定滿洲源流考卷十

疆域三

渤海國境

新唐書渤海本粟末靺鞨保挹婁之東牟山按東牟山史志皆言在瀋陽城東二十里今天柱山也直營州東二千里以泥河爲境按元一統志引契丹地理志云泥水即古泥河也自東逆流數百里至遼陽瀦蓄不流有蘒芋草生於泊中故名蘒芋泊明一統志從之又以朝鮮大通江爲浿水考盛京通志泥河在海城縣西南六十五里蓋平縣北五十五里源出聖水山流至米眞山西散漫爲遼時之蘒芋泊與朝鮮界內之浿江不同也東窮海西契丹築城郭以居萬歲通天中度遼水保太白山之東北阻奧婁河樹壁自固按太白即長白奧婁河當爲阿魯河源出吉林安班和托峰一西南流入哈達河一流至開原城東南入淸河是時契丹李盡忠殺營州都督趙文翽故渤海退保於此後乃建國地方五千里戶十餘萬盡得夫餘沃沮弁韓俱另條見前朝鮮海北諸國有五京十五府六十二州

通考渤海國王大武藝斥大土宇東北諸國畏臣之

遼史渤海王大仁秀南定新羅（另條見前）北略諸部開置郡邑

遼史渤海大氏始保挹婁東牟山武后時爲契丹盡忠所逼有乞乞仲象者度遼水自固傳子祚榮建都邑併吞海北地方五千里中宗賜所都爲忽汗州封渤海郡王十有二世至彝震稱號改元建宮闕有五京十五府六十二州爲遼東盛國（按遼史所稱凡渤海拓地改元及五京十五府六十二州之建皆自國王大彝震始据唐書及通考國王大祚榮已謚高王祚榮子武藝已改元仁安武藝子欽茂已徙上京又徙東京自大祚榮以後無不稱號改元者遼史所云未得其實）

元史遼陽路唐以前爲渤海所有

忽汗州　忽汗城

新唐書睿宗先天中拜大祚榮爲渤海郡王以所統爲忽汗州領忽汗州都督

唐賈耽道里紀渡遼水至安東都護府五百里府故漢襄平城也（按安東都護府本在平壤儀鳳初移此）東南至平壤城八百里西南至都里海

口六百里至建安城三百里故平郭縣也南至鴨綠江北泊汋城七百里故安平縣也自都護府東北經渤海長嶺府（見後）千五百里至渤海王城城臨忽汗海其西南三十里有古肅慎城其北經德理鎮（按此即唐會要所云德理府也渤海無德理府之名此作鎮爲是）至南黑水靺鞨千里（按此爲營州陸行至渤海之路渤海大祚榮所都在長白山東北大欽茂又東徙三百里直忽汗河之東今甯古塔呼爾哈河也呼爾哈河匯於甯古塔城西南一百里之畢爾騰湖湖廣五六十里袤七十里許中有三山即所謂忽汗海也又自發庫東繞甯古塔城旁古大城之南東北流與混同江合明一統志稱呼里改江出建州衞東南山下東北滙爲鏡泊又北入混同江呼里改即呼爾哈鏡泊即畢爾騰湖之異名也德林石在其北即德理鎮所在也然則渤海上京及忽汗城實在甯古塔城旁其後國王世襲忽汗州都督之號凡五京皆有忽汗州之稱矣）

唐賈耽道里紀登州東北海行至鴨綠江口舟行百餘里又小舫泝流三十里至泊汋口得渤海之境又自顯州（見後）正北如東六百里至渤海王城（按此爲登州海行至渤海王城之路）

五代會要唐中宗命侍御史張行岌往渤海宣慰號其都爲忽

汗州

遼史忽汗州故平壤城也號中京顯德府太祖攻渤海拔忽汗城俘其王大諲譔以爲東丹王國按通考平壤城即漢樂浪郡王險城自慕容皝來伐後徙都此城亦曰長安城南臨浿水平壤城東北有魯陽山西南二十里有韋山考之圖志皆合實在今朝鮮境內高麗圖經亦云平壤城在鴨綠水東南顯德府在今遼陽以北忽汗州非平壤城亦非顯德府遼史俱誤渤海王于天寶末徙上京貞元時徙東京未幾仍還上京天寶中又曾都顯州蓋既設五京則隨時移駐史固不能詳而當中京破時國王適在彼耳

遼史天顯元年正月丙寅夜圍忽汗城庚午駐軍於忽汗城二月丙午改渤海爲東丹忽汗城爲天福册皇太子貝爲人皇王以主之按遼史所稱忽汗城皆渤海中京顯德府城爲今遼陽非上京之忽汗城也

上京　龍泉府

新唐書以肅愼故地爲上京曰龍泉府領龍湖渤三州

通考天寶末渤海王大欽茂徙上京直舊國三百里忽汗河之東按渤海舊國在長白山東北今又東徙三百里在呼爾哈河之東東實與今甯古塔城相近呼爾哈河原出吉林界色齊窩

集中諸河滙為一大河東注鏡泊又東出繞甯古塔城旁古大城及覺羅城之南復東北折入混同江唐賈耽所云渤海王城臨忽汗海者蓋即鏡泊盛京通志甯古塔城旁古大城或即上京舊址歟

遼史上京懷州夫餘縣本龍泉府太祖遷夫餘降戶於此世宗置縣 按遼史此條殊誤懷州奉陵軍本唐歸誠州太宗行帳放牧於此天贊中從太祖破夫餘城下龍泉府俘其人築寨居之太宗懷陵在焉故州軍以是為名歸誠州為唐契丹羈縻州本屬遼地為太宗放牧之所非渤海上京明矣

龍州

遼史太祖破龍州盡徙富利縣人散居京南長霸縣本龍州長平縣民遷於此 按龍州所屬縣名僅見富利長平二縣餘無可考又按契丹與渤海攻戰次第具載太祖本紀太祖天贊二年十二月出兵先破夫餘府次至中京顯德府是時渤海王適在中京故為所獲太祖入城祭告天地復還軍中二月安邊鄚頡南海定理府降三月己巳安邊鄚頡定理府復叛丁丑三府平乙酉班師五月南海定理二府復叛七月顯德府之鐵州亦叛大元帥平之是月太祖還次夫餘府又自三月遣將攻長嶺府八月始下並未嘗遠及龍州而渤海仍自為國迄於遼末猶存龍州之破僅於此見之或牽兵至此俘掠人口而還不能有其地也

高麗載紀初契丹以鴨綠江北地予高麗高麗築六城有龍州

城 按遼史外紀云契丹取女眞國鴨綠江東數百里賜高麗是
鴨綠江東北地皆與高麗故得於龍州築城後復爲女眞所
取今考自鏡泊至朝鮮界約五百里則與渤海之龍州當
不甚遠蓋遼太祖破龍州遷其人而空其地以予高麗也

湖州

遼史東京湖州興利軍渤海置

渤州

遼史渤州淸化軍渤海置貢珍縣亦渤海置 按遼地志云遼以
征伐俘戶建州襟
要之地多因舊居名之故渤海州縣遼移其名於他所者十之
五六如建州在長白山而遼移之廣甯西北其明證也遼志中
稍爲分別者如曰某州本渤海某州民戶則爲遼所移曰某州
渤海置則似仍渤海之舊然如遼史稱集州高麗爲霜巖縣渤
海置州今考霜巖縣屬盧州無
集州之名則史文固有疎略也

中京 顯德府

新唐書上京之南爲中京曰顯德府領盧顯鐵湯榮興六州 按
顯
德府所屬西至醫巫閭
山當在上京之西南

遼史渤海中京顯德府天顯三年升爲南京十三年改南京爲

東京府曰遼陽統縣九遼陽縣本渤海金德縣地漢浿水縣高麗爲句麗縣渤海爲常樂縣按浿水縣漢屬東樂浪郡渤海鴨綠府所屬之浿水縣是也遼志誤仙鄉縣本漢遼隊縣地渤海爲永豐縣鶴野縣本漢居就縣地渤海爲雞山縣興遼縣本漢平郭縣地渤海爲長甯縣按顯德府屬縣遼志沿革具存今附錄如上又有析木紫蒙二縣遼屬遼陽府而渤海分屬銅州蒙州今各附本條又肅慎歸仁順化三縣則遼所自置非渤海之舊遼永州之長甯縣又遷長甯民所置亦非舊地也

鴨江行部誌廣甯本陽羅郡渤海爲顯德府按廣甯東北界渤海屬東平府其西南之境爲顯德府屬

明一統志遼隊廢縣在海州衛西六十里渤海曰永豐縣遼改仙鄉縣鶴野廢縣在遼東都司城西八十里渤海爲雞山縣元省入遼陽按明志顯德屬縣僅載此二邑今考常樂故縣在遼陽城內長寧縣在遼陽西南蓋平之東永豐縣在海城縣西六十里遼水東岸明時有永豐堡亦在海城縣西南六十里也

盧州

遼史東京盧州本渤海杉盧郡按杉盧郡即渤海之盧州顯德府之支郡也故縣五山陽杉盧漢陽白巖霜巖皆廢戶三百在京東一百三十里統縣一熊岳縣西至海十五里傍海有熊岳山按遼盧州所治爲熊岳縣今熊岳城也金廢州以熊岳屬蓋州渤海盧州所屬五縣至遼止三百戶故但治熊岳一縣已非渤海之舊矣

遼史東京巖州白巖軍本渤海白巖城太宗撥屬瀋州白巖縣渤海置按唐太宗貞觀十九年伐高麗既得遼州進軍白巖城克之置巖州後屬渤海白巖縣當即其地今考巖州古城在遼陽州城東北五十七里石城山上周圍四里一門又遼營衛志云敎睦宮以渤海巖州戶置是渤海亦有巖州之稱蓋隨時移置而史不能詳也

顯州

唐賈耽道里紀自神州見後陸行四百里至顯州天寶中王所都按顯州爲王都當爲顯德府附郭之州今次於盧州之後疑史有誤

遼史東京顯州本渤海顯德府地世宗置以奉顯陵州在醫巫閭山東南按渤海顯州實今遼陽州地遼之顯州不言渤海所置然亦係顯德府之地

松漠紀聞廣州見後百二十里至梁漁務又八十五里至沙河五十里至顯州

鐵州

五代史自錦州行五六日過海北州又行十餘日渡遼水至渤海鐵州又行七八日過南海府按此爲晉侯入契丹所行之途一南一北故迂其程未足爲憑也

遼史鐵州本漢安市縣地高麗爲安市城唐太宗攻之不下薛仁貴白衣登城即此渤海置州故縣四位城河端蒼山龍珍皆廢戶一千在京西南六十里按明一統志安市城在蓋州衛東北七十里唐貞觀十九年征高麗攻安市城不克引還咸亨三年高侃擊敗高麗餘衆於安市城渤海置鐵州即此地志安市城外有駐蹕山考駐蹕山凡數處一爲首山唐書稱馬首山遼史稱手山在遼陽城西南十五里接海城縣界唐太宗初渡遼水攻遼州時駐營之山也一在安市城外唐太宗既得遼州嚴州進攻安市所駐之山唐書所載駐蹕山是也又蓋平東百十餘里分水嶺諸山亦傳唐太宗駐蹕處又有一駐蹕山本名大山則醫巫閭也又海城縣西南十里有平頂山一名車駕山又名唐望山亦相傳唐太宗駐蹕處而

首山興安市城外之駐蹕山地志多混爲一山附考於此領縣一湯池按今蓋平城東北六十里有湯池堡當即湯池縣遺址也

遼史天顯元年七月鐵州刺史衛鈞反大元帥耀庫濟攻拔之鴨江行部志湯池縣本遼時鐵州以其東有鐵嶺故名按明一統志載初置鐵嶺衛在今鐵嶺城東南五百餘里故鐵嶺城與高麗接界洪武二十六年方移其名於今治所則鐵嶺之名實本於此金廢鐵州以湯池屬蓋州以

湯州

遼史東京湯州本漢襄平縣地故縣五靈峰常豐白石均谷嘉利皆廢戶五百在京西北一百里按遼史雖未言渤海所置然所屬故縣皆渤海縣名其爲即渤海之湯州無疑明志湯州故城在遼東都司城北

遼史東京乾州靈山縣本渤海靈峰縣地按乾州爲漢無慮縣地無慮本因醫巫閭山得名則靈峰當亦相近

金史北京懿州靈山縣本渤海靈峰縣地按遼亦有懿州而靈山則屬乾州考明一

統志乾州在廣甯衛西南七里懿州在廣甯衛北二百二十里蓋金時廢乾州而以靈山縣移隸懿州也

榮州

遼史東京所屬有榮州原文不載沿革蓋作史時已無可考然遼東京有崇州爲渤海所置所統縣名亦係渤海之舊而新唐書不載史云在東京東北一百五十里與鐵湯等州相近遼史本文亦與湯興二州相次疑即崇州以字形相近而誤又複出也今詳於後

興州

遼史興州本漢海宜縣地渤海置州故縣三盛吉蒜山鐵山皆廢戶二百在京西南三百里按明人地志有以興州爲鐵嶺縣之懿路城者考金志云瀋州挹婁縣遼舊興州常安縣懿路即挹婁之訛也則遼之興州始實移於挹婁後乃復渤海之舊又遼志云遼陽府東西南三面皆抱海南至海邊鐵山八百里今考鐵山在甯海西南百五十里爲濱海要地興州所統縣名或取此歟

松漠紀聞銀州南鋪五十里至興州四十里至蒲河按遼銀州即渤海富州今鐵嶺縣蒲河源出承德西北四十里

東京　龍原府

新唐書濊故地爲東京曰龍原府亦曰柵城府領慶鹽穆賀四州

新唐書龍原東南瀕海日本道也

通考唐貞元時渤海王大欽茂東南徙東京

遼史東京開州本濊地渤海爲東京龍原府有宮殿都督慶鹽穆賀四州故縣六曰龍原永安烏山壁谷熊山白楊疊石爲城周二十里唐薛仁貴征高麗與其大將溫沙門戰熊山擒善射者於石城即此太祖平渤海徙其民城遂廢聖宗伐新羅按聖宗曾伐高麗此言新羅誤還周覽城基復加完葺領縣一開遠縣本柵城地高麗爲龍原縣渤海因之按一統志開州城在朝鮮咸興府西北熊山城在開州西蓋自鳳凰城邊外東南至朝鮮之江原道皆濊地又鳳凰城北六十九里有沃赫和屯周二里餘或即渤海石城遺址歟

慶州

遼史東京開州高麗置慶州渤海爲龍原府上京永安縣本龍

原府慶州縣名太祖平渤海遷其人置寨於此按一統志開州遼末復入于高麗謂之蜀莫郡開遠廢縣故開州治也渤海爲龍原縣慶州治焉則慶州爲龍原府附郭之州而龍原縣爲附郭之縣永安烏山壁谷熊山白楊五縣亦爲慶州所屬明矣非朝鮮慶尚道之慶州也又金有慶州係遼懷州祖州之地亦與此異

鹽州

遼史東京鹽州本渤海龍河郡故縣四海陽接海格川舊訛格州今據一統志改龍和皆廢隸開州相去一百四十里按一統志鹽池城在朝鮮開州城西北本渤海置亦曰龍河郡

穆州

遼史東京穆州本渤海會農郡故縣四會農水岐順化美縣皆廢隸開州東北至開州一百二十里統縣一曰會農按一統志穆州亦在今朝鮮境開州西南

賀州

遼史東京賀州本渤海吉理郡故縣四洪賀送誠吉理石山皆

廢戶三百隸開州按一統志賀州城遼末入於朝鮮吉理與吉林音相近然吉林屬渤海上京此爲渤海東京所屬地也

南京　南海府

新唐書沃沮故地爲南京曰南海府領沃晴椒三州

新唐書南海新羅道也

遼史東京海州南海軍本沃沮國地渤海號南京南海府疊石爲城幅員九里都督沃晴椒三州故縣六沃沮鷲巖龍山濱海昇平靈泉皆廢按沃州爲南海府附郭則沃沮亦附郭邑也鷲巖當即岫巖城在今蓋平縣東二百五十里

遼史天顯元年三月渤海南海府節度來朝五月南海府復叛遣大元帥耀庫濟討之

舊五代史自鐵州行七八日至南海府

元一統志澄州本海州南海府沃沮地高麗時卑沙城唐李勣攻卑沙城即此渤海爲南海府遼仍之金改曰海州天德三年

以山東有海州改爲澄州治臨溟縣按金史不詳沿革今從元一統志

明一統志海州衞在遼東都司城南一百二十里本蓋牟地高麗爲沙卑城渤海國爲南海府遼爲海州治臨溟縣金爲澄州按沙卑城亦曰卑沙或訛爲卑奢城隋大業十年來護兒出海道至卑奢城敗高麗兵將趨平壤高麗降唐貞觀十八年伐高麗張亮率舟師自東萊渡海襲卑沙城其城四面懸絕惟西門可上唐兵攻拔之總章初李勣復得其城後入渤海元時州縣俱廢明洪武九年改築衞城周六里有奇今爲海城縣

沃州

新唐書契丹州十七沃州載初中析昌州置萬歲通天元年沒於契丹李盡忠縣一濱海又昌州貞觀二年以松漠部落置僑治營之靜蕃戍縣一龍山按此爲渤海沃州及濱海龍山二縣得名之自其實唐沃州故地在今喀喇沁境內古大甯城北蓋渤海移其州縣名於沃沮故地也沃州爲南海附郭之州則沃沮鷲岩龍山濱海昇平靈泉等六縣皆沃州所屬

晴州

遼史嬪州本渤海晴州故縣五天晴神陽蓮池狼山仙巖皆廢

戶五百隸海州東南至海州一百二十里按海城西南有蓮花泊或即蓮池故縣所

屬

椒州

遼史耀州本渤海椒州故縣五椒山貂嶺澌泉尖山巖淵皆廢

戶七百隸海州東北至海州二百里統縣一巖淵縣東界新羅

故平壤城在縣西南東北至海州一百二十里按遼之耀州即渤海椒州故縣五皆廢巖淵雖仍舊名似亦稍移其治矣據史所稱耀州在海州西南二百里巖淵在海州西南一百二十里海州爲今海城地耀州今有耀州和屯按之輿圖皆合惟是遼史稱故平壤城又在巖淵西南實爲舛誤據通考遼水東南四百八十里至鴨綠水平壤又在鴨綠水東南四百八十里安得反在巖淵西南也原其致誤亦自有由蓋平壤南臨浿水而海城西南有淤泥河亦有浿水之稱此遼史之誤所由來然遼史既以顯德府爲忽汗州又以忽汗州爲即平壤城而此又謂平壤在巖淵西南亦自相矛盾之甚矣又今耀州城在海城縣西南僅六十里里數與遼史不符考明一統志臨溟廢縣在海州衛東一百八十里爲故海州所治元時州縣並廢則係明設衛時移近西南百八十里耳今海城縣治實在明海州衛舊址 本朝天命八年

復即舊城東南隅建新城

明一統志廢耀州在海州西南二百里渤海椒州地

西京　鴨綠府

新唐書高麗故地爲西京曰鴨綠府領神桓豐正四州

新唐書鴨綠朝鮮道也朝鮮舊訛朝貢今據通考改

遼史淥州鴨綠軍本高麗故國渤海號西京鴨綠府城高三丈廣輪二十里都督神桓豐正四州事故縣三神鹿神化劍門皆廢大延琳叛遷餘黨於上京置易俗縣居之在者戶二千按淥州城在平壤西境因鴨綠江爲名也鴨綠江之綠北史新唐書遼史俱作淥

遼史太祖破鴨綠府盡徙神化縣民居京之南

神州

唐賈耽道里紀自鴨綠江口舟行百餘里又小舫泝流東北三十里至泊汋口得渤海之境又泝流五百里至丸都縣見後城故

高麗王都又東北泝流二百里至神州按據此則神州在鴨綠江口東北泝流八百里丸都縣東北二百里與遼史所言桓州在淥州西南二百里者合則丸都爲桓州附郭之邑而神州即鴨綠府附郭之州也

桓州

遼史桓州高麗中都城故縣三桓都神鄉浿水原作淇水誤今據一統志改皆廢高麗王於此創立宮闕國人謂之新國五世孫釗晉康帝建元初爲慕容皝所敗宮室焚蕩戶七百隸淥州在西南二百里按通考漢末高麗王伊夷模作新國於丸都山下即所謂丸都城也魏正始五年毌丘儉將萬人出元菟縣車束馬登丸都山屠其所都六年儉復伐之刻石紀功刊丸都銘不耐而還東晉建元初復爲慕容皝乘勝追至丸都焚其宮室自後移都平壤城則桓都即丸都也桓州之名亦取諸此今考丸都故城在高麗王京東北賈耽紀言在神州西南一百里鴨綠江口東北六百餘里與此正合浿水今朝鮮大通江漢樂浪郡有浿水縣此蓋仍其舊名也

豐州

遼史豐州渤海置盤安郡故縣四安豐渤恪隰壤硤石皆廢戶三百隸淥州在東北二百十里

正州

遼史正州本沸流王故地國爲公孫康所併渤海置沸流郡有沸流水戶五百隸淥州在西北三百八十里統縣一東那縣本漢東耐縣地在州西七十里按通考魏正始五年幽州刺史毋丘儉出元菟討高麗戰於沸流高麗王位宮敗走儉追至賴峴登丸都山屠其所都則沸流固應與桓都相近亦今朝鮮境內地又按漢時無東耐縣名惟樂浪郡有東暆不而兩縣不而城在朝鮮咸興府而與耐古字相通魏志云漢武置樂浪郡自單大嶺以西屬樂浪自嶺以東都尉士之皆以濊爲民所謂不耐濊也毋丘儉銘不耐城即此今遼史作漢東耐擬誤

謹按渤海爲遼東盛國地方五千里有五京十五府六十二州契丹兵爭舊址漸毀其州縣之名藉遼史地理志存其梗概而或地併於隣州或名移於他所遼以征伐所得人戶建城置戍即因其人舊居州縣之名名之遼志所載已十之五所未載者按其方位尚可討尋五京之地遼並隸東京其他或予高麗或尚爲渤海遺民所保而府州之名盡載遼籍有經遼時更置者

自應屬遼有僅列其名而史不能稽其沿革者當亦羈縻州之比未能實有其地也金興省併州邑因時制宜元亦多仍部族之舊州縣之設簡矣因流溯源參之他書亦可得其分合之故焉有因傳寫字訛者如丸都桓都浿水淇水之類有與高麗同名者夫餘慶州之類至於元明沿革及我

朝所隸並附注於下約其大概上京在甯古塔中京在遼陽東京在朝鮮開州南京在海城縣西京濱鴨綠江五京五府而外長嶺夫餘等十府及郢銅等州並詳列於後云

長嶺府

新唐書長嶺府領瑕河二州 按瑕州無考當爲附郭之州遼廢

新唐書長嶺營州道也

遼史東京長嶺府 原文不詳沿革之由當即仍渤海之舊

遼史本紀太祖天顯元年遣康默記韓延徽攻長嶺府八月下

長嶺府（按長嶺亦作長領古字相通今吉林西南五百里有長嶺子滿洲語稱果勒敏珠敦南接納嚕窩集北接庫哷訥窩集自長白山南一嶺環繞至此為衆水分流之地東北流為遼吉善輝發等河入混同江西北流為英莪占尼哈達葉赫赫爾蘇等河長嶺府之名當取諸此錦州復州雖亦有長嶺皆不如此之最著也）

河州

遼史河州德化軍置軍器坊（按明人地志云廢河州在黃龍府北遼置河州有軍器坊又引一統志開元東北五百里有穩圖河源出坊州北山北流入松花江所謂坊州疑即河州矣考遼金無坊州第因河州有軍器坊而遂以坊州屬之亦恐未足為憑也）

夫餘府

新唐書夫餘故地為夫餘府常屯勁兵捍契丹領扶仙二州

新唐書夫餘契丹道也

遼史東京龍州黃龍府本渤海夫餘府太祖平渤海還至此有黃龍見更名保甯七年軍將燕頗叛府廢開泰九年遷城於東北所屬黃龍縣本渤海長平縣併富利佐慕肅愼置遷民縣本

渤海永甯縣併豐水扶羅置永平縣渤海置

遼史東京通州安縣軍本夫餘國王城渤海號夫餘城太祖改龍州聖宗更今名保甯七年以黃龍府叛人燕頗餘黨置所屬通遠縣本渤海夫餘縣併布多縣置安遠縣本渤海顯義縣併鵲川縣置歸仁縣本渤海强師縣按金史渤海强師縣北有細河併新安縣置漁谷縣本渤海縣按夫餘府地鄰契丹遼改黃龍府在今開原縣及開原邊外之境扶仙二州遼時俱廢扶州即因夫餘得名當爲附郭所屬縣名見於遼史屬龍州者八屬通州者六當即扶仙二州所隸第遼史既言改夫餘府爲龍州又言改龍州爲通州而所置諸縣或沿或併尚仍其舊史有訛誤疑遼之龍州其地本廣因燕頗之役舊治已廢開泰中移黃龍府於東北又分置通州也黃龍府所屬長平等縣爲扶州屬邑通州所屬夫餘等縣即爲仙州屬縣也又按渤海夫餘府與契丹爲鄰未能過開原以北遼之黃龍府境又稍廣舊五代史言北至混同江僅百里則又遼史遷府於東北之明證也

遼史太祖天贊四年十二月丁巳夜圍夫餘府天顯元年正月拔之

舊五代史後唐天成元年十一月登州狀申契丹攻逼渤海自

契丹主卒雖已抽退尚留兵馬在夫餘城今渤海王弟領兵攻圍夫餘城契丹

新五代史後唐明宗時契丹攻渤海取夫餘一城以爲東丹國

宋史後唐天成初契丹攻夫餘城下之改夫餘爲東丹府留其子托雲鎭之契丹主卒渤海王復攻夫餘不能克

宋史太宗太平興國四年賜烏舍城浮渝府渤海琰府王詔令助攻契丹按浮渝當即夫餘以音近而訛宋與渤海隔絕蓋傳聞舛誤之辭

通考宋太平興國六年定安國王烏元明言臣本渤海遺黎保據方隅不降契丹夫餘府昨背契丹並歸本國案烏氏爲渤海大姓夫餘復歸事遼史未載

鄚頡府

新唐書鄚頡府領鄚高二州鄚州諸書未見當即附郭之柳河縣地也

遼史東京韓州本槀離國舊治柳河縣高麗置鄚頡府都督鄚

頡二州渤海因之按渤海州名係鄚高此云鄚頡疑遼史之誤今廢太宗置三河榆河二州聖宗併二州置柳河縣本渤海粵喜縣併萬安縣置柳河詳見前靺鞨條榆河在科爾沁右翼前旗遼河在左翼東南四百五十里經左翼後旗入邊又左翼東南四百七十里有阿勒瑪圖城近開原邊外當即遼韓州故城也

遼史天顯元年二月鄚頡府節度來朝三月鄚頡府叛遣阿敦討平之

金史東京韓州本渤海鄚頡府

高州

遼史上京遂州本高州地西北至上京一千里按遼中京別有高州此遂州屬上京與鳳州相隣鳳州亦槀離國地在韓州北二百里西北至上京九百里遂州西北至上京千里則與韓州相去止百里此高州即渤海高州之明證也若中京之高州則唐時信州之地遼聖宗伐高麗以俘戶置在今喀喇沁非渤海之高州也元一統志所稱高州即此

安甯郡

遼史上京鳳州稾離國故地渤海之安寧郡境在韓州北二百里西北至上京九百里按鳳州與韓州相隣皆稾離故地此安寧郡當爲鄚頡府之支郡今附于此

定理府

新唐書挹婁故地爲定理府領定潘二州按潘字遼史作瀋當係此誤

遼史東京定理府刺史故挹婁國地

遼史瀋州挹婁縣遼嘗置定理府刺史於此本挹婁故地大定二十九年章宗更名有范河清河按范河清河俱在今鐵嶺縣城南遼定理府刺史之置及定州之廢史文闕略不詳以金史參考之今鐵嶺一縣近南者爲金之挹婁縣則定理府所統而渤海定州安定郡所治也近西者爲雙城縣則遼雙州所統也遼始置定理府于挹婁縣則省刺史廢定州爲雙州與瀋州不復相屬金又廢雙州併雙城入瀋州尚可考見渤海之舊耳

遼史天顯元年二月定理府節度來朝三月定理府叛遣阿敦討平之五月定理府復叛大元帥耀庫濟討之

定州

遼史東京雙州保安軍本挹婁故地渤海置安定郡統縣一雙城縣本渤海安夷縣地按渤海屬州亦有支郡之稱如盧州爲杉盧郡穆州爲會農郡是也此安定郡爲挹婁故地當即定州地遼東京又別有定州不言渤海所置在今朝鮮之平安道五代以前亦屬渤海後高麗復取之至遼聖宗開泰三年伐高麗取其保定二州保州在平壤西北百餘里金初割還朝鮮今安州是也定州在平壤西北三百餘里遼末亦入朝鮮今仍爲定州與渤海瀋州隔西京鴨綠府名是而地非也雙城故縣在鐵嶺西六十里金時州廢以縣屬瀋州

瀋州

遼史瀋州本挹婁國地渤海建瀋州故縣九皆廢統州一縣二按州一爲巖州白巖軍本渤海盧州所屬之白巖縣遼太宗撥屬瀋州樂郊靈源二縣則遼太祖所置亦非渤海舊名樂郊爲瀋州治所即今承德縣也

遼史敦睦宮以渤海瀋州戶置

金史瀋州本遼定理府地縣五樂郊按原注云遼置有渾河當爲附郭章義遼廣州渤海屬鐵利府遼濱遼舊遼州挹婁遼舊置定理府詳見前雙城遼雙州詳見前

遼東行部誌瀋州在唐時嘗爲高麗侵據高宗命李勣東征置

安東都護府于平壤城實今之瀋州也唐季爲大氏所有

元一統志瀋陽路本挹婁故地渤海建定理府都督瀋定二州

領定理平邱巖城慕美安夷瀋水安定保山能利九縣此爲瀋

州地後罹兵火其定州與縣並廢即瀋州爲興遼軍節度金末

瀋州復燬於兵火

元史瀋陽路本挹婁故地渤海建定理府都督瀋定二州此爲

瀋州地

明一統志瀋陽中衛在遼東都司北百二十里漢遼東郡地渤

海置瀋州

安邊府

新唐書安邊府領安瓊二州按瓊州遼廢無可考

遼史天顯元年二月安邊府節度來朝三月安邊府叛遣阿敦

討平之

安州

遼史安州刺史兵事隸北女眞兵馬司

元一統志歸仁縣故城在咸平府北舊安州金皇統三年改爲縣後廢城址猶存按渤海瓊州諸書皆缺安州可見者亦止此歸仁縣金隸咸平府遼舊隸通州幷渤海强師新安二縣地强師屬夫餘府新安或當屬安州其地應在開原邊外又朝鮮平安道有安州則爲遼之保州非一地也

松漠紀聞自信州二百九十里至安州南鋪按此爲遼上京至燕之程蓋自東北而西南行也

率賓府

新唐書率賓故地爲率賓府領華益建三州按華州無可考當爲附郭也

遼史東京率賓府刺史故率賓國地按遼率賓府在涑州定理府之間當即渤海舊治

遼史東京康州率賓縣本渤海率賓府地按康州屬顯州在渤海爲顯德府地當係遷率賓民戶所置非故地也

金史上京率賓舊訛恤品今改正路遼時爲率賓府置刺史本率賓故

地西北至上京一千五百七十里東北至呼爾哈舊作胡里改今改一千一百里西南至海蘭舊作曷懶今改一千二百里北至邊界威伊克阿林舊作斡可阿憐今改二千里按恤品即率賓之訛金史亦作速頻音實相同也以金史道里計之則率賓故府當在今鄂多理城之南威伊克阿林今盛京極東北大山也上無樹木惟生青苔與俄羅斯邊界又明志建州衛東南有率賓河率賓路之名以此

益州

遼史東京益州觀察屬黃龍府

契丹國志宋政和五年金太祖攻遼取賓祥威三州進薄益州按鴨綠江一名益州江則益州實與鴨綠江近當在長白山西南遼改屬黃龍府遼史不言仍渤海之舊或因其名而不必即其故地也

建州

元一統志金上京之南曰建州

明實錄永樂二年置建州衛按我朝肇興之地即渤海建州之故壤也遼金元皆有建

州並在今喀喇沁及土默特境爲遼時所移非渤海之舊詳見前部族門

東平府

新唐書拂涅故地爲東平府領伊蒙沱黑比五州按五州可考者惟蒙州餘俱遼時廢

遼史東京遼州本拂涅國城渤海爲東平府唐太宗親征高麗李世勣拔遼城高宗詔程名振蘇定方討高麗至新城大破之皆此地也太祖伐渤海先破東平府遷民實之故東平府都督伊蒙陀按陀字與唐書異黑比五州共領縣十八皆廢按志云遼州有遼河羊腸河錐子河蛇山狼山黑山巾子山今考羊腸河在廣甯縣城東四十五里錐子河在廣甯城東北四十里即珠子河也遼河亦經廣甯縣東北二百三十里蛇山一在廣甯城東三十里一在東北九十五里狼山在甯廣城東北二十里今名狼虎山黑山在廣甯城東北八十里又有西黑山在城東北七十五里大黑山在城東七十里小黑山在城東六十里則渤海之東平府實在今廣甯東北也遼東平府治遼濱縣故城在今承德西北

蒙州

遼史祺州舊訛棋今據金史改祐聖軍本渤海蒙州地按遼祺州統慶雲縣以所俘檀州密雲民建爲州治所金廢州以慶雲縣隸咸平府元又廢縣爲慶雲驛在今鐵嶺西北五十里

遼史東京紫蒙縣拂涅國置東平府領蒙州原本脫蒙州明志引遼史有之今據增入紫蒙縣尋徙遼城并入黃嶺縣渤海復置紫蒙縣遼因之屬

遼陽府

沱州

遼史貴德州本漢襄平縣地有沱河按沱州無可考或因沱河得名今附見新唐書亦言湄沱湖之鯽爲渤海物產之珍也

東平寨

遼史侗州本漢襄平縣地渤海置東平寨

金史咸平府銅山縣遼同州本漢襄平縣遼以東平寨置南有柴河北有清河西有遼河遼史作侗州與此異考遼志別有侗州此東平寨之地當爲同州以字相近而誤也

懷遠府

新唐書越喜故地爲懷遠府領達越懷紀富美福邪芝九州按九州可考者惟富美福三州餘俱遼時廢

遼史東京信州本越喜故城渤海置懷遠府武昌縣本渤海懷福縣地定武縣本渤海豹山縣地併乳水縣人戶置

金史上京信州本渤海懷遠軍遼開泰七年建縣一武昌本渤海懷福縣地按懷遠府當在渤海邊界其所統州爲最多可考者惟富美福三州餘盡爲遼所廢考信州故城在今科爾沁左翼東南三百八十里開原邊外至遼志稱自開原東北至信州三百十里是也今有古城周一里門八土人猶呼信州城

富州

遼史東京銀州富國軍本渤海富州太祖以銀治更名統縣三延津縣本渤海富壽縣境有延津故城更名新興縣本越喜國地渤海置銀治嘗置銀州永平縣本渤海優富縣地

金史咸平府新興縣遼銀州富國軍本渤海富州熙宗皇統三年廢州更名來屬有范河柴河遼河詳前靺鞨疆域條按遼史渤海富州治富壽縣富壽爲延津更優富爲新興金改延津爲新興以隸咸平今鐵嶺縣則渤海之富壽遼之延津金之新興也又有故新興城在鐵嶺治東則渤海之優富遼所置新興縣也又永平廢縣在鐵嶺東北

美州

遼史東京遂州本渤海美州地統縣一山河縣本渤海縣併黑川麓川二縣置

福州

遼史上京福州國舅蕭寗建南征俘漢民居北安平故地在原州北二十里西北至上京七百八十里按原州在顯州東北三百里史雖不言福州仍渤海之舊然以他州道里計之實屬相近其稱名當有自耳

胡嶠北行記嶠爲蕭翰掌書記自翰得罪被鎖嶠與部曲東之福州翰所治也嶠等東行過一山名十三山云此西南去幽州

二千里又東行數日過衞州至福州按十三山在今錦州城東七十五里去京師不及二千里嶠蓋約略之詞衞州當係渭州之訛在顯州東北二百五十里

鐵利府

新唐書鐵利故地爲鐵利府領廣汾蒲海義歸六州案汾海二州無考遼之海州渤海爲南海府另列前條非此州也蓋俱係遼廢

遼史東京鐵利府故鐵利國地

廣州

遼史廣州漢屬襄平高麗爲當山縣渤海爲鐵利郡太祖遷渤海人居之建鐵利州統和八年省開泰七年以漢戶置

金史瀋州章義縣遼舊廣州皇統三年降爲縣來屬有遼河東梁河遼河大口按東梁河即太子河亦名大梁河明志章義故城在瀋陽中衞西南六十里有章義站

松漠紀聞瀋州六十里至廣州七十里至大口

蒲州

松漠紀聞興州見前四十里至蒲河四十里至瀋州

元一統志蒲河在瀋陽路源出鐵利國蒲谷流經蒲水田過故名按蒲州遼初已廢本鐵利國地自應以蒲河得名以洪皓所記考之距瀋州四十里今承德縣城西北四十里香爐山蒲河源在焉蒲州之設亦應在此

義州

遼史上京慶州富義縣本義州太宗遷渤海義州民於此重熙元年降義豐縣後更名

遼史上京永州義豐縣本鐵利府義州遼兵破之遷其民於南樓之西北仍名義州重熙元年廢州改今縣在州西北一百里又嘗改富義縣屬慶州原誤泰州今改正始末不可具考今兩存之按富義義豐當係渤海義州縣名遼徙其民分屬慶永二州非渤海故地

金史義州崇義軍遼宜州天德三年更名按遼史宜州崇義軍屬中京東丹王每秋畋于此興宗以定州俘戶置與錦州相次實今義州地前所載富義義豐兩縣既云遷義州民于此雖仍舊名明非故地乃又

云本渤海義州此自相矛盾也合遼金兩史考之似渤海義州之民分徙兩縣故地已空興宗時方以定州俘戶實之以義爲宜金時始更正耳

元史大甯路有義州

明一統志義州衞遼宜州金改爲義州治宏政縣元省縣州屬大甯路洪武二十二年置衞按金元明之義州即今義州地在遼爲宜州俱未言渤海之舊然考遼史實係東丹王分地爲每歲秋畋之所則實係渤海故壤宜與義或因音同而字異金朝改宜爲義正非漫然耳又今義州城西南五十里有古饒慶縣城遼金並無此縣名金義州所屬但有饒慶鎭或即渤海舊縣而金廢爲鎭歟

歸州

遼史東京歸州太祖平渤海以降戶置後廢統和二十九年伐高麗以所俘渤海戶復置縣一歸勝

安遠府

新唐書安遠府領甯郿慕常四州按甯州慕州俱近朝鮮常州屬朝鮮平安道之定遠府郿州疑即平安道之買州考元史東甯路本高麗平壤城所屬有定遠府至元六年來歸或即安遠府之地而稍易其名也

甯州

遼史東京甯州觀察統和二十九年伐高麗以渤海降戶置兵事隸東京統軍司統縣一新安

慕州

遼史東京慕州本渤海安遠府地故縣二慕化崇平久廢戶二百隸淥州在西北二百里按遼慕州移屬淥州鴨綠軍則安遠一府固與今高麗相近又考一統志朝鮮平安道有定遠府有常州當即仍渤海之舊又有買州字義無取疑即鄚音之訛也

鄚銅涑三州

新唐書鄚銅涑三州爲獨奏州按通考文與此同獨奏之義當猶今直隸州不轄於府而事得專達也

遼史東京鄚州渤海置

遼史銅州廣利軍渤海置統縣一析木縣渤海爲花山縣初隸東京後來屬按金史金廢銅州以析木縣隸澄州

遼史咸州安東軍本高麗銅山縣地渤海置銅山郡地在漢候城縣北渤海龍泉府南開泰八年置州統縣一咸平縣唐安東都護治營平二州間即此按渤海諸州間有支郡之稱如盧州之稱杉盧郡定州之稱安定郡是也此銅山郡亦當爲銅州所分治遼析爲二州所云在營平間者爲得其實至云在龍泉府南則約畧之詞耳至金之銅山縣雖屬咸平府然在遼爲同州鎮安軍名同而地異亦相附近也

金史咸平府本高麗銅山縣地遼爲咸州

遼東行部志咸平本渤海地契丹改爲咸州金爲咸平府

元一統志銅山郡故城在咸平府南

元史咸平府古朝鮮地箕子所封漢屬樂浪郡後高麗有其地唐置安東都護以統之繼爲渤海大氏所據遼平渤海以其地多險隘建城以居流民號咸州金升咸平府元初因之隸開元路後復割出隸遼東宣慰司

通考涑州以其近涑沫江蓋所謂粟末水也

遼史東京涞州渤海置

蓋州

遼史辰州本高麗蓋牟城唐太宗會李世勣攻破蓋牟城即此渤海改爲蓋州又改辰州以辰韓（另條見前）得名統縣一建安（按以下四州皆在唐書通考所載六十州之外今並附於此蓋牟亦稱蓋曷牟金仍改蓋州統縣四湯池即遼鐵州秀巖即今岫巖熊岳即遼盧州熊岳縣並金時廢州來屬惟建安尚仍遼舊至元時併湯池熊岳入建安又省建安入蓋州初爲蓋州路後併入遼陽路即今蓋平縣也又熊岳城在蓋州南六十里有熊岳山熊岳河）

崇州

遼史崇州本漢長岑縣地渤海置州故縣三崇山溈水綠城皆廢戶五百在京東北一百五十里（按渤海州名有榮州無崇州榮爲中京所屬與湯興二州相次今遼史以崇州次於湯興之後而東京所屬別有榮州又不載其沿革疑崇字即榮字之訛而榮州又復出也）

遼史貴德州貴德縣本漢襄平縣渤海爲崇山縣奉德縣本渤海緣（按此又作緣與前異）城縣地（按金史貴德縣有范河見前定理府注）

集州

遼史集州古陴離郡地漢屬險瀆縣高麗爲霜巖縣渤海置州

統縣一奉集縣渤海置按奉集廢縣在今撫順城南八十里

金史貴德州奉集縣遼集州奉集縣本渤海舊縣有渾河

麓州

遼史麓州渤海置按唐書通考渤海無此州名遼史載其名而撫詳其地又遼乾州所屬之司農縣本渤海麓郡縣併麓波雲川二縣入焉亦未詳渤海所隸之州今附於此乾州爲漢無慮縣地因醫巫閭得名或麓州麓郡亦因附北鎮之麓而名歟

謹按渤海五京五府之外爲長嶺等十府長嶺在吉林西南夫餘府在開原鄭頡在開原邊外科爾沁界定理府在鐵嶺以南承德界安邊府亦在開原邊外率賓府與

本朝

發祥之鄂多理城相近東平府在廣甯東北懷遠府在鐵嶺鐵利府

濱太子河安遠府在高麗界其後所屬之州半爲遼時廢併
而因革可溯者尚多又有郢銅涑三州不隸於府合之十五
府所屬共爲州六十與所稱六十二州之數不符考之遼史
則又別出蓋崇集麓四州唐書通考皆未之載與六十二州
之數亦不合今以地理考之蓋集二州與顯德府屬之鐵州
盧州相近當時或間有省併而史不能詳崇州疑即榮州以
字形相近而訛麓州則史文殊略今附列於諸州之後而支
郡之可考者亦各附於本條至若古今沿革及山川道里有
足證據臚注於下凡史文舛誤及名同而地異者並加訂正
用資參考云

欽定滿洲源流考卷十

欽定滿洲源流考卷十一

疆域四

遼東北地界

北盟會編遼太祖遷女眞大姓數千戶置遼陽之南使不得與本國相通名曰哈斯罕舊作合蘇款又作曷蘇館今改正按滿洲語哈斯罕藩籬也據此云使不得與本國往來實有防閑之意與滿洲語意相合謂之熟女眞按滿洲語稱國初所屬曰佛滿珠謂舊滿洲也新附編入旗分者曰伊徹滿珠謂新滿洲也此所云生熟蓋即新舊之意自咸州東北分界入山谷至於粟末江中間所居隸咸州兵馬司許與本國往來非熟女眞亦非生女眞也自粟末之北甯江之東北處界外者則謂之生女眞遼國沿邊置東京黃龍府兵馬都部署司咸州湯河兵馬司東北路統軍司分隸之謂之羈縻道

契丹國志東南至新羅另條見前國西以鴨綠江東八里黃土嶺爲界至保州十一里次東南至五節度熟女眞國係契丹樞密院

所轄者契丹或渤海人充節度管押西北至東京五百餘里又次東南至熟女眞國按此疑即自咸州至粟末江之部然志文殊未明晰不屬契丹所管去東京二百餘里東北至生女眞國契丹常設防備西南去東京六百里又東北至烏舍滿洲語皮條也舊作烏惹今改正國阿里瑪蒙古語犂也舊作阿里眉今改正國布庫里蒙古語整全也舊作破骨魯今改正國各一萬戶衣裝言語與女眞異西去上京四千餘里又東北至鐵驪見前靺鞨條國次東北至靺鞨國按靺鞨即女眞國舊名此分爲二國殊誤蓋作志者摭拾舊文未足爲據

遼上京長春州

遼史長春州本鴨子河春獵之地興宗重熙八年置統縣一長春縣本混同江地戶二千按遼上京臨潢府在今巴林阿嚕科爾沁扎嚕特等地惟長春一州濱混同江今杜爾伯特扎賴特皆州之北境則遼長春州當與今白都訥相近

遼史兵衛志長春縣丁四千

金史泰州承安二年置於長春縣北至邊四百里南至懿州八

百里東至肇州三百五十里戶三千五百四縣一長春遼長春州天德二年降爲縣隸肇州承安三年來屬

遼史春巴納（舊作納鉢今改正按滿洲語巴納地方也蓋指遊獵之地而言）曰鴨子河濼皇帝正月上旬起牙帳約六十日方至天鵝未至卓帳冰上鑿冰取魚冰泮乃縱鷹鶻捕鵝雁晨出暮歸鴨子河濼東西二十里南北三十里在長春州東北三十五里四面皆沙堝多榆柳杏林

契丹國志每歲正月上旬出行射獵凡十六日然後並洮爾河鑿冰釣魚冰泮即縱鷹鶻以捕鵝雁（按遼史本紀載聖宗太平四年改鴨子河爲混同江塔魯河爲長春河然又屢以鴨子混同二水並稱即金史亦並稱鴨子混同據契丹國志則鴨子即塔魯河今洮爾河也又契丹國志云太宗破晉改粟末河爲混同江史志傳訛未有確據並詳後山川門）

大金國志太祖十四年遼天祚帝率蕃漢兵十餘萬出長春路分五部北出駱駝口太祖乘其未陣三面擊之天祚大敗退保長春太祖乘勝遂平渤海遼陽等五十四州

遼東京遼陽府

遼史東京遼陽府本朝鮮之地後爲渤海大氏所有號中京顯德府太祖攻渤海俘其王太諲譔以爲東丹王國神册四年葺遼陽故城以渤海漢戶建東平郡爲防禦州天顯三年遷東丹國民居之升爲南京城名天福高三丈有樓櫓幅員三十里八門東曰迎陽東南曰韶陽南曰龍原西南曰顯德西曰大順西北曰大遼北曰懷遠東北曰安遠宮城在東北隅高三丈具敵樓南爲三門壯以樓觀四隅角樓相去二里外城謂之漢城東至烏爾呼赫（滿洲語偏也舊作烏魯虎克今改）四百里南至海邊鐵山八百六十里西至望平縣海口三百六十里北至挹婁縣范河二百七十里東西南三面抱海天顯十三年改南京爲東京府曰遼陽戶四萬六百轄州府軍城八十七統縣九遼陽縣本漢浿水縣戶一千五百仙鄉縣本漢遼陽縣戶一千五百鶴野縣本漢居

就縣地戶一千三百析木縣本漢望平縣地戶一千紫蒙縣本漢鏤方縣地戶一千興遼縣本漢平郭縣戶一千肅愼縣以渤海戶置歸仁縣順化縣按歸仁順化二縣沿革未詳

元一統志東丹王故宮在遼陽路按本路圖冊在府之東北隅有讓國皇帝御容殿

明一統志鶴野廢縣在遼東都司城西八十里元省入遼陽縣

開州

遼史開州鎭國軍節度本濊地渤海爲龍原府詳見前渤海條開泰三年遷雙韓二州千餘戶實之號開封府開遠軍節度更名鎭國軍隸東京留守兵事屬東京統軍司統州三縣一開遠縣本龍原縣詳前渤海條遼初廢聖宗東討復置以軍額名戶一千

遼史鹽州本龍河郡詳前渤海條隸開州相去一百四十里

遼史穆州保和軍刺史本會農郡詳前渤海條戶三百東北至開州

一百二十里統縣一會農縣

遼史賀州刺史本吉理郡詳前渤海條戶三百隸開州

定州

遼史定州保甯軍高麗置州聖宗統和十三年升軍遷遼西民實之統縣一定東縣高麗所置遼徙遼西民實之戶八百

保州

遼史保州宣義軍節度高麗置州故縣一曰來遠聖宗以高麗王詢擅立問罪取其保定二州統和末高麗降於此置榷場隸東京統軍司縣一來遠縣初徙遼西諸縣民實之又徙奚漢兵七百防戍焉戶一千

遼史宣州定遠軍刺史開泰三年徙漢戶置隸保州

遼史懷化軍下刺史開泰三年置隸保州

辰州

遼史辰州奉國軍節度本蓋牟城渤海改爲蓋州（詳見前渤海條）遼徙其民於祖州初曰長平軍戶二千統縣一建安縣

元一統志蓋州地最要衝稱爲繁富契丹移其民於上京西祖州後陞爲長平軍

盧州

遼史盧州元德軍刺史本渤海杉盧郡（詳前渤海條）統縣一熊岳縣西至海一十五里傍海有熊岳山

明一統志熊岳廢縣在蓋州衛南六十里遼爲盧州治所金屬蓋州元省（按今有熊岳城）

來遠城

遼史來遠城本熟女眞地統和中伐高麗以燕軍驍猛置兩指揮建城防戍兵事屬東京統軍司

元一統志來遠城本熟女眞地遼伐高麗於此建城先是侵高

麗軍敗值冬雪彌旬不止人馬多斃軍會鴨綠江餘軍漂溺遼主隆緒次來遠界有防邊猛軍數十人遇而劫之逮問所從來開襟示其金製環甲衆軍驚散遼主至遼城收不在營中者誅之金陞來遠軍

鐵州

遼史鐵州建武軍刺史本漢安市縣地詳前渤海條統縣一湯池縣鴨江行部誌湯池縣本遼時鐵州

明一統志安市廢縣在蓋州衛東七十里故鐵州金爲湯池縣

元省

興州

遼史興州興中軍節度本漢海冥縣地詳前渤海條

北盟會編第二十四程至梁魚務過遼河二十七程至興州

許亢宗奉使行程錄自瀋州七十里至興州遼太祖破渤海建

爲東京路自此所至居民稍盛食物充足

湯州

遼史湯州本漢襄平縣地詳前渤海條

崇州

遼史崇州隆安軍刺史本漢長岑縣地詳前渤海條統縣一崇信縣

海州

遼史海州南海軍節度本沃沮另條見前國地渤海號南京南海府詳前渤海條太平中大延琳叛南海城堅守經歲不下別部酋長皆被擒乃降因盡徙其民於上京移澤州民來實之戶一千五百統州二縣一臨溟縣

明一統志臨溟廢縣在海州衞東一百八十里遼置金屬澄州

元省

遼史耀州刺史本渤海椒州詳前渤海條隸海州統縣一巖淵縣

明一統志廢耀州在海州衛西南二百里

遼史嬪州柔遠軍刺史本渤海晴州詳前渤海條

元一統志遼太平九年渤海大延琳叛盡徙南海府人於上京之北移澤州民以實其城仍號南海府金改海州又改澄州又廢嬪州爲新昌鎮入焉

淥州

遼史淥州鴨緑軍本高麗故國渤海西京鴨緑府詳前渤海條大延琳叛遷餘黨於上京置易俗縣居之在者戶二千隸東京留守司統州四縣二宏聞縣神鄉縣

桓州

豐州

正州

慕州俱詳前海渤條惟慕州渤海别屬安遠府遼移屬淥州

顯州

遼史顯州奉先軍上節度本渤海顯德府地海條詳前渤世宗置以奉顯陵顯陵者東丹人皇王墓也人皇王性好書購書數萬卷置醫巫閭山絶頂築堂曰望海大同元年世宗親護人皇王靈駕歸自汴京以人皇王愛醫巫閭山水奇秀因葬焉州在山東南遷東京三百餘戸以實之應歷元年穆宗葬世宗於顯陵西山仍禁樵採兵事屬東京都部署司統州三縣三奉先縣本漢無慮縣即醫巫閭世宗析遼東長樂縣民以為陵戸山東縣本漢望平縣世宗割渤海永豐縣民為陵戸歸義縣初置顯州渤海民自來助役世宗嘉憫因籍其人戸置縣

金史天輔元年拔顯州乾懿豪徽成川惠等州皆降

許亢宗奉使行程錄自錦州八十里至劉家莊自劉家莊一百里至顯州

遼史嘉州嘉平軍下刺史隸顯州

遼史遼西州阜成軍中刺史本漢遼西郡地世宗置州屬顯州統縣一長甯縣統和八年以諸宫提轄司人户置

遼史康州下刺史世宗遷渤海率賓府人户置屬顯州縣一率賓縣詳前渤海條

遼東行部誌廣甯本陽羅郡渤海顯德府遼世宗改顯州

宗州

遼史宗州下刺史在遼東石熊山耶律隆運以所俘漢民置聖宗立爲州統縣一熊山縣本渤海縣地

乾州

遼史乾州廣德軍上節度本漢無慮縣地聖宗統和三年置以奉景宗乾陵有凝神殿兵事隸東京都部署司統州一縣四奉陵縣本漢無慮縣地括諸落帳户助營山陵延昌縣析延昌宫

戶置靈山縣本渤海靈峰縣地司農縣本渤海麓郡縣見前渤海條

元一統志乾州故城在廣甯府西南七里遼統和二年立今基址頹然

遼東行部誌閭陽遼乾州也去廣甯五里

北盟會編離顯州七里別建乾州以奉陵寢

明一統志乾州城在廣甯衞西南七里

遼史海北州廣化軍中刺史世宗以所俘漢戶置地在閭山之西南海之北初隸宣州後屬乾州統縣一開義縣

明一統志開義廢縣在義州衞南四十里遼置爲海北州治所金屬義州元省

貴德州

遼史貴德州甯遠軍下節度本漢襄平縣地漢公孫度所據太宗時察克蒙古語時也舊作察割今改正以所俘漢民置州聖宗建貴德軍後

更名兵事屬東京都部署司統縣二貴德縣本漢襄平縣渤海爲崇山縣奉德縣本渤海緣城縣地嘗置奉德州詳前渤海條崇山緣城並渤海崇州縣名緣城又作綠城

元一統志貴德州今廢爲巡檢司

元一統志公孫廢城在貴德州漢末公孫度爲遼東太守治襄平傳子至孫據有其地遺址猶存

元一統志大寶城在廢貴德州

瀋州

遼史瀋州昭德軍中節度本挹婁國地渤海置州詳前渤海條太宗置興遼軍後更名兵事隸東京都部署司統州一縣二樂郊縣太祖俘薊州三河民建三河縣後更名靈源縣太祖俘薊州吏民建漁陽縣後更名

大金國志太祖十五年渤海人高永昌自稱大渤海國皇帝據

有遼東五十餘州遼主遣張琳討之至瀋州女眞遣兵來援琳敗績

許亢宗奉使行程錄自顯州一百五十里至梁漁務又一百三里至摩綽（滿洲語拙也舊作沒咄今改正）寨又八十里至瀋州

遼史巖州白巖軍下刺史本渤海白巖城（見前渤海條）統縣一白巖縣

元一統志瀋陽渤海建定理府都督瀋定二州此爲瀋州地後羅契丹兵火其定州與縣並廢即瀋州爲興遼軍又更昭德

集州

遼史集州懷衆軍下刺史古陴離郡地（詳前渤海條）統縣一奉集縣

明一統志奉集廢縣在撫順千戶所南八十里漢爲險瀆縣金屬貴德州

廣州

遼史廣州防禦漢屬襄平縣渤海爲鐵利郡詳前渤海條太祖遷渤海人居之建鐵利州統和八年省開泰七年以漢戶置統縣一

昌義縣

金史瀋州章義縣遼舊廣州皇統三年降爲縣有遼河東梁河

明一統志章義廢縣在瀋陽衛西南六十里遼置廣州金改爲縣屬瀋州元省

遼州

遼史遼州始平軍下節度渤海爲東平府詳前渤海條太祖改爲州軍曰東平太宗更爲始平軍兵事屬北女眞兵馬司統州一縣二遼濱縣安定縣

明一統志遼濱廢縣在瀋陽衛西北一百八十里本拂涅國另條地遼爲遼州治金貞祐時廢見前

遼史祺州祐聖軍本渤海蒙州地詳前渤海條太祖以檀州俘戶於

此建檀州後更名兵事屬北女眞兵馬司統縣一慶雲縣太祖俘密雲民於此建密雲縣後更名

遂州

遼史遂州本渤海美州地（詳前渤海條）採訪使耶律佛德（滿洲語令其上緊之謂舊作頗德今改正）置穆宗沒入焉隸延昌宮統縣一山河縣

通州

遼史通州安遠軍渤海號夫餘城（詳前渤海條）太祖改龍州聖宗更今名保甯七年以黃龍府叛人燕頗餘黨千餘戸置陞節度統縣四通遠縣安遠縣歸仁縣漁谷縣

韓州

遼史韓州東平軍下刺史高麗置鄚頡府（詳前渤海條）太宗置三河榆河二州聖宗併二州置隸延昌宮兵事屬北女眞兵馬司統縣一柳河縣

遼東行部誌癸酉次柳河縣舊韓州也先徙州於奚營州後改爲縣又以城近柳河故以名之乙亥次韓州遼聖宗時併三河楡河二州爲韓州三河本燕之三河遼俘其民於此置州故因其舊名而故城在遼水之側常苦風沙移於白塔寨後爲遼水所侵移於今柳河縣又以州非衝途即徙於舊九百奚營即今所治是也

元一統志柳河縣故城本粵喜（見前靺鞨條）地後置縣以其地近柳河故名契丹併入安方縣今城址猶存（按遼史柳河縣本渤海粵喜縣地併萬安縣置此作安方誤）

雙州

遼史雙州保安軍下節度渤海安定郡（詳前渤海條）久廢察克（解見前原文作歐里僧王而下文又作察割係一人而名字互稱今改正）從太宗南征以俘鎭定二州之民建城置州後沒入焉初隸延昌宮後屬崇德宮兵事隸北女

眞兵馬司統縣一雙城縣

銀州

遼史銀州富國軍下刺史本渤海富州詳前渤海條太祖以銀冶更名隸宏義宮兵事屬北女眞兵馬司統縣三延津縣有延津故城新興縣永平縣舊有永平寨

許亢宗奉使行程錄離興州五十里至銀州又四十里至咸州

同州

遼史同州舊訛尙州金史作同考遼史東京道別有尙州此爲同州無疑今改鎭遠軍下節度本漢襄平縣地太祖置州軍曰鎭東後更名隸彰愍宮兵事屬北女眞兵馬司統州一未詳縣二東平縣本漢襄平縣地產鐵撥戶三百採鍊隨征賦輸永昌縣本高麗永甯地

北盟會編二十八程至咸州二十九程至同州州地平壤居民所在成聚落耕種殆遍地宜穄黍

許亢宗奉使行程錄自咸州九十里至同州

咸州

遼史咸州安東軍下節度渤海置銅山郡（詳前渤海條）地多山險寇盜以爲淵藪乃招平營等州客戶建城居之初號浩里（蒙古語例也舊作郝里今改正）太保城開泰八年置州兵事屬北女眞兵馬司統縣一

咸平縣唐安東都護天寶中治營平二州間即此太祖滅渤海復置安東軍開泰中置縣

金完顏羅索碑宗室烏楞古（滿洲語臍也舊訛斡魯古今改）略地咸州王（按羅索封金源郡王）合兵禦之乃往敗其戍兵三千於境斬其將遂會烏楞古既而聞敵兵且至王留四穆昆精銳各守一門與烏楞古濟水分兩翼王居左翼敗其所衝追殺略盡烏楞古軍卻退與所留諸穆昆整陣而立王返兵擣敵背大敗之咸州既下因徇地黃龍府

北盟會編二十七程至興州二十八程至咸州

許亢宗奉使行程錄自興州九十里至咸州

信州

遼史信州彰聖軍下節度渤海置懷遠府詳前渤海條開泰初置州以所俘漢民實之兵事屬黃龍府都部署司統州三未詳縣二武昌縣本渤海懷福縣地析平州提轄司及豹山縣一千戶隸之定武縣本渤海豹山縣地析平州提轄司併乳水縣人戶置初名定功縣

許亢宗奉使行程錄自同州四十里至信州

元一統志黃龍府西曰信州

賓州

遼史賓州懷化軍節度本渤海城統和十七年遷烏舍戶置刺史於鴨子混同二水之間後升兵事隸黃龍府都部署司

金史太祖十三年命布呼（滿洲語鹿也舊訛僕虺今改正）等攻拔賓州烏舍楚
古爾蘇（蒙古語杉木也舊作雛鶻室今改正）來降遼將徹格爾（蒙古語潔淨也舊作赤狗兒今改正）
戰於賓州布呼敗之鐵驪王以所部降
松漠紀聞翁舍展（舊作嗢熱者今從八旗姓氏通譜改）國不知其始所居後爲契
丹徙置黃龍府南百餘里曰賓州州近混同江即古之粟末河
也部落雜處以其族之長爲千戶統之
松漠紀聞契丹自賓州混同江北八十里建寨守禦女眞
契丹國志宋政和五年金太祖攻遼破賓州

龍州

遼史龍州黃龍府本渤海夫餘府（詳前渤海條）太祖平渤海還至此
崩有黃龍見更名保甯七年軍將燕頗叛府廢開泰九年遷城
於東北以宗州檀州漢戶一千復置統州五縣三黃龍縣遷民
縣永平縣

金史收國元年八月上親征黄龍府次混同江無舟上乘馬徑涉九月克黄龍府

許亢宗奉使行程錄自信州九十里至富魯（滿洲語優長也舊作蒲里今改）貝勒寨又四十里至黄龍府遼太祖射黄龍於此地自黄龍府東行六十里至托色（滿洲語權也舊作托撒今改）貝勒寨府爲契丹東塞當强盛時俘獲異國人遷徙雜處於此南有渤海北有鐵驪托歡（蒙古語釜也舊作吐渾今改）東南有高麗東有女眞室韋北有烏舍西北有輝和爾党項西南有奚故此地雜諸國風俗

元一統志賓州之西曰黄龍府即石晉少帝初安置之地

遼史益州觀察屬黄龍府統縣一静遠縣

金史收國元年正月上自將攻黄龍府進臨益州州人走保黄龍取餘民以歸留羅索（見前）尼楚赫（滿洲語珠也舊作銀朮可今改）守黄龍上率兵趨達嚕噶城（蒙古語頭目也舊作達嚕古今改）次甯江州西

許亢宗奉使行程錄自托色貝勒寨九十里至曼濟勒噶（蒙古語纓絡也舊作漫七離今改）貝勒寨道旁有契丹舊益州賓州空城又六十里至古烏舍寨寨枕混同江過江四十里至呼勒希（滿洲語愚蒙也舊作和里閑今改）寨又東行五里即有潰堰斷塹自北而南莫知遠近界隔甚明乃契丹昔與女眞兩國古界也八十里直至拉林河

遼史安遠州懷義軍刺史屬黃龍府

遼史威州武甯軍刺史屬黃龍府

契丹國志宋政和五年金太祖攻遼破威州

遼史清州建甯軍刺史屬黃龍府

遼史雍州刺史屬黃龍府

湖州

遼史湖州興利軍刺史渤海置兵事隸東京統軍司統縣一長慶縣

渤州

遼史渤州清化軍刺史渤海置兵事隸東京統軍司統縣一貢

珍縣

郢州

遼史郢州彰聖軍刺史渤海置兵事隸北女眞兵馬司統縣一

延慶縣

銅州

遼史銅州廣利軍刺史渤海置兵事隸北兵馬司統縣一析木縣本漢望平縣地初隸東京後來屬

明一統志析木廢縣在海州衛東南四十里渤海花山縣遼改析木置銅州金屬澄州元省

涑州

遼史涑州刺史渤海置兵事屬南兵馬司詳前渤海條

率賓府

遼史率賓府刺史故率賓國地詳前渤海條

定理府

遼史定理府刺史故挹婁國地詳前渤海條

鐵利府

遼史鐵利府刺史故鐵利國地詳前渤海條

安定府遼史僅存其名不載沿革

長嶺府遼史不詳沿革當仍渤海之舊詳見渤海條

鎮海府

遼史鎮海府防禦兵事隸南女眞湯河司統縣一平南縣

冀州

遼史冀州防禦聖宗建升永安軍

東州

遼史東州以渤海戶

置倘州

遼史倘州以渤海戶置

吉州

遼史吉州福昌軍刺史遼史不詳沿革

麓州

遼史麓州下刺史渤海置見前渤海條

荊州

遼史荊州刺史遼史僅存其名不載沿革

懿州

遼史懿州甯昌軍節度太平三年越國公主以媵臣戶置初曰慶懿軍更曰廣順軍隸上京淸甯七年宣懿皇后進入改今名

統縣二甯昌縣本平陽縣順安縣按遼史有兩懿州一載東京道一載上京道據史初更廣

順軍隸上京則實一州也第此云本越國公主而上京又稱聖宗女燕國長公主爲小異考聖宗女爲越國公主燕長主則聖宗之姑史必有一誤遼東行部誌亦同州在顯州東北三百里西北至上京八百里戶四千

遼東行部誌懿州古遼西郡即柳城之域有寶巖寺遼聖宗女燕長主所建

元一統志豪州本遼時懿州金皇統三年省入順安縣後復置國朝初因之至元六年省入順安縣

明一統志廢懿州在廣甯衛北二百二十里嘗置衛於此永樂八年廢

滕州

遼史滕州昌永軍刺史史不載沿革以州名按之亦嘗爲滕戶所置

順化城

遼史順化城嚮義軍下刺史開泰三年以漢戶置兵事隸東京統軍司

甯州

遼史甯州觀察統和二十九年伐高麗以渤海降戶置兵事隸東京統軍司統縣一新安縣

衍州

遼史衍州安廣軍防禦以漢戶置初刺史後升軍兵事屬東京統軍司統縣一宜豐縣

金史遼舊衍州安廣軍皇統三年廢爲宜豐縣有東梁河（按遼志東梁河亦曰大梁河今太子河也舊名衍水燕太子丹亡匿衍水即此遼之州名當取諸此）

明一統志宜豐廢縣在遼東都司城西南一百里遼置衍州金屬遼陽府元省入遼陽

連州

遼史連州德昌軍刺史以漢戶置兵事屬東京統軍司統縣一

安民縣

歸州

遼史歸州觀察太祖平渤海以降戶置後廢統和二十九年伐

高麗以所俘渤海戶復置兵事屬南女眞湯河司統縣一歸勝

縣

蘇州

遼史蘇州安復軍本高麗南蘇城興宗置州兵事屬南女眞湯

河司統縣二來蘇縣懷化縣

松漠紀聞東京有蘇扶等州蘇與中國登州青州相直東丹王

封於此謂之人皇王不得立自蘇乘筏浮海歸唐

鴨江行部誌自永康次順化營中途望西南兩山巍然浮於海

上訪諸野老云此蘇州關也遼之蘇州今爲化成縣關禁設自

有遼以其南來舟楫非出此途不能登岸相傳隋唐之伐高麗

兵糧戰艦亦自此來南去百里有山曰鐵山常屯甲士七千人

以防海路

復州

遼史復州懷德軍節度興宗置兵事屬南女眞湯河司統縣二

永寧縣德勝縣

元一統志廢復州本遼遷民縣屬黃龍府後置復州號永寧軍節度改縣曰永寧後又更名爲永康省豐水扶羅入焉金因之所居皆漢民地甚肥沃有耕稼之利按前明設復州衛本朝仍爲復州

肅州

遼史肅州信陵軍重熙十年州民亡入女眞取之復置兵事隸北女眞兵馬司統縣一清安縣

許亢宗奉使行程錄自咸州四十里至肅州又五十里至同州

遼東行部誌清安縣世傳遼太祖始置爲肅州金爲縣

元一統志清安縣故城在咸平府西北舊肅州

安州

遼史安州刺史兵事隸北女眞兵馬司

遼東行部誌歸仁縣遼時爲安州

元一統志歸仁縣故城在咸平府北舊安州

榮州

率州

荷州

源州

渤海州以上五州遼史僅載其名不詳沿革

甯江州

遼史甯江州混同軍觀察凊甯中置初防禦後升兵事屬東京

統軍司統縣一混同縣

金史本紀太祖進軍甯江州十月朔克其城攻拉林城

大金國志太祖十三年起兵攻混同之東甯江州敗高仙壽取甯江遼再遣蕭嗣先屯珠赫滿洲語冰也舊作出河今改店臨白江與寧江州女眞兵對壘女眞潛渡混同江掩擊之嗣先兵潰

松漠紀聞甯江州去冷山百七十里地苦寒多草木如桃李之類皆成園至八月則倒置地中封土數尺季春出之否則凍死每春冰始泮遼主必至其地鑿冰釣魚放弋爲樂蹔金祖起兵首破此州

河州

遼史河州德化軍置軍器坊詳前渤海條

祥州

遼史祥州瑞聖軍節度興宗以鐵驪戶置兵事隸黃龍府都部署司統縣一懷德縣

契丹國志宋政和五年金太祖攻遼破祥州

金史太祖十三年烏達布滿洲語買也舊作吾睹補今改復敗徹格爾蕭伊蘇蒙古語九數也舊作乙薛今改於祥州東斡琿滿洲語臭也舊作斡忽今改等兩路降

遼營衛　阿延女眞

遼史阿延滿洲語尊大也舊作奥衍今改女眞部聖宗以女眞戶置隷北府節度使屬西北招討司戍鎮州境

伊德女眞

遼史伊德蒙古語令食也舊作乙典今改女眞部聖宗以女眞戶置隸南府居高州北

五國部

遼史五國部博和哩滿洲語豌豆也舊作剖阿里今改國博諾滿洲語雹也舊作盆奴今改國鄂羅木蒙古語渡口也舊作奥里米今改按甯古塔東北有鄂羅木噶珊國伊埒圖滿洲語明顯也舊作越里篤今改國伊勒希滿洲語副也舊作越里吉今改國聖宗時來附居本土以鎭東北重熙六年設節度使領之

大金國志宋二帝自韓州徙五國城五國城者在西樓東北千里

北盟會編五國之東接大海出海東青女眞每發甲馬千餘人入五國界即東海巢穴取之與五國戰鬭而後得

金史景祖時五國博諾（舊作蒲聶即盆奴也今併改）部節度使叛遼鷹路不通景祖襲而擒之

金史遼咸雍八年五國穆延（舊作沒撚今從八旗姓氏通譜改）部舍音（滿洲語白色也）（舊作謝野今改）貝勒叛遼鷹路不通景祖伐之舍音敗走

元一統志開元路三京故國五國舊城東北一都會也（按元之開元路所統至廣據元一統志所載長白山亦在境內東極於使犬路非止今一縣地也）

元一統志混同江發源長白山北流經渤海建州西五十里會諸水東北流經上京下達五國頭城北又東北注於海

明一統志五國頭城在三萬衛北一千里自此而東分爲五國

舊傳宋徽宗葬於此按五國城之說不一或謂甯古塔東松花黑龍二江合流之處有土城焉或以爲在朝鮮北境近甯古塔有故城在山上或以爲去燕京三千八百里西至黃龍府二千一百里或謂甯古塔相近槍頭街有舊城址五疑即是也據金太宗本紀云天會六年徙昏德公重昏侯於韓州八年再徙呼爾哈路則實在甯古塔也宋史稱韓州五國城誤合爲一地第諸書皆約略之辭未有實據今三姓地方相傳有五國城遺址

謹按遼東北之境與完顏部爲鄰白山黑水雖隔封外而壤地相錯經界分合之故史乘尚有可稽其最近者上京之長春州東京之甯江州皆混同江之地長春州遼時春蒐巴納在焉甯江則金太祖起兵首集大勳於此按之

皇輿全圖長春當近白都訥甯江實傍拉林河次若黃龍府賓咸等州並都會衝要遼金百戰之區亦與混同江相近行程里數具存其餘遼瀋諸州東京規畫所關不容罣漏且里至遠近亦藉以考見若中京則相去稍遠不復贅列焉至遼金舊界諸書尚約略可考遼史營衛志所載阿延伊德二部蓋女眞之係遼籍

者五國城之說紛然不一遼史各有國名大約在甯古塔以東
東接大海而五國城則爲五國至遼總集之所蓋五國部節度
使所治之城所云自此而東分爲五國者近之亦不越甯古塔
境內初不必有舊城址五而後爲是也並附於末用資參考云

欽定滿洲源流考卷十一

欽定滿洲源流考卷十二

疆域 五

金上京

金史上京路海古勒解見前之地金舊土也按此下金史原文云國言金曰按出虎以按出虎水源於此故名金源建國之號蓋取諸此考滿洲語金曰愛新金史舊解以金為按春滿洲語耳墜也耳墜以金為之因誤為金并按出虎亦誤為金吉林境內無愛新水亦並無按春水以音與地考之當為今阿勒楚喀河河源在吉林城東北據松漠紀聞北盟會編大金國志等所載金上京行程過拉林河一程即至上京驛館拉林河東去阿勒楚喀不過百餘里阿勒楚喀河源在吉林城東北三百里拉林河源在吉林城東北二百二十五里核之諸書所載上京宮闕在混同江東二百六十里去拉林河一百七十五里者俱約略相合此按出虎即阿勒楚喀之明證也至金太祖建國號之詔見於本紀及北盟會編所引太祖實錄云契丹以鑌鐵為國號鑌鐵雖堅終有銷壞惟金一色最為眞實自今本國可號大金兩處所載詔旨皆同並未云有金水源而金源縣名遼時已有之遼屬中京金屬北京以地有金甸而名在今喀喇沁右翼界與金初起之地無涉史誤以阿勒楚喀為按出虎又誤以按出虎為金舛錯附會殊不足據也國初稱為內地天眷元年號上京海陵遷都於燕削上京之號止稱會甯府大定十三年

復爲上京其山有長白青嶺瑪奇滿洲語蘇纓也舊作馬紀今改正嶺溫都爾蒙古語高也舊作完都魯今改正水有阿勒楚喀混同拉林松阿哩鴨子河按此則金上京正我朝創業之地並詳後山川門府一領節鎮四防禦一縣六鎮一舊有會平州天會二年築契丹之珠敦滿洲語山梁也舊作周特今改正城也後廢

其宮室有乾元殿天會三年建天眷元年更名皇極慶元宮天會十三年建殿曰辰居門曰景暉天眷二年安太祖以下御容爲原廟朝殿天眷元年建殿曰敷德門曰延光寢殿曰宵衣書殿曰稽古又有明德宮明德殿熙宗嘗享太宗御容於此涼殿皇統二年建門曰延福樓曰五雲殿曰重明東廡南殿曰東華次曰廣仁西廡南殿曰西清次曰明義重明後東殿曰龍壽西殿曰奎文時令殿及其門曰奉元有泰和殿武德殿薰風殿行宮有天開殿約羅蒙古語旱鵰也舊作爻剌今改正春水之地有混同江行宮興聖宮德宗所居也天德元年名爲興德宮後改名永祚宮睿宗所居也光興宮世宗所居也正隆二年命吏部郎中蕭彥良盡毀舊址大定二十一年復修建二十三年以甓束城有皇武殿擊毬校射之所也有雲錦亭有臨漪亭爲籠鷹之所在阿勒楚喀水側

金史金之先君肅慎另見前條地有混同江長白山混同江亦號黑

龍江（按混同江為松阿哩烏拉黑龍江為薩哈連烏拉原係二水而史合言之蓋因二水下流會合故也）所稱白山黑水是也始祖居完顏部布爾噶水之涯弟博和哩居扎蘭（滿洲語隊伍也舊作耶懶今改）至獻祖徙居海古勒水始有棟宇之制遂定居於阿勒楚喀之側昭祖耀武至於青嶺白山順者撫之不從者討之（按白山為肅愼舊壤第部族散居昭祖始統屬之耳）景祖稍役屬諸部自白山葉赫（舊作耶悔今改正按國初有葉赫國因居葉赫河邊遂為國名此與白山圖們並言蓋亦部族之居近是河者）圖們（舊作統門今改正按圖們江在甯古塔城南六百里源出長白山東北流繞朝鮮北界復東南折入海）扎蘭以至五國（見前遼五國部條）之長皆聽命時遼邊民有逃而歸者鐵驪（見前靺鞨條）烏舍之民亦來歸前後願附者衆鄂敏（滿洲語飲也舊作斡泯今改）水富察（舊作蒲察今從八旗姓氏通譜改）部特克紳特布（滿洲語特克紳整齊也特布裝載也舊作泰神忒保今改）水完顏部圖們水溫特赫（舊作溫迪痕今從八旗姓氏通譜改）部舍音水完顏部皆來附

金史太祖進軍次寥晦城諸路兵皆會於拉林水遇遼軍敗之

進軍甯江州諸軍塡塹攻城十月朔克其城鐵驪部來送款次拉林城拜格（蒙古語令其停止也舊作䨱古今改正）之長和索哩（滿洲語麸皮也舊作胡蘇魯今改正）以城降（按松漠紀聞上京至拉林一百五十里拉林至混同江一百十里太祖會兵拉林河克甯江州次拉林城則甯江城正與拉林河相近）

金史太宗天會二年四月以實古納（蒙古語審問也舊作實古迪今改正）所築上京新城名會平州

金史熙宗天眷元年八月以京師爲上京府曰會甯舊上京爲北京十一月以康宗以上畫像工畢奠獻於乾元殿十二月新宮成二年九月初居新宮立太祖原廟於慶元宮皇統三年初立太廟社稷（按史所云舊上京據大金國志蓋遼之上京也）

松漠紀聞自上京至燕二千七百五十里（按自京師至盛京一千五百餘里盛京城至吉林八百餘里阿勒楚喀河源在吉林東北三百里綜計之與此約略相合）三十里至會甯頭鋪四十五里至第二鋪三十五里至阿薩爾（蒙古語門也舊作阿薩今改正）鋪

四十里至拉林河四十里至巴達滿洲語張大也舊作報打今改正鋪七十里至賓州渡混同江按此與北盟會編行程錄所載里數俱同可見金之上京實在今甯古塔之西混同江之東其去混同江二百六十里以今道里按之當在色齊窩集左右色齊窩集嶺上有故城址相傳爲金時關門蓋自船廠東十里過混同江至尼什哈站三十里至交密峰四十里至額赫穆站十里至納穆窩集三十里至山神廟五十里至拉發站七十里至推屯站三里至色齊窩集又東三百九十里至甯古塔色齊窩集在吉林城外混同江東二百四十餘里而拉林河源之拉林山在城東北二百四十五里阿勒楚喀河源之嘉松阿山在城東北三百里俱屬相近　本朝康熙十六年甯古塔章京薩布素以繩量道里兩庹爲丈百八十丈爲里自甯古塔西關門量至吉林東關門凡九萬八千丈爲五百五十里後分八站作六百三十里雖古今里數未必盡同然正約略可見耳

北盟會編出榆關以東第三十八程至拉林河皇輿全圖拉林河在阿勒楚喀河之西相去不過百餘里據此自拉林一程至上京與松漠紀聞言相去一百五十里者合則按出虎之爲阿勒楚喀無疑終日之內山無寸木地不產泉又行五里至矩古唐古特語矩十數也古身也舊作句孤今改貝勒寨第三十九程至館去上京尚十里餘翌日馬行可五七里一望平原曠野又一二里云近闕去轍蓋復北百

餘步有阜宿圍繞高丈餘皇城也至門就龍臺下馬行入宿圍
朝見即捧國書自山棚東入山棚左曰桃源洞右曰紫極洞中
作大牌題曰翠微宮高五七尺以五綵間結山石及仙佛龍象
之形殿七間甚壯額曰乾元殿階高四尺許階前作壇方數丈
名龍墀
北盟會編自拉林河國主所居東行約五百里皆平原草莽絕
少民居每三五里之間有一二族帳每族帳三五十家
許亢宗奉使行程錄雄州啓行第三十三程自黃龍府東行二
百十里至古烏舍寨寨枕混同江湄寨前高岸有柳樹沿路設
行人幕次於下金國太師李靖所居靖累使宋朝此排中頓飲
食精細時當仲夏藉樹蔭俯長江槃礴少頃殊忘鞍馬之勞過
江四十里宿呼勒希見前卷寨三十六程自呼勒希寨東行五里
契丹與女眞舊界也八十里至拉林河行終日無寸木地不產

泉人攜水以行渡河五里至矩古貝勒寨第三十七程自矩古寨七十里至達河寨第三十八程自達河寨四十里至布達梵語門也舊作蒲撻今改正寨三十九程自布達寨二十里至烏舍解見前此訛兀室今併改郎君宅又三十里至館此去北庭尚十里按此與北盟會編所載里數皆同自雄州起至金都會甯府共二千七百五十里上京宮闕在拉林河東一百七十五里正與阿勒楚喀河源相近也

大金國志女眞世居長白山之東南隣高麗北接室韋西界渤海東瀕海國初城郭散居呼曰皇帝寨國相寨太子莊後升曰會甯府建爲上京其遼之上京改作北京城邑宮室無異中原州縣廨宇制度草創

大金國志皇統六年春三月上以上京會甯舊內太狹役五路工匠撤而新之規模倣汴京

大金國志天德四年自會甯遷都於燕以舊上京爲北京

元一統志混同江自長白山北流經建州另條見前西五十里會諸

水東北流經故上京下達五國城北又東北注於海

會甯府

金史會甯府初爲會甯州太宗以建都升爲府天眷元年置上京留守司以留守帶本府尹兼本路兵馬都總管後置上京海蘭甯古塔河名舊作曷懶今改等路提刑司戶三萬一千二百七十東至呼爾哈甯古塔河名舊作胡里改今改路六百三十里按今自吉林烏拉至甯古塔城七站六百五里亦約略相同也北至夫餘另條見前舊作蒲與今改正路七百里東南至率賓舊作恤品今改路一千六百里按渤海以率賓故地爲率賓府領華益建三州明統志率賓河在建州東南路名當取諸此上京廣輪千里有餘白山黑水皆在焉即我朝肇興之地也南至海蘭路一千八百里按元史云海蘭路南近高麗考海蘭河凡數處今取其近高麗者又原文脫南字今據元史增縣三會甯縣倚與府同時置有長白山青嶺瑪奇嶺巴延滿洲語富也舊作勃野今改淀綠野淀阿勒楚喀河混同江有得勝陀國言額特赫噶珊舊作忽土皚葛蠻今改正滿洲語額特赫勝也噶珊村也原解是而譯訛太祖誓師之地也曲江縣初名鎭東

按今甯古塔城西南八十里有蓮花池相傳爲金時之曲江大定七年置十三年更今名宜春縣大定七年置有鴨子河

元一統志長白山在舊會甯縣南六十里按長白山橫亙千里而望祭之溫德亨山實在吉林城西南九里則會甯即吉林之地明矣

元一統志上京故城古肅慎氏地渤海另條見前大氏改爲上京金既滅遼即上京建邦設都後改會甯府京之南曰建州京之西曰賓州舊作濱州蓋傳寫之誤今改正又曰黃龍府原文此下云即渤海之忽汗部後爲龍泉府考龍泉府即渤海之上京忽汗州也忽汗爲甯古塔之呼爾哈河此殊舛誤今刪去附訂於此

元史開元路古肅慎之地隋唐曰黑水靺鞨另條見前東瀕海南界高麗西北與契丹接壤即金祖之部落也據此則元初開元一路所轄至廣凡吉林甯古塔等地皆在其中矣金太祖既滅遼即上京設都海陵遷都於燕改爲會甯府

肇州

金史肇州防禦使舊珠赫舊作出河解見前店也天會八年以太祖兵勝遼肇基王迹於此遂建爲州天眷元年置防禦使隸會甯府海陵時嘗爲濟州支郡承安二年復以太祖神武龍興之地升爲節鎮軍名武興五年置漕運司以提舉兼州事後廢軍貞祐二年復陞爲武興軍節鎮置招討司以便兼州事戶五千三百七十五縣一始興倚與州同時置有鴨子河黑龍江按此所云黑龍江實指混同江而言蓋因下流會合致誤詳見前混同江一名黑龍江注

金史遼蕭嘉哩滿洲語巡察也舊作糺里今改托卜嘉滿洲語膝也舊作撻不野今改等將步騎十萬會於鴨子河北太祖自將擊之黎明及河遼兵方壞陵道選壯士十輩擊之大軍繼進遂登岸與敵遇於珠赫店會大風起塵埃蔽天乘風擊之遼兵潰逐至沃楞滿洲語水紋也舊作斡論今改濼殺獲無算遼人嘗言女眞兵若滿萬則不可敵至是滿萬云

北盟會編遼天慶四年金太祖會集諸部全裝軍二千餘騎首

破混同江之甯江州大敗渤海之衆獲甲馬三千又敗蕭嗣先於珠赫店及拉林河黃龍府咸州好草峪四路都統誅斬不可勝計據此則肇州在拉林河之東吉林之北

元一統志上京之北曰肇州治始興縣金皇統三年置按置州年號與金史異史言黑龍江在州境與所言上京之北正合又金史帝紀即稱混同一名黑龍江故史多以混同江爲黑龍江

隆州

金史隆州利涉軍節度古夫餘之地遼太祖時有黃龍見遂名黃龍府另條詳前天眷三年改爲濟州以太祖來攻城時大軍徑涉不假舟楫之祥也置利涉軍天德二年置上京路都轉運司四年改爲濟州路轉運司大定二十九年更今名貞祐初升爲隆安府戶一萬一百八十縣一利涉倚與州同時置有混同江拉林河鎭一原本不載鎭名與縣同時置有混同館

金史收國元年正月上率兵趨達嚕噶解見前城次甯江州西逐

北至阿嚕（蒙古語山陰也舊作阿婁今改）岡三月辛未朔獵於冢晦城七月九百奚營來降八月親征黃龍府次混同江無舟上使一人前導乘赭白馬徑涉曰視吾鞭所指而行諸軍隨之後使舟人測其渡處深不得其底熙宗天眷二年以黃龍府爲濟州軍曰利涉蓋以太祖涉濟故也九月克黃龍府班師至江徑渡如前丁丑至自黃龍府己卯黃龍見空中

金史天輔二年以羅索言黃龍府地僻且遠宜重戍守乃合諸穆昆以羅索爲萬戶鎮之金完顏羅索碑天會八年葬於濟州之東南昂吉里（按羅索墓在今吉林城西北二百餘里博屯山北無名小山此濟州之東南界也濟州即遼之黃龍府據許亢宗奉使行程錄黃龍府在拉林河西三百三十五里餘詳前黃龍府條）

松漠紀聞自上京百五十里至拉林河一百十里至賓州渡混同江七十里至北易州（按易州當即益州音相同而誤）五十里至濟州東鋪二十里至濟州一百八十里至信州北

信州

金史信州彰信軍刺史本渤海懷遠軍（另條見前）遼開泰七年置戶七千三百五十九縣一武昌本渤海懷福縣

元一統志信州在黃龍府西治武昌縣金皇統二年置

全遼志開原東北至信州三百十里（按信州故城在今科爾沁左翼東南三百八十里周一里門八土人猶呼信州城）

夫餘路

金史夫餘路國初置萬戶海陵例罷萬戶改置節度使承安三年設節度副使南至上京六百七十里東南至呼爾哈路一千四百里北至和羅和屯（滿洲語和羅谷也和屯城也舊作火魯火疃今改）三千里（按開原東北千餘里皆古夫餘國之境此路之所由名也餘並詳前夫餘條）

金史金之封疆東極濟喇敏（滿洲語厚也舊作吉里迷今改）烏達噶（蒙古語次數也舊作兀的改今改）之境北自夫餘路之北三千餘里和羅和屯穆昆地爲

邊。

元史夫餘（舊訛浦峪今併改）路屯田萬戶府世祖至元二十九年十月以蠻軍三百戶女眞一百九十戶於咸平府屯種三十年命本府萬戶領其事仍於楚勒罕（滿洲語閱兵也舊作茶剌罕今改）拉林（舊訛剌憐以音與地考之當即今拉林河今併改）等處立屯仁宗大德二年撥蠻軍三百戶屬肇州蒙古萬戶府止存女眞一百九十戶依舊立屯爲田四百頃

（按元之浦峪即今之浦與音近而字異也元時無此路名蓋仍金舊）

海蘭路

金史海蘭路置總管府貞元元年改總管爲尹仍兼本路兵馬都總管承安三年設副總管有伊勒呼（滿洲語一順也舊作移鹿古今改）水西北至上京千八百里東南至高麗界五百里（按吉林甯古塔界內國初猶有海蘭路之名又 皇輿全圖海蘭河不一其與高麗相近有安巴海蘭必喇阿濟格海蘭必喇在甯古塔南四百一十里合流入布爾哈圖河以達噶哈哩河又甯古塔城西北二百里有海蘭窩集綿亙數百里別有海蘭河出焉東流入呼爾哈河則元時

海蘭府碩達勒達路明時海蘭衛所在與金時海蘭路之南近高麗者似非一處然今甯古塔城南至圖們江朝鮮界六百里而南北皆有是河則自海蘭窩集延袤至大小海蘭河其皆金時海蘭路一帶舊境歟

金史景祖時海蘭[舊作孩懶音之轉也今併改]烏淩阿[舊作烏林答今從八旗姓氏通譜改]部錫馨[滿洲語房簷也舊作石顯又作星顯今改]扼阻不服攻之

金史景祖為人寬恕海蘭水有率衆降者錄其歲月姓名即遣去俾復其故

金史自景祖以來兩世四主志業相因卒定離析一切治以本部法令東南至於伊勒呼海蘭扎蘭托卜古倫東北至於五國矩威[唐古特語矩十數也威中也舊作主威今改]圖塔[滿洲語存留也舊作禿荅今改]金蓋盛於此

金史穆宗末年德濟[滿洲語上分也舊作達紀今改正]誘扇邊民海蘭甸人執之康宗遺使撫納

金史康宗四年高麗築九城於海蘭甸以兵數萬來攻斡色[滿洲語瓦也舊作斡賽今改]敗之亦築九城與高麗九城相對高麗復來攻斡

色復敗之高麗約以還逋逃之人退九城之軍復所侵故地方罷兵按皇輿全圖鳳凰城東南有九連城與朝鮮之義州愛州相近當即其遺址也

金史收國三年海蘭甸長城高麗增築三尺詔愼固營壘

金史天會二年海蘭路軍帥呼嚕古蒙古語手指也舊作忽剌古今改等言往者歲捕海狗海東青鵶鶻於高麗之境近以二舟往彼乃以戰艦十四要而擊之盡殺二舟之人上曰以小故起戰爭甚非所宜今後非奉命毋輒往

金史天會九年正月命以圖們水以西和屯錫馨並見前珊沁滿洲語山寨也舊作僝蠢今改三水以北閑田給海蘭路諸穆昆

元一統志海蘭河經渤海建州東南一千里入於海

率賓路

金史率賓路節度使遼時爲率賓府置刺史本率賓故地詳前渤海率賓府條太宗天會二年以扎蘭路都貝勒所居地瘠遂遷於此以

海陵例罷萬戶置節度因名率賓路節度使世宗大定十一年以扎蘭率賓相去千里既居率賓不可忘本遂命名親管明安曰扎蘭明安承安三年設節度副使西北至上京一千五百七十里東北至呼爾哈一千一百里西南至海蘭一千二百里北至邊界三千里

金史昭祖耀武至率賓扎蘭之地所至克捷

金史穆宗時圖們琿春舊作渾蠢今改正按琿春河在甯古塔東南圖們江之東水之交烏庫哩舊作烏古論今從八旗姓氏通譜改部埒克滿洲語礪石也舊作留可今改卓多滿洲語織也舊作詐都今改與率賓水烏庫哩達薩塔滿洲語整理也舊作敵庫德今改起兵於穆嚕密斯罕滿洲語穆嚕形像也密斯罕墨線也舊作米里迷石罕今改城太祖往攻破之撫甯諸路如舊因致穆宗教圖們琿春葉赫錫馨四路及嶺東諸部自今勿復稱都部長

金史康宗使碩碩歡滿洲語總也舊作石適歡今改撫定邊民率賓水民不聽

命使威泰蒙古語有記性之謂舊作斡帶今改等至和囉噶蒙古語牆圈也舊作活羅海今改川召諸官僚告諭之率賓水居沃赫滿洲語石也舊作斡豁今改貝勒不至烏塔滿洲語奶糕也舊作塢塔今改伐沃赫克之

金史太宗天會二年二月命徙扎蘭路都貝勒完顏忠於率賓水

哈斯罕路

金史哈斯罕解見前卷路置節度使天會七年徙治甯州嘗置都統司明昌四年廢有化成關

通考遼遷女眞大姓於遼陽之南而著籍焉使不得與本國往來謂之哈斯罕按金史哈斯罕在遼陽府之長宜鎮及蓋州等處又河西亦有之蓋又別經遠徙者耳

金史呼實默滿洲語包裹也舊作胡十門今改以哈斯罕歸太祖自言始祖兄阿庫納滿洲語普遍也舊作阿古迺今改後

金史天輔三年五月詔咸州路都統司曰兵興以前哈斯罕輝

發舊作回怕里又作回霸今改正詳下咸平府條內與係遼籍不係遼籍女眞戶民有流竄邊境或亡入於遼者當行理索可明諭諸路千戶穆昆徧與詢訪其官稱名氏地里具錄以上

金史天會二年命南路軍帥以甲士千人益哈斯罕路以備高麗

金史天會七年十一月徙哈斯罕都統司治甯州

元史至元二十六年分京師應役新附軍一千人屯田哈斯罕關東荒地

呼爾哈路

金史呼爾哈路國初置萬戶海陵例罷萬戶乃改置節度使承安三年置節度副使西至上京六百三十里北至邊界哈喇巴圖蒙古語哈喇黑色也巴圖結實也舊作合里賓忒今改千戶一千五百里按呼爾哈路爲渤海上京詳見前渤海條

金史天會六年徙昏德公重昏侯於韓州八年徙呼爾哈路

烏爾古德埒勒統軍司

金史烏爾古德埒勒統軍司後升爲招討司與夫餘路近按烏爾古德埒勒爲遼國外十部之二烏爾古一部德埒勒八部不能成國附庸於遼時叛時服各有職貢猶羈縻州也見於遼營衛志部族表史言與夫餘路近當俱在吉林之北

咸平路　咸平府

金史咸平路府一領刺郡一縣十

金史咸平府總管府安東軍節度使本高麗銅山縣地遼爲咸州國初爲咸州路置都統司天德二年八月陞爲府後爲總管府置遼東路轉運司東京咸平路提刑司戶五萬六千四百四縣八平郭縣倚舊名咸平大定七年更銅山縣遼同州本漢襄平縣遼太祖時以東平寨置南有柴河北有清河西有遼河按柴河在今鐵嶺縣城北二里清河在今開原縣城南二里俱西入遼河則銅山一縣正在開原之南鐵嶺之北也新興縣

遼銀州本渤海富州（另條見前）熙宗皇統三年廢州更名來屬南（刻本脫南字今據統志增）有范河北有柴河西有遼河（按范河在今鐵嶺縣城南三十里清河在開原縣城南二里則新興固北與銅山接界在鐵嶺地爲多又鐵嶺縣東有故新興城則遼時所置金仍其名而稍移其地詳見前靺鞨及渤海富州條內）慶雲縣遼祺州本以所俘密雲民建州名密雲後更名有遼河（按今慶雲堡在開原縣城西亮子河由此入開原境）清安縣遼肅州熙宗皇統二年降爲縣（按清安本遼肅州縣名見前遼東京條）榮安縣東有遼河歸仁縣遼舊隸通州本渤海强師縣（另條見前）遼更名金因之北有細河玉山縣章宗承安三年以穆蘇集平郭林河之間相近六百餘里之地置貞祐二年四月升爲節鎮軍曰鎮安

金史烏楞古（舊作斡魯古解見前）敗遼軍於咸州西斬遼統軍於陣完顏羅索克咸州

通考契丹時自咸州東北分界入山谷至粟末江中間所居之女眞隸咸州兵馬司與其國往來無禁謂之輝發（舊作回霸今改正按國

初輝發國於輝發河邊扈爾奇山築城以居因號輝發國其名當本於此

金王寂遼東行部志慶雲縣本遼祺州歸仁縣遼安州柳河縣舊韓州也先徙州於奚營後改爲縣以地近柳河故名之乙亥次韓州州故城在遼水側常苦風沙移於白塔寨又爲遼水所侵移於今柳河縣又以地非衝途徙於舊九百奚營即今所治是也丁巳次哈達舊作胡底今改正千戶寨哈達漢言山也按哈達滿洲語峰也此解近是而實誤以寨居山下故名戊午次達巴罕舊作南謀懶今改正千戶寨達巴罕漢言嶺也以其近分水嶺故名己未次桑阿舊作松瓦今改正千戶寨桑阿者城也按滿洲語桑阿孔也此解爲城誤寨近高麗舊城故名辛酉次布拉克舊作闢羅今改正寨布拉克漢語煖泉也按蒙古語布拉克泉也此解近似以山間流水一股經冬不冰故名壬戌次奎千戶寨奎漢言清河也按蒙古語奎村莊也與清河無涉此解誤宿雅塔喇庫舊作耶嗒喇虎今改正寨漢言火鐮火石按滿洲語雅嗒喇庫火鐮也此解近似癸亥次和勒敦舊作和魯奪徒今改正千

戶寨和勒敦漢言松山也按滿洲語和勒敦果松也此解近似宿茂摩囉舊作蒙古魯今改正寨漢語木盂子也按滿洲語茂摩囉木碗也庚子次博羅和屯舊作鼻里合土今改正千戶寨博囉和屯漢言范河也按博囉蒙古語靑也和屯滿洲語城也此解殊誤辛丑次咸平府宿府治之安忠堂遼爲咸州本朝初置咸州詳衮司後升咸平府己酉宿淸安縣治之生明堂世傳遼時爲肅州本朝爲縣甲寅宿銅山縣遼之同州也本朝爲東平縣焉

松漠紀聞自信州之北西行三百七十里至咸州南鋪四十里至同州南鋪四十里至銀州南鋪五十里至興州四十里至蒲河四十里至瀋州按自咸州至瀋州二百十里咸州應在今開原站威遠堡之間以今道里計之奉天府四十里至蒲河三十里至懿路站六十里至鐵嶺縣六十里至開原縣即遼同興等州所轄之地又十五里至開原站十五里至開威遠堡門許亢宗奉使行程錄瀋州七十里至興州興州五十里至銀州銀州四十里至咸州咸州北行九十里至同州同州四十里至信州與洪皓所記異蓋地本犬牙相錯而取道之南北亦時有不同也

元一統志咸平府秦築障塞以限要荒漢唐嘗置都督府負山

阻河控制東土

元一統治遼河從咸平府界流經瀋陽西北達廣甯路境按遼河出吉林西北窩集爲赫爾蘇河合諸水北流自赫爾蘇邊門至科爾沁界又西北繞鄧子村又西南折與潢河會遼西南流至開原明安貝勒屯東十里入邊以達於鐵嶺承德自威遠堡門東行九十里至葉赫站八十里至赫爾蘇站此咸平府東北之界也其北境出開原邊外與韓州爲鄰韓州金隸咸平府

元一統志清安縣故城在咸平府西北舊肅州金皇統三年改爲縣後廢城址猶存歸仁縣故城在咸平府北舊安州見前遼東京條皇統三年改爲縣後廢城址猶存

元一統志銅山郡故城在咸平府南後廢按此即金之銅山縣

韓州

金史韓州刺史遼置東平軍本渤海鄚頡府另條見前戶一萬五千四百一十二縣二臨津倚未詳何年置柳河本渤海粵喜縣另條見前遼以河爲名有枸河柳河按元一統志第言地近柳河盛京通志有柳河而無枸河惟遼河

一名巨流一名句驪又名枸柳河相傳謂是枸河柳河合流之處今考柳河源出遼陽州城東北西北流入十里河十里河舊名稠柳河源出遼陽城北西北流至楊家灣合沙河入渾河渾河入遼河則枸河或即十里河但十里河與柳河合流之處去巨流河尚遠而遼河之大豈因二小水得名舊志未足爲據句驪巨流枸柳音相同而字異實即遼河而金史誤分枸柳爲二河耳考遼河自吉林西四百餘里庫呼訥窩集發源西北流至科爾沁左翼東南四百五十里經額勒金山又西北流入左翼後旗界又西南流合潢河入開原邊韓州故城當與今科爾沁左翼東南四百七十里之阿里瑪圖城相近科爾沁隋唐屬粤喜靺鞨其地有遼河並無柳河也餘詳靺鞨及渤海鄚頡府條又土默特右翼有柳河東南流入大淩河地雖近於韓州然與遼河枸柳之稱又不相涉

元一統志臨津縣廢城在咸平府遺址猶存柳河縣以近柳河故名今城址猶存

金東京　遼陽府

金史東京路府一領節鎮一刺郡四縣十七鎮五皇統四年立東京新宮

金史遼陽府東京留守司本渤海遼陽故城詳見渤海條遼名東京

詳前遼東京條太宗天會十年改南京路平州軍帥司爲東南路都統司之時嘗治於此以鎮高麗後更置留守司縣四遼陽縣倚有東梁河國名烏勒呼滿洲語蘆葦也舊作兀魯忽今改必喇俗名太子河鶴野縣宜豐縣遼舊衍州詳見遼東京條皇統三年廢爲縣有東梁河石城縣興定三年九月以縣之靈巖寺爲巖州名其倚郭縣曰東安置行省鎮一長宜哈斯罕在其地

元史遼陽路唐以前爲高麗及渤海所有梁貞明中契丹太祖以遼陽故城爲東平郡後唐升爲南京石晉改爲東京按後唐石晉不應置京邑於遼陽史殊舛誤蓋並係遼事當五代爲唐晉時耳金置遼陽府

澄州

金史澄州南海軍刺史本遼海州詳前渤海及遼東京條海州原文訛海軍今改正天德三年改州名縣二臨溟析木遼銅原本訛同據遼史改州附郭析木縣也皇統三年廢州來屬有沙河鎮一新昌

瀋州

金史瀋州昭德軍刺史本遼定理府（詳見渤海及遼東京條）地明昌四年與通貴德澄三州皆隸東京縣五樂郊有渾河章義遼舊廣州皇統三年來屬有遼河東梁河遼河大口遼濱遼舊遼州皇統三年廢爲縣挹婁遼興州常安縣本挹婁故地（另條見前）大定二十九年更名有范河淸河國名奎必喇（舊作叩隈必喇解見前）雙城遼雙州皇統三年降爲縣章宗時廢

貴德州

金史貴德州刺史遼置（詳前渤海及遼東京條）縣二貴德（倚）有范河奉集遼集州奉集縣本渤海舊縣有渾河

蓋州

金史蓋州奉國軍節度本高麗蓋葛牟城遼辰州（詳前渤海及遼東京條）明昌四年罷哈斯罕建辰州六年以與陳同音更名縣四湯池

遼鐵州湯池縣建安遼縣秀巖本大甯鎮明昌四年陞泰和四

年廢貞祐四年復置按秀巖即今岫巖城熊岳遼盧州熊岳縣鎮二神鄉

大甯即秀巖

復州

金史復州刺史遼懷遠軍節度明昌四年降爲刺史縣二永康

化成遼蘇州皇統三年降爲縣來屬貞祐四年陞爲金州鎮

一歸勝

來遠州

金史來遠州舊來遠城見前遼東京條本遼熟女眞地大定二十二年

升爲軍後爲州

博索府

金史博索滿洲語山陰也舊作婆娑今改府初置統軍司天德二年置總管府

貞元元年與海蘭路總管並爲尹兼本路兵馬都總管此路皆

明安戶

元史元初以博索府廣甯府等作四路至元十七年以博索府屬遼陽行省後廢博索府爲巡檢司

元史東甯路本高句驪平壤城高麗王建以爲西京元至元六年李延齡等以府州縣鎮六十城來歸八年改西京爲東甯路割靜州義州麟州威遠鎮隸博索府按此爲高麗之平安道義州在鴨綠江入海之處平壤西北四百二十里

唐賈耽道里紀登州東北海行入鴨綠江口舟行百餘里又小舫泝流三十里至泊汋口得渤海之境按此自登州海行之路渡遼水五百里至安東都護府府故襄平城也按襄平漢縣名在遼陽北七十里漢遼東郡治東南至平壤城八百里西南至建安城三百里故平郭縣也南至鴨綠江北泊汋城七百里故安平縣也按此爲自營州陸行之路安平係西安平泊汋口泊汋城當即博索二字之轉音也唐貞觀二十二年薛萬徹伐高麗圍泊汋城而還即此據賈耽所紀城在鴨綠江北西南

去鴨綠江入海處僅百三十餘里元時所以劃高麗之義州來屬也漢志稱馬訾水由西安平入海馬訾即鴨綠江元一統志亦稱鴨綠江由博索府東南入海則博索之本於泊汋明矣

元一統志大蟲江在遼陽路發源縣東南之龍鳳山分水嶺下東南流經廢博索府南流合於鴨綠江

元一統志斜江在遼陽縣東按圖勝源自長白山南流經廢博索府東十里流入於海

元一統志鴨綠江源出長白山西南流經廢博索府東南入於海

明一統志博索府在遼東都司東四百七十里金置總管府元省按自遼陽城守東南至鳳凰城守界一百九十里鳳凰城東南至義州江一百二十里爲朝鮮界凡三百十里明志稱鳳凰城在遼東都司東南三百五十里博索府應在鳳凰城東一百餘里

謹案金祖肇興白山黑水疆域袤延即我

朝創業之地金獻祖徙居與阿勒楚喀河源相近其地在甯古

塔之西混同江之東太宗建爲上京府曰會甯以金史所記
里至及洪皓松漠紀聞徐夢莘北盟會編所載行程考之上
京城去混同江二百六十里去拉林河一百五十里甯古塔
西六百三十里吉林城東北二百餘里當在今色齊窩集左
右今色齊窩集嶺上有故城遺址相傳爲金時關門其明證
也上京路所轄京之北曰肇州金太祖首破遼兵於此京之
西曰濟州太祖乘馬涉混同江之所又西則信州在今科爾
沁界夫餘路在肇州之北率賓路在上京之南海蘭路又在
率賓東南呼爾哈則甯古塔之境哈斯罕在遼陽之南咸平
府在開原鐵嶺間而會甯一府實居其中若朝鮮北境之會
甯府則剽襲其名初不相涉東京之置雖承遼舊省併實多
博索府路則金所創置尤與高麗毗連以地與音考之即唐
賈耽所紀之泊汋口泊汋城去鴨綠江海口不遠也史述契

丹人言金人滿萬則不可敵金祖始以一成一旅仗義興師
遼人望風奔潰又何待滿萬始不可敵哉良由山川靈異騎
射精嫻上下協心人皆勁旅故能滅遼臣宋號令寰區億年
之
王氣所鍾前代之幅員可溯按其方域詳臚如右云

欽定滿洲源流考卷十二

欽定滿洲源流考卷十三

疆域六

元瀋陽路

元史瀋陽路本挹婁（另條見前）故地渤海建定理府（另條見前）都督瀋定二州此爲瀋州地契丹爲興遼軍（另條見前）金爲昭德軍（另條見前）後皆燬於兵火元初平遼東高麗國麟州神騎都領洪福源率西京都護龜州四十餘城來降各立鎮守司設官以撫其民後高麗復叛洪福源引衆來歸授高麗軍民萬戶徙降民散居遼陽瀋州初創城郭置司存僑治遼陽故城中統二年改爲安撫高麗軍民總管府及高麗舉國內附又以質子淳爲安撫高麗軍民總管分領二千餘戶理瀋州元貞二年併兩司爲安撫高麗軍民總管府仍治遼陽故城

開元路

元史開元路古肅慎（另條見前）之地隋唐曰黑水靺鞨（另條見前）唐置黑水府其後渤海（另條見前）盛靺鞨皆役屬之又其後渤海寖弱爲契丹所攻黑水復有其地東瀕海南界高麗西北與契丹接即金始祖之部落也太祖既滅遼即上京設都金末其將布希（舊作蒲鮮今從八旗姓譜改正）萬努（舊作萬奴今改正）據遼東元初癸巳歲出師伐之生擒布希萬努師至開元率賓東土悉平開元之名始見於此乙未歲立開元南京二萬戶府治黃龍府至元四年更遼東路總管府二十三年改爲開元路領咸平府後割咸平爲散府俱隸遼東道宣慰司（按開元本金上京境內地名元兵至此遂定其地而故上京一帶俱已殘毀因改建開元路非開元即上京也其初寄治黃龍府後徙於今開原縣地明初因以設衛亦非今開原縣即黃龍府也俱詳見前金上京條）

元史中統三年割遼河以東隸開元路四年罷開元宣慰司

元一統志開元路南鎮長白之山北浸鯨州之海三京故國五國舊城亦東北一都會也

元一統志開元勁健善戰習尙射獵

咸平府

元史咸平府古朝鮮地遼平渤海以其地多險隘建城以居流民號咸州（另條見前）金升咸平府領縣六（另條見前）兵亂皆廢元初因之隸開元路後復割出隸遼東宣慰司

元史至元二十五年增軍戍咸平府以察罕伊埒薩哈勒（蒙古語察罕白色也伊埒明顯也薩哈勒鬚也舊作察忽亦兒思合今改正）言其地舊邊徼請益兵以備不虞故也

海蘭府碩達勒達等路

元史海蘭（詳前金上京條）府碩達勒達（滿洲語隱避處也舊作水達達今改正）等路土地廣濶人民散居元初設軍民萬戶府五撫鎭北邊一曰屯（舊作桃溫今改正按屯河在今甯古塔東北七百里源出屯池南流入混同江明永樂二年曾置屯河衛及千戶所當即其地猶唐之羈縻州也）距上都四千里（舊訛四十里案元上都與海蘭府相去甚遠訛誤顯然今改正）一曰呼爾

哈（今甯古塔河名見前渤海及金上京條）距上都四千二百里大都三千八百里有呼爾哈江幷混同江又有海蘭河流入於海一曰鄂多理（舊作斡朶憐今改正按明太祖實錄遼陽至琿綽琿之地三千四百里琿綽琿至鄂多理一千里鄂多理至屯萬戶府一百八十里又明志鄂多理城在開元東北千二百里有理河出城南諸山北入混同江明永樂十一年嘗置衛考理河在吉林城南六百七十里源出吉林城南之勒克山東流會兩訥音河入混同江明人所識地理皆傳聞約畧之詞未足爲據鄂多理城爲我朝最初發祥之地在興京東一千五百里長白山之東以音與地按之均屬相合也）一曰托果琳（蒙古語周圍也舊作脫斡憐今改正）一曰布呼（滿洲語鹿也舊作孛苦今改正）江各有司存分領混同江南北之地其居民皆碩達勒達女眞之人各仍舊俗無市井城郭以射獵爲業設官牧民隨俗而治

元一統志自南京而南曰海蘭府又南曰雙城直抵於高麗之王京（按渤海南京在海州遼南京在遼陽此所云南京而南或僅指海蘭府治所然亦當在東而非南也雙城亦非遼之）

雙城縣

肇州

元史按哈喇巴圖爾蒙古語哈喇黑色巴圖爾勇也舊作哈喇八都魯今改正傳至元三十年世祖謂哈喇巴圖爾曰納延蒙古語八十數也舊作乃顏今改正故地曰阿巴拉呼蒙古語阿巴拉呼行圍也舊作阿八剌忽今改正者產魚吾今立城而以伊斯琿滿洲語迎面也舊作元速憨今改正哈喇納蘇哈喇解見前納蘇蒙古語歲數也舊作哈納思今改奇爾濟蘇蒙古語奇爾斑點也濟蘇顏色也舊作乞里吉思今改正三部人居之名其城曰肇州汝往爲宣慰使旣至定市里安民居得魚九尾皆千斤來獻又成宗紀元貞元年立肇州屯田萬戶府以遼陽行省左丞阿薩爾蒙古語閣也舊作阿散今改正領其事而元一統志與經世大典皆不載此州不知其所屬所領之詳今以廣甯爲納延分地故附於廣甯之下按元史以肇州沿革未詳故附廣甯之後考肇州之名實始於金太祖始破遼兵於珠赫店之地肇基王業因創此州在開元之東北與濟州相連詳元史所云立城而以肇州名之則非金肇州故地或稍移西近廣甯邊外耳

元史肇州蒙古屯田萬戶府成宗元貞元年七月以納延布拉噶齊蒙古語捕貂人也舊作不魯古赤今改正及打魚碩達勒達女眞等戶於肇州

旁近地開耕爲戶布拉噶齊二百二十戶碩達勒達八十戶歸附軍三百戶續增丁五十二戶

元史仁宗大德二年撥夫餘路（另條見前）蠻軍三百戶屬肇州蒙古萬戶府

博索府

元史元初以廣甯府博索府（見前金上京條）懿州蓋州作四路直隸中書省至元八年割東甯路之義州麟州威遠鎮隸博索府十七年以府屬遼陽後廢爲巡檢司（按博索府與高麗接界當即新唐書所稱鴨綠江口之泊汋口泊汋城也詳見前金上京條）

元史中統三年命博索府屯田軍移駐鴨綠江之西以防海道

謹按元時省併遼東州縣分設萬戶府鎮戍其地統於遼東行中書省所轄路凡七曰瀋陽路僑治遼陽以統高麗曰開元路所統近黑龍江東極於海而萬戶府則僑治黃龍故地

曰海蘭府碩達勒達路則今吉林甯古塔之境設萬戶府分領混同江南北而鄂多理即

本朝

始祖定居之地屯河在甯古塔東北呼爾哈近繞甯古塔城咸平府近威遠堡門肇州博索府則上承金舊雖元一統志經世大典諸書已不復傳元史地理志所載亦僅存其大略然設官分域猶可參稽若遼陽廣甯大甯三路則具載

大清一統志及

盛京通志諸書其有關於渤海遼金建置者已詳具前各條中東甯路則本高麗之地後仍歸於高麗茲不復載云

附明衞所城站考

謹案明初疆圉東盡於開原鐵嶺遼瀋海蓋其東北之境全

屬我

朝及國初烏拉哈達葉赫輝發諸國并長白山之納殷東海之
窩集等部明人曾未涉其境永樂二年倣唐羈縻州之制設
尼嚕罕衛七年改爲尼嚕罕都司後又續設衛所空名其疆
域遠近原弗及知所稱山川城站亦多在傳聞疑似之間而
又譯對訛舛名目重複一地而三四名一名而三四見者甚
多又如黑龍江屯河呼爾哈河等地與明邊界相去絶遠而
亦列於衛所之中蓋緣諸部常以市易與明往來即其所居
强名爲衛書之實錄授以官稱或間有部長自來或僅部人
之來貿易者前後蕪複輾轉傳訛明人固無由而悉也洪惟
我
國家
始興之地在鄂多理城元史訛爲斡朵憐明人訛爲斡朵里又訛爲
斡朵倫而誤分爲兩地至

王迹肇基在渤海國建州（另條見前）之境故明人又有建州之稱迨我
太祖高皇帝受
天顯命仗義龔行諸部之人率先臣僕其有藉明聲援抗我顏行者
電掃霆驅以次平殄濬遼舊壤作我
陪都即明邊內廣甯甯遠諸衛亦不足爲藩籬之固矣今就明
實錄會典所載案年臚敍其譯對雖訛尙實有是名及一地
數名複見充數者並爲考證附注於下有其名而無其地并
撰造不能成語者改對字面姑列其名而附糾其誤凡爲衛
三百七十有六所二十有四城站地面五十有八

窩集衛（舊訛兀者今改正明實錄永樂元年部長錫揚哈舒什哈進馬置窩集衛以錫揚哈爲指揮舒什哈爲指揮同知案漢魏之沃沮元之烏者吾者明之兀者其部族不一而地甚廣衺以音與地求之蓋即窩集也國初名東海窩集部所屬有呼爾哈赫實赫甯古塔等路太祖己亥年後以次討平之）

窩集左衛（明實錄永樂二年置以部長托克托和爲指揮同知）

窩集右衛明實錄永樂二年置以部長諾海爲指揮同知

窩集後衛明實錄永樂二年置以部長徹伯爾爲指揮同知

畢里衛明永樂三年置案畢里河在蓋平縣東南九十里

實勒們衛舊訛夫里綿今改正明實錄永樂三年置案吉林城西南八百九十餘里有實勒們河此衛與下哈勒琿衛同置地亦相近也

哈勒琿衛舊訛虎爾文今改正明實錄永樂三年置以部人綽爾布羅額爾吉納等爲指揮等官案吉林城西南九百里有地名哈勒琿穆昆有哈勒琿河即混水河也

薩里衛蒙古語地弩也舊訛撒力今改正明實錄永樂三年置以巴蘭等處部人茂義等爲指揮僉事案甯古塔城東北六百五十里有巴蘭窩集在混同江北又吉林有巴蘭河巴蘭屯又有薩里屯當即是也

齊巴噶衛蒙古語棗也舊訛赤不罕今改正明實錄永樂三年蒙古部人實爾哈岱爾來朝置衛以實爾哈岱爾爲指揮

屯河衛明實錄永樂三年置案屯河在甯古塔東北

安河衛明實錄永樂三年置案安河在呼倫布裕爾北七百十里

摩琳衛 滿洲語馬也舊訛毛憐元史作末隣今改正明實錄永樂三年置

堅河衛 明實錄永樂二年置考盛京通志無此河名惟默爾振城西有糾河音與相近又甯古塔城東四里有珊延河亦書作商堅河或明人誤截稱一字耳

右城衛 明實錄永樂三年置以部長哈清阿爲指揮

喀本河衛 舊訛古賁今改正明實錄永樂四年置案喀本河在呼倫布裕爾北三百四十里

塔山衛 明實錄永樂四年置以部長達拉齊爲指揮考盛京通志塔山在開元城東二十五里明時爲北關所在又布爾德庫蘇巴爾漢山上有塔山皆葉赫國地明時又嘗以衛都督授哈達部主蓋哈達强時葉赫嘗屬之耳

額伊瑚衛 舊訛兀也吾今改正明實錄永樂四年二月置以部長多羅爲指揮案自吉林至甯古塔路程八十里至額赫穆站九十里至額伊瑚站

嘉河衛 明實錄永樂四年嘉河等處人進馬因置嘉河等三衛考皇輿全圖嘉哈必喇在興京之南當永樂時我朝尚未定居于此耳

哈密衛 案哈密在西域不應遼瀋之東有此地名而明實錄稱永樂四年因嘉河人進馬與嘉河衛同置其訛舛實不可詰考皇輿全圖嘉哈必喇毗連之地有哈實瑪必喇或因音有緩急致誤亦未可定今姑仍原文附糾其誤

温都衛 舊訛斡灘今改正明實錄永樂四年與嘉河同置原文作斡灘又訛斡難乃元始興之地即今鄂嫩河與嘉河遠不相涉考與京西百五十里有温都河出八盤嶺入渾河音轉而訛爲斡灘耳

達喜穆魯衛 舊訛塔魯木今改正明實錄永樂四年置爲葉赫國地部長祝孔額嘗授達喜穆魯衛都督僉事即明時所稱北關也太祖乙未年滅之考葉赫相近惟達喜穆魯山南爲占尼河北爲葉赫傳聞不審誤倒其音耳

蘇完河衛 舊訛蘇溫今改正明實錄永樂四年二月置考國初有蘇完部太祖戊子年來歸其故地在吉林惟無此河名或古今有異稱也

阿蘇江衛 明實錄永樂四年二月置考阿蘇河在黑龍江境內

率賓江衛 舊訛速平今改正案率賓本渤海府名金史有蘇濱水亦作恤品明一統志恤品河在建州東南千餘里濱河已無考以音求之即率賓也又今開原東南一百九十餘里有碩賓河與率賓亦音相近疑明人不知碩賓之即爲恤品而誤傳在遠地耳

吉河衛 明實錄永樂四年三月置以部人肅魯楝阿爲指揮考東北河名之有吉字者甚多此未知所屬

雙城衛 明實錄永樂四年七月因溫托琿等處部人吉里納入朝置雙城等五衛諸人因市易而來並非部長不必同爲一部也雙城見前海蘭府條

沙蘭衛舊訛撒剌兒今改正明實錄永樂四年七月置考沙蘭河沙蘭城沙蘭站俱在甯古塔城西不及百里

尼瑪拉衛舊訛亦馬剌今改正明實錄永樂四年七月置考尼瑪拉河源出納嚕窩集西流入蘇子河

圖倫衛舊訛脫倫今改正明實錄永樂四年七月置國初爲蘇克蘇護河部地有圖倫城太祖癸未年攻克之

巴延衛舊訛卜顏今改正明實錄永樂四年七月置案吉林烏拉有巴延阿林巴延必喇巴延鄂謨巴延站地名不一

明時衛名未詳何屬

烏拉衛舊訛兀蘭今改正明實錄永樂四年八月烏拉等處部人奇爾雜紐爾等來朝置烏拉伊爾庫魯托漠斐森四衛案國初烏拉國城在吉林城北七十里混同江東太祖癸丑年平其國

伊爾庫魯衛舊訛亦兒古里今改正案伊爾庫魯噶珊在甯古塔東北

托漠河衛舊訛脫木今改正案托漠河國初屬哲陳部太祖甲申年征哲陳有嘉哈地人告之于是托漠河章佳巴爾達薩爾滸界藩俱集兵來禦戰于渾河太祖率近侍三人敗其兵八百人

斐森衛舊訛福三今改正與烏拉衛同置案斐森屯在甯古塔東北

色珠倫衛明會典訛撒竹鑑明實錄訛扎木哈今改正永樂四年八月置以部人雜爾布哈爲指揮案色珠倫河在

吉林城西南九百九十五里

肥河衛 明實錄永樂四年九月置以圖河實勒們山等處人爲指揮等官案圖河在甯古塔北穆遜河之西實勒們山在阿勒楚喀城西二百餘里皆無所謂肥河若以圖河之人官于他部更無是理地在邊外數千里明人安能號令及之其誤蓋無從致詰矣

穆陳衛 舊訛密陳今改正明實錄永樂四年十月與布爾堪衛同置以部人照齊布哈等爲指揮案穆陳河在吉林城東南三百十里又甯古塔城西七十里亦有穆陳河

布爾堪衛 舊訛卜剌罕今改正與穆陳衛同置案布爾堪河在吉林城南四百七十里

扎敦衛 舊訛扎童今改正明實錄永樂四年十一月置部人揚珠布哈等爲指揮案齊齊哈爾西六百八十里有扎敦昂阿

薩爾滸衛 舊訛撒兒忽今改正永樂四年十一月置考薩爾滸城屬蘇克蘇護河部 太祖癸未年攻克之

哈達河衛 舊訛罕答今改正明實錄永樂四年十一月置考哈達河在吉林城西南六百里由英額門入開原縣界國初有哈達國即爲清河 太祖己亥年滅之

穆勒肯山衛 舊訛木魯罕今改正明實錄永樂四年十二月烏拉等處部人和索哩成格奇納等來朝置衛于搜

里之地烏拉舊訛吾蘭兒搜里舊訛掃隣今改正考皇輿全圖穆勒肯必喇源出穆勒肯達巴罕東流會搜里必喇入于烏蘇哩烏拉皆在甯古塔東北

窩集前衛 舊亦訛兀者今改正永樂四年置

伊罕河衛 舊訛亦罕今改正明實錄永樂四年置考海罕河在吉林城東北二十五里源出納穆窩集西流入混同江

拉林河衛 舊訛納憐今改正永樂四年置案拉林河在吉林城東北二百二十五里北流入混同江

穆倫河衛 舊訛麥蘭今改正明實錄永樂四年置案穆倫河在甯古塔城東四百里出穆倫窩集東流入烏蘇哩江在

國初穆倫路屬東海窩集部

太祖辛亥年征取之

沃楞衛 舊訛斡蘭今改正永樂四年置案沃楞河在甯古塔城南四十餘里

瑪延山衛 舊訛馬英今改正永樂四年置案瑪延達巴罕在吉林城南一百餘里

圖勒哩山衛 舊訛土魯亭今改正永樂四年置案圖勒哩山在黑龍江境內

穆克圖哩山衛 舊訛木塔里今改正永樂四年置案穆克圖哩山在甯古塔東與烏蘇哩江相近

多林山衛 舊訛朵林今改正永樂四年置案多林窩集在甯古塔境內

哈魯河衛舊訛哈里今改正永樂四年置案哈魯河在齊齊哈爾城東入屯河

齊努溫河衛舊訛喜樂溫今改正永樂五年正月置齊努溫等十二衛以部人圖成阿等爲指揮等官案齊努溫河在吉林城西南五十里出庫呼納窩集入溫德亨河

穆霞河衛舊訛木陽今改正永樂五年正月置案穆霞河在甯古塔境與密拉河圖們江相近

海蘭城衛舊訛哈蘭今改正永樂五年正月置案海蘭城在甯古塔城西北六十里海蘭河北岸

枯淩河衛舊訛可令今改正永樂五年正月置案枯淩河即大淩河故道在錦縣東南今土人猶有枯淩衛之稱與老邊屯相近

烏登河衛舊訛兀的今改正永樂五年正月置考烏登河在墨爾根城東南一百六十里出烏塔里山入訥墨爾河

鄂古河衛舊訛阿古今改正永樂五年正月置案鄂古河在甯古塔境內

色珠倫河衛名已見前此又訛撒只剌今併改永樂五年正月置

伊穆河衛舊訛依木今改正永樂五年正月置案伊穆河在呼倫布裕爾境內

伊努山衛舊作亦文今改正永樂五年正月置案伊努山在吉林東南一百七十里

穆倫河衛名見前此處又訛木蘭今改正永樂五年正月置部人約尼爲指揮

阿濟衛 舊訛阿資今改正永樂五年正月置案吉林將軍所轄地名有阿濟莊

佛林河衛 舊訛甫里今改正永樂五年正月置案佛林河在甯古塔城東南六百餘里

都爾弼衛 舊訛朶兒必今改正永樂五年正月置案都爾弼地名在盛京城西北本朝天聰元年太宗文皇帝會駐蹕山岡受敖漢部落之降三年征明會師於此崇德二年築城焉

訥穆河衛 永樂五年正月置案訥穆窩集在吉林城東八十里城東南諸河多發源於此

佛爾們河衛 舊訛甫門今改正永樂五年正月置案佛爾們河在吉林城南四十五里出庫呼納窩集

賡金河衛 舊訛哥吉今改正永樂五年正月置賡金河等五衛以部人克成額爲指揮案賡金河在吉林東南七百九十里源出訥秦窩集北流入混同江

伊穆河衛 名已見前此又訛野木今併改正永樂五年二月置

納爾吉河衛 舊訛納剌吉今改正永樂五年二月置案納爾吉河在黑龍江境內

伊拉齊河衛 舊訛亦里察今改正永樂五年二月置案伊拉齊河在吉林城西九十里

塔拉河衛 舊訛答剌今改正永樂五年二月置案塔拉河在甯古塔城西南又有塔拉站

阿爾拉山衛 舊訛阿剌今改正永樂五年二月置案阿爾拉山在黑龍江境內

綏滿河衛 舊訛隨滿今改正永樂五年二月置案綏滿河與潮河納河相近爲盛京將軍所轄

三屯河衛 舊訛撒秃今改正永樂五年二月置案三屯河在吉林城南四百八十里即輝發河之上流也河之北有輝發城

呼蘭山衛 舊訛忽蘭今改正永樂五年二月置考呼蘭峰在葉赫城東北吉林城西南四百餘里又吉林城西北一百四十里別有呼蘭山

烏爾琿山衛 舊訛古魯渾今改正永樂五年二月置案烏爾琿山在甯古塔城東南六百餘里

哈喇烏蘇衛 蒙古語黑水也舊訛考郎兀今改正明實錄永樂五年三月黑龍江等處部人珠赫瑚什鮎等來朝因置哈喇烏蘇烏蘇哩二衛以珠赫爲指揮瑚什鮎爲僉事

烏蘇哩河衛 舊訛亦速里今改正永樂五年三月與哈喇烏蘇衛同置案烏蘇哩河在甯古塔境北流會黑龍江

伊爾登河衛 舊訛野兒定今改正永樂五年三月置部人賈呼實爲指揮案伊爾登河在承德縣東南七十里與古哷城薩爾滸相近

巴爾達河衛 舊作卜魯丹今改正永樂五年三月置案巴爾達河在黑龍江西北千餘里與明邊境相去絕遠勢不能通考 國初渾河部有巴爾達城 太祖丁亥年遣大臣額亦都征取之或即是也

齊努温衛 名已見前此處又訛喜剌烏明會典又訛喜速温即喜樂温河也今併改永樂五年十二月置部人迪陞格爲指揮

阿魯河衛 舊訛阿里明會典又訛阿吉今改正永樂五年置案阿魯河在吉林城西南五百餘里

推屯河衛 舊訛禿都今改正永樂六年正月置部人伯辰等爲指揮案推屯河在吉林城東二百三十五里有推屯站自吉林至甯古塔第三站也

實山衛 永樂六年正月置

呼拉爾吉山衛 舊訛忽里吉今改正永樂六年正月置案黑龍江境內有呼拉爾吉屯

拉們河衛 舊訛列門今改正永樂六年正月置案拉們河在鳳凰城西北一百八十里入太子河

們河衛 舊訛莫温今改正永樂六年正月置案們河在甯古塔東南五百里入興喀河

雅爾河衛 舊訛阮里今改正永樂六年正月置案雅爾河在齊齊哈爾城西一百二十里入嫩江

察爾圖山衛 舊訛變剌禿今改正永樂六年正月置案察爾圖山在英額邊門與扎淩及八家營子地相近

雅哈河衛 舊訛嘔罕今改正永樂六年正月置案雅哈河在吉林城西三百二十里又有雅哈城

費克圖河衛 舊訛弗朶禿今改正永樂六年二月置部人嘉淩阿和托爲指揮案費克圖河在阿勒楚喀東三百

里有費克圖站

沃楞河衛 名己見前此亦訛斡蘭今併改永樂六年二月置

色埒河衛 舊訛薛列今改正永樂六年二月置以部人索靈阿爲指揮同知案色埒河在黑龍江境內

喜塔爾河衛 舊訛希灘今改正永樂六年二月置考喜塔爾河在甯古塔境內

克默爾河衛 舊訛克默而今改正永樂六年二月置案克默爾河在甯古塔境內

阿津河衛 舊訛阿眞今改正永樂六年二月置案阿津河在興京境與棟鄂山相近

烏爾堅山衛 舊訛兀里溪今改正永樂六年二月置八年以部人薩音嘉爲指揮徙居安樂州案烏爾堅山在吉林城西南五百餘里

三岔河衛 舊訛撒叉今改正永樂六年二月置案遼河入海之處名三岔河當時尚在明邊內未必訛誤惟白都訥城西北六十里有三岔河明人未之知也原文撒叉或即是此

額哲密河衛 舊訛阿者迷今改正永樂六年二月置案額哲密河在吉林境內入混同江

穆瑚埒河衛 舊訛木忽剌今改正永樂六年二月置案穆瑚埒河在甯古塔境內

奇集河衛 舊訛欽眞今改正永樂六年二月置案奇集淀在甯古塔境內又有奇集屯

呼爾哈河衛 舊訛兀魯罕今改正明實錄永樂六年三月置以訥訥赫等處部人博索等爲指揮案呼爾哈河出吉林色齊窩集繞甯古塔城東北折入混同江即金史之呼里改江也訥訥赫城在甯古塔城南舊訛暖暖河今併改國初呼爾哈路屬東海窩集部太祖己亥年路長率衆朝謁自此歲歲朝貢又有南路呼爾哈部北路呼爾哈部俱乙丑年征取之此下九衛俱永樂六年三月置

達罕山衛 舊作塔罕今改正滿洲語達罕馬駒也

穆霞河衛 名已見前此又訛木與今併改

伊實衛 舊訛益實今改正案伊實河在吉林城東一百四十里西流入混同江

綽拉題山衛 舊訛者列帖又訛者帖列今併改案甯古塔境內有綽拉題屯

恰庫衛 舊訛乞忽今改正案恰庫河在吉林城南六百五十餘里東流入混同江

羅羅衛 舊訛剌魯今改正案羅羅山在吉林城西北一百二十里

雅魯衛 舊訛牙魯今改正案雅魯河在齊齊哈爾城東入屯河

猷特哩衛 舊訛友鐵今改正案猷特哩屯在甯古塔東北此上九衛俱永樂六年與呼爾哈衛同置

奇塔穆河衛 舊訛乞塔今改正永樂六年置案奇塔穆河在打牲烏拉境入松花江

通墾山衛舊訛童寬今改正永樂六年置案通墾山在甯古塔城南七百里琿春河發源於此

格林河衛舊訛葛林今改正永樂七年置以部人特穆爾等爲指揮案格林河在甯古塔東北以下九衛俱永樂七年置

版長衛舊訛把城今改正案版長嶺在興京西南一百九十五里

界藩河衛舊訛北肥今改正案界藩在興京西北一百二十里有界藩渡口國初自爲一寨後歸本朝太祖己未年大破明將杜松等兵於此

哈實瑪衛舊訛忽石門今改正案哈實瑪山在鳳凰城西北三百七十里又嘉哈必喇附近有哈實瑪必喇

扎淩山衛舊訛扎嶺今改正案扎淩地名在英額門內與察爾圖山八家營子相近

默爾根衛舊訛木里吉今改正案默爾根河在默爾根城東一里

呼爾哈衛名已見前此又訛忽兒海今併改

穆遜河衛舊訛木速今改正案穆遜河在齊齊哈爾之東南流入屯河

赫圖河衛舊訛好屯今改正案赫圖河在甯古塔西南東流至愛丹城入噶哈哩河又盛京將軍所轄有赫圖河此未知所屬以上九衛俱永樂七年與格林衛同置

富勒堅衛舊訛伏里其今改正明實錄永樂七年四月置以尼嚕罕部人瑚爾都訥爲指揮案富勒堅城在甯古塔城南六百七十里

福題希衛舊作弗提今改正明實錄永樂七年五月改呼爾哈衛爲福題希衛以部人達實爲指揮考福題希乃呼爾哈部內屯名本朝崇德七年征呼爾哈部落福題希等十屯人民俱降此既云改呼爾哈爲福題希而永樂十四年所置吉灘河衛又稱屬呼爾哈福題希衛或當時本另置此衛名而明實錄誤爲改名也

奇穆尼衛舊訛乞勒尼今改正明實錄永樂七年置以瑚爾穆地人薩敦爲指揮案奇穆尼窩集在甯古塔東北有穆奇穆尼河入混同江瑚爾穆屯瑚爾穆河俱在甯古塔東北與奇穆尼河相近瑚爾穆舊訛虎夜木今改正

愛哈衛舊訛愛和又作愛河今改正永樂七年八月置考皇輿全圖鳳凰城東北愛哈邊門外有愛哈必喇及愛哈和屯即愛河也

博爾和衛舊訛把和今改正永樂七年八月與愛哈衛同置以齊達納等爲指揮使案博爾和山在吉林西南與英額邊門相近

阿倫衛永樂七年十月置以伊里哈爲指揮僉事達揚阿等爲千戶案皇輿全圖阿倫河在齊齊哈爾城北

塔瑪實克衛蒙古語塔瑪印也實克相似也舊訛塔馬速今改正地名無考

實勒們衛名已見前此又訛失里木今併改永樂九年以部人哈陞格爲指揮使

和通吉衛舊訛和屯吉今改正永樂七年置案和通吉河在吉林東南一千四十里入混同江亦書赫通額又書合克通吉又書和通集其實一也

固里河衛舊作古里今改正永樂七年置案固里河在黑龍江境內

富倫河衛舊訛甫兒今改正永樂八年二月與舒繙等三衛同置以納恰等十九人爲指揮等官案富倫河在甯古塔城東與阿濟格窩集相近

舒繙河衛舊訛使坊今改正案舒繙河在甯古塔城東南入綏芬河

尼滿河衛舊訛亦麻今改正案尼滿河在甯古塔城東入烏蘇哩江以上俱永樂八年與富倫河同置

費雅河衛舊訛法因今改正永樂八年二月置以部人圖喇等爲指揮案費雅河在甯古塔城東北百餘里

噶穆河衛舊訛古木今改正永樂八年二月置案噶穆河在甯古塔城東北又鳳凰城相近有喀摩河音亦相近

額音河衛舊訛兀應今改正永樂八年二月置案額音河在吉林城西南五百餘里東流會富爾哈河

噶齊克衛舊訛葛稱哥今改正永樂八年三月置以部人謝成格爲指揮案噶齊克地名在齊齊哈爾西百八十里

希禪衛舊訛喜申今改正永樂八年十一月置以部人遷塔努爲指揮僉事案希禪噶珊在甯古塔東北

額埒河衛舊訛兀列今改正永樂八年十二月置案額埒河在甯古塔東北

鄂勒古河衛舊訛卜魯兀今改正永樂八年十二月置案鄂勒古河在甯古塔城東北

密拉河衛舊訛木剌明會典又訛木東今改正明實錄永樂八年置案密拉河在吉林境內與小圖們江相近

阿布達哩河衛舊訛阿苔力今改正明實錄永樂八年置案阿布達哩河在甯古塔東南與琿春河相近

托罕河衛舊訛督罕今改正明實錄永樂九年二月置以部人瑪吉尼爲指揮案托罕河在甯古塔西南

濟爾瑪泰衛舊訛只兒蠻今改正明實錄永樂十年八月尼嚕罕富爾堅烏拉等處部人來置濟爾瑪泰等十一衛以準圖努等爲指揮案濟爾瑪泰河在呼倫布裕爾東七十餘里

烏拉衛名已見前此又訛兀剌今併改正

順民衛地無可考今盛京有新民屯與嘉哩庫河尼雅滿莊相近

農額勒衛舊訛囊哈兒今改正案吉林東南五百八十里有農額勒海蘭河疑此截爲衛名也

古魯衛案齊齊哈爾西南至白都訥第五站爲古魯站去齊齊哈爾百八十五里

穆勤衛舊訛滿涇今改正案穆勤河在吉林城南四百餘里與輝發河覺哈河相近

哈爾敏衛舊訛哈爾蠻今改正案哈爾敏河在吉林境內長白山西南源出分水嶺南流入佟嘉河

塔克題音衛舊訛塔亭今改正案塔克題音屯在甯古塔東北

額蘇倫衛蒙古語天王也舊訛也孫倫今改正

噶穆河衛名已見前此處又訛可木今併改

富色克摩衛滿洲語富色克滋生也摩樹也舊訛弗思木今改正明實錄遼陽至琿綽琿之地三千四百里琿綽琿至富色克摩隘口一千三百六十里以上俱永樂十一年置

布爾哈圖河衛舊訛卜忽禿今改正明實錄永樂十二年三月置以部人伊能額爲指揮考布爾哈圖河在甯古塔南四百里入噶哈哩河又興京西南八十里亦有布爾哈圖河

哈勒琿河衛名已見前此處又訛阿兒溫今併改

噶哈衛舊訛可河今改正案噶哈必喇在吉林城北巴延鄂佛囉站南又有噶哈城以上俱永樂十二年置

噶哈河衛名已見前此又訛葛可今併改明實錄永樂十二年三月置以部人廣佑等爲指揮

塔舒爾河衛蒙古語馬鞭也舊訛塔速兒今改正明實錄永樂十二年九月置塔舒爾等八衛以部人阿嚕圖爲指揮案河名無考

烏屯河衛舊訛兀屯今改正案烏屯河在齊齊哈爾東出興安嶺東南入混同江

宣城衛舊訛元城今改正案宣城與鴨綠江路寬甸相近

科博欒衛舊訛和卜羅今改正案科博欒屯與尙間崖伊拉塔山相近

老哈河衛案老河蒙古語稱爲老哈即遼時土河也源出喀喇沁右翼南之明安山東北流經故大甯城東又北經敖漢北又東北流與潢河合

額埒衛名已見前此處又訛兀列今併改

鄂勒歡衛舊訛兀剌忽今改正　太祖丙戌年追討尼堪外蘭越相隣諸部徑攻鄂勒歡城克之

哈爾費延衛舊訛哈爾芬今改正案混同江中有哈爾費延島島上有城周二里名哈爾費延城在吉林界內以上並永樂十二年九月置

實爾固辰衛舊訛失兒兀赤今改正明實錄永樂十二年十二月置以部人萬達爲指揮案實爾固辰噶珊在甯古塔東北烏蘇哩河旁

鄂勒古河衛名已見前此又訛卜魯兀今併改明永樂十二年置

和囉噶衛蒙古語牆圈也舊訛忽魯愛今改正明實錄永樂十三年十月置衛地無考

珠敦河衛舊訛渚冬今改正明實錄永樂十三年十月以部人章嘉爲指揮同知案珠敦河在吉林城西南五百餘

里源出果爾敏珠敦入遼吉善河

扎津衛 舊訛扎眞今改正明實錄永樂十三年十月以部人吉當阿爲指揮同知案扎津河在甯古塔城西南一百十里入鏡泊

祜實哈哩衛 舊訛兀思哈里今改正明實錄永樂十三年十月以部人呼塔斯爲指揮同知案祜實哈哩河在甯古塔城東北二十五里源出祜實哈哩窩集本朝崇德四年部長納穆達理等朝貢

吉灘河衛 明實錄永樂十四年八月置以部人雅蘇爲指揮同知屬呼爾哈福題希衛案吉灘河在旺清門外額爾敏河之西

尼瑪呼山衛 舊訛亦馬忽今改正明實錄永樂十四年八月置案尼瑪呼山在吉林城西南五百餘里太祖壬子年征烏拉還築木城于山上

伊屯河衛 舊訛亦東明一統志訛一禿又訛一統今改正明實錄永樂十五年二月置案伊屯河在吉林城西二百九十餘里北流入混同江伊屯門即在河西

伊爾們河衛 舊訛亦迷又訛亦速明一統志訛衣迷今改正明實錄永樂十五年與伊屯河同置明一統志衣迷河在開原城北北流合一禿河入松花江衣迷即伊爾們一禿即伊屯之誤也今案伊爾們河在吉林西百四十里會伊屯河

入混同江若亦速則當爲伊遜河在黑龍江境內與伊屯相去甚遠原文更爲訛舛

浩喇圖吉衛 舊訛阿眞同眞今改正明實錄永樂十五年置案浩喇圖吉山在默爾根東南二百里

伊實左衛 名已見前此亦訛詮實今併改

阿都齊衛 蒙古語牧馬人也舊訛阿答赤今改正地名無考

塔山左衛 明會典作前衛即國初哈達國地明人所謂南關也正統間授部長錫赫特及其孫王台爲左都督

太祖己亥年平其國

齊努溫衛 名已見前此又訛城討溫今併改案伊實左衛以下俱明正統間置寄居摩琳衛內尤空文無實者也

噶穆衛 名已見前此處又訛可木今併改案噶穆衛以下俱明正統後所置尤爲複沓

錫璘衛 舊訛失里今改正案錫璘河在甯古塔境內國初錫璘路屬窩集部 太祖甲寅年征降之

蘇穆嚕河衛 舊訛失木魯今改正案甯古塔東北有蘇穆嚕山無蘇穆嚕河

瑚爾穆衛 舊訛忽魯木今改正案瑚爾穆山在甯古塔東北與伊爾琨噶珊相近其去明邊絕遠尤爲夸而無實也

塔瑪實克衛 名已見前此亦訛塔馬速今併改

吉灘衛 名已見前

和屯衛滿洲語城也案甯古塔東北呼爾哈河入混同江之地有和屯噶珊去明邊遠衛名當不在此

和通吉衛名已見前

伊實衛名已見前此處又訛亦失今併改

伊拉喀衛舊訛亦力克今改正案齊齊哈爾東北三百五十四里有伊拉喀站

納穆衛名已見前此亦訛納木今併改

佛訥赫衛舊訛弗納河今改正案佛訥赫城國初屬窩集部太祖丁未年遣貝勒巴雅喇等征取之

哈實瑪衛名已見前此處又訛忽失木今併改

瑚葉衛舊訛兀也今改正案瑚葉路國初屬東海窩集部太祖己酉年遣兵千八征取之

額蘇倫衛名已見前此又訛也速倫今併改

博和哩衛舊訛巴忽魯今改正案博和哩河在甯古塔境內又黑龍江南七十五里有博和哩山博和哩噶珊
太宗崇德八年攻克之

烏雅山衛舊訛兀牙今從八旗姓氏通譜改正

托漠衛名已見前此又訛塔木今併改

呼勒山衛舊訛忽里今改正案呼勒山在甯古塔城東北三百里

哈瑪爾衛舊訛罕麻今改正案呼倫布裕爾西三百餘里有哈瑪爾山

默爾根河衛名已見前此訛木里吉今併改

伊爾們河衛名已見前此處又訛引門今併改

伊拉齊衛舊訛亦里察今改正案吉林城西九十里有伊拉齊山

札穆圖衛舊訛只卜得今改正案甯古塔城北五十里有扎穆圖河又扎穆圖窩集在城北百二十里

洮爾河衛舊訛塔兒今改正案洮爾河在科爾沁右翼前旗西四里源出西興安山入嫩江魏書之太魯太瀰河唐書之他漏河遼史之他魯河金史之撻魯古河皆即是河也詳前勿吉疆域條

穆瑚埒衛名已見前此又訛木忽魯今併改

穆當阿山衛舊訛木答今改正案穆當阿山在甯古塔西南五百餘里又甯古塔城西三十里亦有穆當阿城

勒克山衛舊訛立山今改正案勒克山在吉林西北四百餘里周百餘里

克音河衛舊訛可吉今改正案甯古塔城東北五十里有克音城克音河應在其地太宗天聰九年克音噶珊來貢

呼濟河衛舊訛忽失今改正案呼濟河在甯古塔城南三百里

多隆武衛舊訛脫倫兀今改正案齊齊哈爾東有多隆武噶珊與屯河相近

阿濟納河衛舊訛阿的納今改正案阿濟納河在盛京將軍所轄境內與恰庫站扎穆峪相近

額埒衛名已見前此又訛兀力今併改

阿蘇衛名已見前

遜河衛舊訛速溫今改正案遜河在黑龍江南一百八十里

吉朗吉衛舊訛結剌吉今改正案吉林東南七百九十里有吉朗吉海蘭河

薩喇衛舊訛撒剌今改正案甯古塔城南有薩喇河與圖們江布達山相近

伊實衛名已見前此又訛亦實今併改

費克圖河衛名已見前此又訛弗朵脫今併改

伊屯河衛名已見前此又訛亦屯又作易屯今併改

溫托琿河衛舊訛兀計溫今改正案齊齊哈爾西南百三十里有溫託琿鄂謨又有溫托琿站

法河衛舊訛甫河今改正案法河一在吉林城南六百六十餘里入混同江一在吉林城南四百餘里入輝發河

拉拉山衛舊訛剌山今改正案拉拉山在甯古塔城東與們河相近

阿濟衛名已見前此又訛阿者今併改

通墾山衛名已見前此又訛爲童山寬蓋傳寫顛倒今併改

第拉衛舊訛替里今改正案甯古塔城東北有第拉河與喜拉遜河相近

伊拉齊河衛名已見前此處又訛亦力察今併改

哈爾費延衛名已見前此處又訛哈里分今併改

圖河衛舊訛禿河今改正案圖河在穆遜河之東屯河之北

赫圖衛名已見前此亦訛好屯今併改

奇穆尼衛名已見前此處又訛乞列尼今併改

薩里河衛名已見前此處又訛撒里今併改

哈實瑪衛名已見前此處又訛忽思木今併改

額埒河衛名已見前此處又訛兀里今併改

呼勒山衛名已見前此處又訛忽魯今併改

法勒圖河衛舊訛勿兒禿今改正案法勒圖河在甯古塔城東興喀湖東南

穆克圖哩衛名已見前此處又訛沒脫倫今併改

噶勒弼河衛舊訛阿魯必今改正案呼倫布裕爾南四百四十餘里有噶勒弼鄂謨

雅奇山衛舊訛咬里今改正案雅奇山在吉林城西南五百餘里

伊努衛名已見前此亦訛亦文今併改

色珠倫衛名已見前此處又訛寫豬洛今併改

托里山衛舊訛答里今改正案黑龍江城南六十里有托里峰

噶穆河衛名已見前此亦訛古木今併改

拉拉衛名已見前此處又訛剌兒今併改

烏屯河衛名已見前此處又訛兀同今併改

察罕山衛舊訛出萬今改正按黑龍江城北有察罕峰

瞻屯衛舊訛者屯今改正案瞻屯在甯古塔境內即瞻噶珊也與穆瑚埒噶珊相近

希禪衛名已見前此又訛喜辰今併改

噶哈衛名已見前此處又訛海河今併改

拉哈衛舊訛蘭河今改正案拉哈河在旺清邊門內

敦珠克山衛舊訛朶州今改正案敦珠克山在吉林城西南五百餘里

占尼河衛舊訛者亦今改正案占尼河在吉林城西南五百七十餘里西南流入威遠堡門爲新河

納蘇濟勒河衛蒙古語納蘇歲也濟勒年也舊訛納速吉今改正

博和哩衛名已見前此又訛把忽兒今併改

敦敦河衛舊訛鎮眞今改正案敦敦河在甯古塔東北

伊遜河衛舊訛也速今改正案伊遜河在齊齊哈爾東與屯河伊春河相近

察爾圖山衛名已見前此又訛者剌禿今併改

雅魯河衛名已見前此又訛也魯今併改

伊魯河衛舊訛亦魯今改正案伊魯河在甯古塔興喀湖南又鐵嶺縣城南亦有伊魯河或書作懿路明別設鐵嶺衛中千戶所於此

錫里呼衛蒙古語選拔也舊訛失里兀今改正地名無考

推屯河衛名已見前此又訛禿屯今併改

扎淩山衛名已見前此又訛者林今併改

博囉河衛蒙古語青色也舊作波羅今改正案盛京將軍所轄有博囉堡與黃固島相近

都爾弼衛名已見前此又訛朶兒平今併改

薩里衛名已見前此又訛散力今併改

密拉圖山衛蒙古語密拉鞭也圖無也舊訛密刺禿今改正山無考

佛爾們衛名已見前此亦訛甫門今併改

實勒們河衛名已見前此又訛細木今併改

默倫河衛舊訛沒倫今改正案默倫河在吉林東北與阿勒楚喀河源相近

費克圖河衛名已見前此又訛弗禿都今併改

綽拉題衛名已見前此亦訛者列帖今併改

察爾察圖河衛蒙古語察爾察蚱蜢也圖解見前舊訛察扎禿今改正

舒繙河衛名已見前此又訛出萬今併改

綽拉題衛 名已見前此又倒爲者帖列今併改

烏蘇衛 舊訛兀失今改正案烏蘇城國初屬葉赫國太祖癸丑年九月征葉赫破烏蘇等十九城

呼勒河衛 舊訛忽里今改正案呼勒河在長白山西南源出分水嶺入佟嘉江

實勒們河衛 名已見前此亦訛失里綿今併改

烏拉衛 名已見前此又訛兀剌今併改

璦河衛 名已見前即愛哈也

薩哈勒察衛 舊訛哈剌察今改正案索倫部薩哈勒察地屬黑龍江所轄

默倫衛 名已見前此亦訛沒倫今併改

布拉衛 舊訛卜魯今改正案布拉山在甯古塔城西南一百十里

扎哈喇哈衛 舊訛以哈阿哈今改正案扎哈喇哈峰在齊齊哈爾東南九百里

率賓江衛 名已見前此倒訛爲速江平今併改

鄂山衛 舊訛兀山今改正案鄂山在吉林城北七十七里

佛林衛 名已見前此又訛弗力今併改

碩隆山衛 舊訛失郎今改正案碩隆山在呼倫布裕爾東二百五十里

伊屯衛 名已見前此又訛亦屯今改正

穆河衛 舊訛木河今改正案穆河在呼倫布裕爾北八百六十里

珠敦衛 名已見前此又訛竹墩今併改

噶穆衛 名已見前此又訛河木今併改

海蘭衛 名已見前此又訛哈郎今併改

薩爾布衛 舊訛歲班今改正案甯古塔城東北一百二十里有薩爾布河又有薩爾布窩集薩爾布屯

寶山衛 名已見前此又訛失山今併改

海蘭衛 名已見前此又訛考郎今併改

珠敦衛 名已見前此又訛築屯今併改

赫什赫河衛 舊訛黑黑今改正案赫什赫河國初屬窩集部太祖丁未年征取之

古城衛 案盛京東北有古城之地甚多此未知所屬

福河衛 舊訛弗河今改正案福河在黑龍江東南六百里

烏登河衛 名已見前此又訛文東今併改

鄂古衛 名已見前此亦訛阿古今改

斐森衛 名已見前此又訛弗山今併改

烏塔里衛 舊訛兀答里今改正案烏塔里山在默爾根城東南一百六十里

拉新河衛 舊訛納速今改正案拉新河在吉林城西南五百餘里

錫璘河衛 名已見前此又訛失列今併改

多爾裕衛 舊作朶兒玉今改正地名無考

呼魯河衛 舊訛兀魯今改正案呼魯河在吉林西南五百餘里入赫爾蘇河

富爾哈河衛 舊訛弗郎罕今改正案富爾哈河一在吉林西南五百餘里東流入遼吉善河有富爾哈城一在甯古塔南西流入噶哈哩河又吉林城北三十三里有富爾哈城
太祖壬子年上率大兵征烏拉國沿烏拉河岸而行克臨河五城又取金州城復毀其六城移駐富爾哈河渡口烏拉貝勒布占泰至河中跽請乃還癸丑年復征烏拉連破遜扎泰等數城布占泰越富爾哈城而軍大兵攻克之遂平其國

齊巴噶山衛 名已見前此又訛赤卜罕今併改

老河衛 考永樂十二年已有老哈河衛之名名老河即老哈在蒙古界而以爲東北衛之名殊誤蓋蒙古部人有至開原市易者明人初不能辨也

珠倫河衛 舊訛竹里今改正案珠倫河在甯古塔城東南六百三十里

吉達納河衛 滿州語往擊也舊訛吉答納今改正河無考

扎穆圖衛 名已見前此又訛者不登今併改

伊蘇圖衛 蒙古語九數也舊訛也速脫今改正

阿木河衛 案吉林甯古塔等境內無此河名或即阿拉穆河及阿穆塔圖鄂謨鄂摩和索羅等地割截名之耳

岳喜衛 舊訛顏亦今改正案岳喜河在阿勒楚喀東南二十餘里入混同江自噶穆衛以下至此俱正統後所置

薩爾達衛 舊訛山答今改正案薩爾達山在打牲烏拉又甯古塔境內薩克達地名音亦相近此以下俱明嘉靖時置

塔哈衛 案塔哈河在黑龍江境內

庫呼訥河衛 舊訛弗魯訥今改正案庫呼訥河在吉林西南百餘里出庫呼訥窩集

康薩衛 舊訛行子今改正案康薩嶺在吉林西南扈倫嶺之東

斡賚城衛舊訛兀勒阿今改正案斡賚城在甯古塔之北混同江之南與摩和囉噶珊相近

阿實衛舊訛阿失今改正案阿實河在白都訥東北四百里

奇徹納河衛蒙古語勤也舊訛吉眞納今改正河無考

法衛名已見前

博囉衛名已見前此又訛薄羅今併改

塔瑪實克衛名已見前此又訛塔麻所今併改

布爾哈衛舊訛布兒哈今改正案興京西一百二十里有布爾哈渡

伊蘇徹爾河衛蒙古語伊蘇九數也徹爾潔淨也舊訛亦思察今改正河無考

沙蘭衛名已見前此又訛失剌今併改

布爾哈圖衛名已見前此又訛卜忽禿今併改

薩里衛名已見前此又訛散里今併改

伊實衛名已見前此又訛你實今併改

平河衛無考

呼拉爾吉山衛名已見前此亦訛忽里吉今併改

阿奇衛舊訛阿乞今改正案阿奇噶珊在甯古塔東北尼滿噶珊之北與穆克圖哩山實爾固辰噶珊相近

太蘭衛舊訛台郎今改正案太蘭岡與興京相近太祖乙酉年擊敗渾河諸部兵於此

賽堪衛舊訛塞克今改正案賽堪嶺在齊齊哈爾西南

布魁衛舊訛拜苦今改正案自齊齊哈爾東北至默爾根第一站即布魁站也

蒐里衛舊訛所力今改正案蒐里河在甯古塔東北

巴爾衛舊訛把里今改正案巴爾屯在黑龍江境內

塔納衛滿洲語東珠也地名無考惟黑龍江境內有托諾河音與相近

穆倫衛名已見前此又訛木郎今併改

額爾克衛舊訛額克今改正案額爾克山在默爾根東北

勒富衛舊訛勒伏今改正案勒富河一在甯古塔東南七百九十里入興喀湖一在吉林西二百六十里入伊爾們河又吉林西南五百餘里有勒富山此未詳何屬

綏滿河衛名已見前此又訛式木今併改

舒爾哈衛舊訛樹哈今改正案舒爾哈河在甯古塔東南入噶哈哩河

費雅哈達衛舊訛肥哈答今改正滿洲語費雅樺木也哈達山峰也

格根衛舊訛蓋干今改正案甯古塔東北有格根噶珊

英圖衛蒙古語英圖有碾之謂也舊訛英禿今改正地名無考

恰庫衛名已見前此又訛乞忽今併改

阿林衛滿洲語山也

哈爾薩衛舊訛哈兒速今改正案興京西南有哈爾薩山哈爾薩河發源於此

布達衛舊訛巴答今改正案布達山布達窩集俱在甯古塔西南與富爾嘉哈河薩喇河相近

托漠衛名已見前此又訛脫木今併改

喀巴衛舊訛忽把今改正案喀巴嶺在鳳凰城西南三十里

松阿哩衛舊訛速哈兒又訛竦和兒勝和兒今併改案松阿哩烏拉即混同江

穆蘇衛舊訛馬失今改正案穆蘇噶珊在甯古塔東北與敦敦窩集相近

托新衛舊訛塔賽今改正案托新河在齊齊哈爾西入綽爾河

扎哩衛舊訛箚里今改正案扎里河在齊齊哈爾東入屯河

扎哈衛舊訛者哈今改正案扎哈河在吉林城南七百十五里

興喀衛舊訛恨克今改正案國初有興喀路以興喀湖名湖在甯古塔城東南五百里周圍十里

哈爾薩衛名已見前此又訛哈失今併改

噶哈衛名已見前此又訛葛今併改

交校衛地名無考

愛丹衛舊訛艾答今改正案愛丹城在甯古塔城南四百里海蘭河布爾哈圖河會流之地

尼滿衛名已見前此又訛亦鑾今併改

哈瞻衛舊訛哈縩今改正案哈瞻河在吉林東南九百六十餘里

海楚衛舊訛革出今改正案與楚噶珊在甯古塔東北甯伊爾琨噶珊相近

布達衛名已見前此亦訛卜答今併改

蘇爾河衛舊訛蜀河今改正案蘇爾河在黑龍江城東南入黑龍江

屯齊山衛舊訛禿里赤今改正案屯齊哈達在吉林城西三十里

賽音衛 滿洲語善也衛未詳何地考吉林城南五百二十里有賽音訥音河入混同江或即此地

梅赫衛 舊訛忙哈今改正案吉林城西南五百二十里有梅赫河即蛇河也又有摩克托梅赫河安班梅赫河並在吉林西南入遼吉善河又甯古塔城北亦有梅赫河入呼爾哈河此以上俱嘉靖年置

窩集屯河所 舊訛兀者托溫今改正明實錄永樂二年十月置以歡塔等爲千百戶案屯河出屯窩集原文加窩集於屯字之上似以屯河所爲窩集衛屬部也餘見前

喀勒達所 舊訛可里踢今改正明實錄永樂四年正月置以巴圖布哈等爲千百戶案喀勒達山在琿春城東八十餘里

呼特亨所 舊訛兀的罕今改正明實錄永樂四年二月置案大呼特亨噶珊在混同江南岸小呼特亨噶珊在混同江北岸又有大小呼特亨河俱入混同江

德里沃赫所 舊訛得的河今改正永樂五年二月置案德里沃赫在興京西一百五十里

阿實河所 名已見前此又訛奧石今併改

鄂爾琿山所 舊訛哈魯門今改正永樂五年正月置案鄂爾琿山在甯古塔東南六百二十里

法坦河所 舊訛敷答今改正永樂七年四月置案法坦河在甯古塔東北

窩集奎瑪所 窩集舊訛兀者奎瑪舊訛揆野木今改正案奎瑪河奎瑪噶珊俱在甯古塔東北

窩集沃勒齊所 沃勒齊舊訛穩勉赤今改正案沃勒齊噶珊在甯古塔東北

岳色所 舊訛魚失今改正案岳色河在甯古塔東北

烏延所 舊訛五延今改正案烏延河在黑龍江南四百里

窩集堅河所 名已見前此又訛已河今改正

瞻河所 舊訛真河今改正案瞻河一在吉林西南五百餘里即扎河上流 國初瞻河寨屬蘇克蘇護河部一在黑龍江南二百里入遜河

烏登所 名已見前此亦訛兀的今併改

屯河所 名已見前

哈克三所 舊作哈三今改正案哈克三 盛京將軍所轄地名與斡琿鄂謨佛阿拉相近

窩集屯河所 名已見前

喀本河所 名已見前此亦訛古貧今併改

五因所 案黑龍江城南有五因河又有五因屯

索爾和綽河所舊訛鎖郞哈眞今改正案索爾和綽河在寕古塔城南十里入呼爾哈河

窩集昆河所昆舊訛揆今改正昆河在黑龍江城南二十里

烏屯河所名已見前此又訛兀禿今併改

温托琿河所名已見前此亦訛兀討温今併改

窩集色勒所色勒舊訛撒今改正案色勒河在吉林東南入混同江

哈魯城名已見前

喜嚕林城舊訛喜樓里今改正案喜嚕林山喜嚕林屯俱在甯古塔東北

博爾德站舊訛別兒眞今改正案博爾德站在齊齊哈爾東北二百七十里由默爾根至黑龍江之站也

黑龍江地方默勒特伊站默勒特伊舊訛莽亦鐵今改正案默勒特伊噶珊在黑龍江與烏蘇哩江會流之地

佛多和站舊訛弗朶河今改正案佛多和河一在吉林東南九十八里出納穆窩集一在吉林南八百四十餘里出納秦窩集一在甯古塔城西三百三十里出色齊窩集又國初訥殷部寨名　太祖癸巳年征服長白山珠舍里部訥殷路部主聚七寨人據佛多和山寨遣兵攻克之

伊罕河衛哈必蘇站伊罕河見前哈必蘇蒙古語肋也舊訛忽把希今改正

哈必蘇站名已見前但前站名繫之伊罕河衛下似兩站而同一名也

富達里站舊訛弗答林今改正案富達里噶珊在甯古塔東北

武都奇站舊訛古代替今改正案武都奇噶珊在甯古塔東北

烏蘇站名已見前此又訛五速今併改

博和弼站舊訛播爾賓今改正案博和弼河在甯古塔東北

和勒赫齊站舊訛黑勒亨石今改正案和勒赫齊河在黑龍江境

赫勒里站舊訛黑勒里今改正案赫勒里河在甯古塔東北又黑龍江所轄站名有和囉爾站音亦相近

穆遜河地面名已見前此又訛弗孫今改正

們河地面名已見前此又訛木温今併改

雍潤河地面舊訛涌坎今改正案雍潤河在黑龍江城西

薩哈地面舊訛撒哈今改正案薩哈地屬甯古塔

尼滿河地面名已見前此又訛亦馬今併改

噶穆地面名已見前此又訛可木今併改

黑龍江地面

遜河地面名已見前此又訛速温今併改

額圖密地面舊訛昏地迷今改正案額圖密河在甯古塔東南千四百里

烏爾固辰地面舊訛烏爾袞車今改正案烏爾固辰路屬東海窩集部國初太祖辛亥年征取之

錫伯河地面舊訛施伯今改正考皇輿全圖錫伯河在屯河之南

巴爾達河地面名已見前此又訛卜魯丹今併改

松阿哩地面名已見前此又訛勝和爾今併改

珠春地面舊訛諸車今改正案珠春河在黑龍江城東南千一百里

畢沙河地面舊訛卑讓今改正案畢沙河在黑龍江城北

奇集河地面名已見前此亦訛欽眞今併改

伊津河地面舊訛因只今改正案伊津河在甯古塔東南千五百里

固里河地面名已見前

綽爾河地面舊訛卓兒今改正按綽爾河在齊齊哈爾西三百里入嫩江

薩哈連地面舊訛撒哈連今改正案滿洲語薩哈連烏拉即黑龍江此誤分爲兩地

伊屯河地面名已見前此又訛亦禿渾今併改

果哷亨河地面舊訛古里罕今改正案果哷亨屯在甯古塔境內

呼呼巴河地面舊作忽忽八今改正地名無考

蘇穆嚕河地面名已見前此又訛失木魯今併改

巴里巴河地面蒙古語巴哩巴執持也舊訛把爾卜今改正河無考

穆倫河地面名已見前此亦訛木倫今併改

綏哈河地面舊訛崔哈今改正案綏哈在吉林城西四十里有綏哈城國初屬哈達國太祖己亥年征取之

伊津河地面名已見前此又訛也今今併改

納敏河地面舊訛那門今改正案納敏河在吉林東北邊外入混同江

布爾哈圖河地面名已見前此亦訛卜忽禿今併改

烏納琿河地面 舊訛兀魯溫今改正案烏納琿河在黑龍江境內

色珠倫河地面 名已見前此亦訛撒只剌今併改

斡齊河地面 舊訛兀察今改正案斡齊噶珊在甯古塔境內

畢里穆江地面 案今並無此江名

題爾敏地面 舊訛的里木今改正案題爾敏河在黑龍江境內

綏芬地面 舊訛蘇芬今改正案綏芬河在甯古塔東南四百四十里綏芬路國初屬窩集部太祖庚戌年征降之

錫璘地面 名已見前此又訛失令今併改

五里河口 案五里河在吉林城東南七百七十里又錦縣城西南八十五里亦有五里河

拉林口 名已見前此又訛那令今併改按拉林渡口站屬吉林將軍所轄即在拉林河旁也

和敏口 滿洲語和敏鋤頭也舊訛火明今改正地名無考

庫勒河 舊訛口兒今改正案庫勒河在呼倫布裕爾境內

必興河 案必興河在甯古塔東北

色實河滿洲語豆麵餑餑也舊訛鎖失今改正河名無考

固雅溫都爾河蒙古語股高也舊訛古因溫都魯今改正河無考

烏登河名已見前此又訛斡的音今併改

右凡衞所城站地面共四百五十有八重複者居四之二無可考者又五之一焉大抵明永樂間所置其地尚有可稽正統後置者尤爲訛複今詳加糾覈並列於前以著其誤若遼東都指揮司所轄如定遼中左右前後蓋州復州廣甯甯遠內地諸衞俱載在

大清一統志及

盛京通志泰甯福餘諸音三衞地接熱河已見熱河志不復兼及云

欽定滿洲源流考卷十三

欽定滿洲源流考卷十四

山川一

臣等謹案高山肇迹豐水貽謀自古王業所興必有名山大川扶輿蜿蟺以翊昌運而鞏丕基我
國家啟宇遼東於山則有長白醫巫閭之神瑞於水則有混同鴨綠之靈長幹衍支分盤紆迴繞懷柔咸秩篤祜萬年臣等
謹立山川一門凡史乘所載者詳爲詮次用以稽古證今參
同考異仰維
啓運
天柱
隆業三山敬奉
神宮尤爲王氣所鍾坤珍所會爰首列之以著發祥之自至若羣山
衆水稱名實繁則具見於

大清一統志
盛京通志二書茲不復加甄敘云

啓運山

謹案
大清一統志
啓運山在興京城西北十里自長白山西麓一幹綿亘至此層巒環
拱衆水朝宗萬世鴻基實肇於此

御製恭謁
永陵
追王傳前籍
遺庥逮後昆高山瞻彼作德水溯茲源疆理興家室星辰衞
廟垣幾多瓜瓞感揮淚灑寒原

御製恭謁

永陵

四祖分

陵墲壝同

鴻禧景佑奠岐豐制因漢氏修園寢

奠擬周家號古公念結拜瞻千里外派綿繼續萬年中曰承曰啟均

予責惟敬惟勤勵此衷

御製恭瞻

啟運山作歌

長白龍幹西南來靈山

啟運神堂開源遠流長綿奕世駢蕃禔祉皇圖培

肇祖衣冠祕陵室

三祖元宮千載謐譽成不共何忍言七恨興師此第一我景祖顯祖陷明氏之計致不諱是以我太祖興師討明以此爲七大恨之首爰始爰謀緬

亶父

橋山景祐猶故土昌平樵採禁至今

朝家厚德昭千古明季謂我朝興自遼東乃毀及金陵爲壓勝我朝雖有二祖之恨而彼南京孝陵及昌平十三陵皆爲守護禁樵採厚德仁風垂則千古云

天柱山

謹案

大清一統志

天柱山在承德縣東二十里

福陵在焉近則渾河環於前輝山興隆嶺峙於後遠則發源長白俯

臨滄海洵王氣之所鍾也

御製恭謁

福陵

草昧起英雄

維皇乃眷東風雲龍虎會日月海天中
帝業千年鞏
山陵萬古崇永維
無競烈繼序矢深衷
御製恭謁
福陵
天柱隆崇萬載亭陵山即天柱山
福貽奕葉藉威靈風雲儼若通
神緯龍虎常如護
帝扃黍稷一時陳俎豆瞻依千載昜霜星敬觀
實錄思開創每悉
艱難淚雨零
隆業山

謹案
大清一統志
隆業山在承德縣西十里
昭陵在焉自城東北疊巘層巒至此而寬平宏敞有包羅萬象統御
八荒之勢遼水右迴渾河左繞輪囷葱鬱永固丕基
御製恭謁
昭陵
早是天歆漢何曾鹿逐秦百年經五世一壘豈三旬
太室烝嘗永
元宮松柏新紹庭懷積悃展拜此時申
御製
昭陵石馬歌
在昔穆王八駿追雲霞耄荒忘返天之涯太乙況漢天馬來樂

府會聞產渥洼勤勞血汗事何有雌黃徒惹詩人口不如漢文郤受千里駒吉行五十符陽九周家岐渭始勤農我朝三韓舊迹實鑾弓由來受命雖有異艱難創業多齊蹤太宗馬上得天下房駟星輝天錫騢叶大白小白協安吉故老云昭陵前石馬一名大白一名小白蓋文皇帝所御也文皇帝體豐而鐙重乘小白日行百里乘大白祗能行五十里云至今立仗

昭陵貽石馬遐思我祖如唐宗陵園廟號先後同汗趨嘗傳杜甫句闡揚光烈千秋隆六御今年來故里貞觀遺迹餘荒壘唐壘在廣甯縣城東南相傳唐太宗征高麗駐兵之所文皇曾亦討寒盟謹案昭陵神功聖德碑云天聰二年以朝鮮毁盟討之拔其都載飛舸於車凌江華島李倧自縛爲臣釋之還幷歸其俘獲乘此雙龍渡浿水文綏武服爲蕃屏萬年正朔奉永清不似李唐東征悔失計仆碑重建思魏徵

御製恭謁
昭陵
丕顯
丕承王業昭肇基
景命大清朝那同鼎足分三國可擬
戎衣定一朝兩白常趨石馬汗陵前立仗石馬曰大白小白蓋太宗當日所乘以略陣破堅者萬
靑永護玉峯標元孫五世親陳奠僾愾
聲容未覺遙
長白山
御製駐蹕吉林境望叩長白山
吉林眞吉林長白鬱嶔岑作鎮曾聞古鍾祥亦匪今邠岐經處
遠雲霧望中深天作心常憶明禮志倍欽
御製望祭長白山作

詰旦升柴温德亨（山名建望祭殿於此）高山望祭展精誠椒馨次第申三獻樂具鏗鏘叶六英五嶽眞形空紫府萬年天作佑皇清風來西北東南去吹送羶薌達玉京

山海經大荒之中有山名不咸在肅愼氏之國

晉書肅愼氏一名挹婁在不咸山北

魏書勿吉國南有徒太山魏言太白有虎豹熊狼不害人人不得山上溲汙行逕山者皆以物盛去

北史靺鞨國南有從太山者（案魏書隋書俱作徒太山通考與此同）華言太皇（按魏書作太白與此異）俗甚敬畏之人不得山上溲汙行經山者以物盛去上有熊羆豹狼皆不害人人亦不敢殺

新唐書靺鞨居肅愼地粟末部居最南抵太山亦曰徒太山與高麗接

新唐書渤海大氏度遼水保太白山之東北阻奥婁河樹壁自固

通典挹婁即古肅慎其國在不咸山北

太平寰宇記挹婁國在不咸山北夫餘北千里按通考云在夫餘東北千里

契丹國志長白山在冷山東南千餘里乃白衣觀音所居其山禽獸皆白

金史女眞地有長白山

金史昭祖耀武至于白山入于率賓扎蘭之地所至克捷還經佛頁水

金史會甯府會甯縣有長白山

金史大定十七年省臣奏咸平府路一千六百餘戶自陳皆長白山錫馨珊沁河女眞人遼時僉爲獵戶移居于此號伊勒敦部本朝之興首詣軍降仍居本部今乞釐正從之

金史祭祀志大定十二年有司言長白山在興王之地禮合尊崇議封爵建廟宇十二月禮部太常學士院奏奉敕旨封興國靈應王即其山北地建廟宇十五年三月奏定封册儀物冠九旒服九章玉圭玉册函香幣册祝遣使副各一員詣會甯府行禮官散齋二日致齋一日所司於廟中陳設如儀廟門外設玉册袞冕幄次牙仗旗鼓從物等視一品儀禮用三獻祭如嶽鎮其册文曰自兩儀剖判山嶽神秀各鍾于其分野國將興者天實作之對越神休必以祀事故肇基王迹有若岐陽望秩山川於稽虞典厥惟長白載我金德仰止其高實惟我舊邦之鎮混同流光源所從出秩秩幽幽有相之道列聖蕃衍熾昌迄於太祖神武徵應無敵於天下爰作神主肆予沖人紹休聖緒四海之内名山大川靡不咸秩矧王業所因瞻彼旱麓可儉其禮服章爵號非位于公侯之上不足以稱焉今遣某官某持節備物

册命茲山之神爲興國靈應王仍敕有司歲時奉祀於戲廟食
之享亘萬億年維金之禎與山無極豈不偉歟自是每歲降香
命有司春秋二仲擇日致祭明昌四年十月備衮冕玉册儀物
上御大安殿用黄麾立仗八百人行仗五百人復册爲開天宏
聖帝
金史章宗泰和二年遣使報謝于長白山
金史昭祖族人果布者從昭祖耀武至于白山
金史温都布拉始居長白山阿布繖河徙隆州額勒敏河
金史昭祖耀武至於青嶺白山舒嚕佐之也
元一統志開元路長白山在舊會甯縣南六十里横亘千里高
二百里其頂有潭周八十里淵深莫測南流於鴨綠江北流於
混同江今呼爲松阿哩江東流爲愛呼河舊訛阿也苦今改正
明一統志長白山在故會甯府南六十里横亘千里高二百里

其巔有潭周八十里

附覺羅吳木訥原奏內大臣覺羅吳木訥等謹題爲遵

旨看驗長白山事康熙十六年四月十五日內大臣覺羅吳木訥一

等侍衛兼親隨侍衛首領臣耀色等奉

上諭長白山係本朝

祖宗發祥之地今乃無確知之人爾等四人前赴鎭守烏拉地方將

軍處選取識路之人往看明白以便酌量行禮臣等欽遵於

五月初五日起行本月十四日至

盛京二十三日至烏拉地方轉宣

上諭于將軍等隨查烏拉甯古塔及烏拉獵戸所居村莊等處俱無

確知長白山之人僉云曾遠望見惟都統尼雅罕之宗族達

穆布魯原係採獵之人稱原在額赫訥陰地方居住雖不曾

躋長白山巔曾聞我父云如往獵于長白山脚獲鹿肩負以

歸途中三宿第四日可至家以此度之長白山離額赫訥陰地方不甚遥遠等語因訪問赴額赫訥陰水路幾日陸路幾日可至亦有知額赫訥陰陸路之人否據管獵戶噶賴達額赫等口稱如乘馬由陸路十日可至如乘小舟二十日可至倘遇漲阻難計日期有獵戶喀喇者能知陸路等語臣等隨議每人攜三月糧而往又思或三月糧盡或馬力疲乏亦不可定隨語鎮守甯古塔將軍巴海可載一船米於額赫訥陰地方預備巴海云大船不能過松花江大險處當載米十七小船以往又與噶賴達額赫約我輩乘此馬匹肥壯速由陸路往看過長白山回時再由水路逆流而上前赴額赫訥陰地方約定臣等帶固山達薩布素於六月初二日起行經過温德亨河阿虎山庫哷訥林初爾薩河呼沱河沙布爾堪河納丹佛勒地方輝發江法河穆敦林巴克塔河納爾琿河敦

敦山卓龍窩河等處及至訥陰地方江干不意額赫乘小舟而行半月程途七日齊至因語固山達薩布素我輩乘小舟由江中逆流前赴額赫訥陰地方汝帶官兵馬匹由斡努河逆流而上由佛多和河順流而下至額赫訥陰相會約定遣發去後臣等於十一日至額赫訥陰薩布素等初十日已至因前去無路一望林木與薩布素商議令閒散章京尼喀達與識路徑之喀喇帶領每旗甲士二名前行伐木開路并諭如望見長白山可將行幾日方望見有幾許路程相度明確來報隨於十二日發遣前行去後本日據固山達薩布素差人前來報稱我等別後行三十里至一山頂上望見長白山不甚遙遠似止有一百七八十里等語又續遣艾哈來報稱先差人來後又至一高山頂上望見長白山甚明約有百餘里上見有片片白光等語臣等趁未有雨水之時急往看視

因留噶賴達額赫督捕珠蚌於十三日起行十四日與固山
達薩布素等會於樹林中揣摩開路前進十六日黎明聞鶴
鳴六七聲十七日雲霧迷漫不見山在何處因向鶴鳴處尋
路而行適遇鹿蹊由此前進直至長白山脚下見一處周圍
林密中央地平而圓有草無木前面有水其林離駐箚處半
里方盡自林盡處有白樺木宛如栽植香木叢生黃花燦爛
臣等隨移於彼處駐箚步出林外遠望雲霧迷山毫無所見
臣近前跪誦
綸音禮拜甫畢雲霧開散長白山歷歷分明臣等不勝駭異又正值
一路可以躋攀中間有平坦勝地如築成臺基遥望山形長
濶近觀地勢頗圓所見片片白光皆冰雪也山高約有百里
山頂有池五峯圍繞臨水而立碧水澄清波紋蕩漾池畔無
草木臣等所立山峯去池水約有五十餘丈周圍寬濶約有

三四十里池北岸有立熊望之甚小其繞池諸峰勢若傾頹頗駭瞻視正南一峰較諸峰稍低宛然如門池水不流山間處處有水由左流者則爲松阿哩烏拉右流者則爲大訥陰河小訥陰河繞山皆平林遠望諸山皆低相視畢禮拜下山之際岸頭有鹿一羣他鹿皆奔獨有七鹿如人推狀自山岸陸續滚到山下閑散章京等駐立之處臣等不勝駭異因思正在乏食此殆山靈賜與者隨望山叩謝臣等上山之時原有七人也自得鹿之處退至二三十步回首瞻望又忽然雲霧迷山臣等因清淨勝地不宜久留於十八日言旋回望雲霧朦朧不得復見山光矣二十一日回至二訥陰河合流之處二十五日回至恰庫河此河乃訥陰東流會合之所二十八日正行之際適遇頒到

勅旨當經叩頭謝

恩詑二十九日自恰庫河乘小舟而歸經過色克騰險處圖伯赫險處噶爾漢險處噶達運險處薩滿險處薩克錫險處法克錫險處松阿哩大險處多運險處乘一葉小舟歷此大江九險得以無恙而渡者皆仰賴

皇上洪福之所致也七月初一日回至烏拉地方本月十二日至甯古塔徧看會甯府等處地方畢七月十七日自甯古塔起行八月二十一日抵京師按自古言長白山者皆得自傳聞想像之詞我朝發祥基業熾美繇岐康熙年間吳木訥等奉旨親往看驗所載尤爲詳確謹附錄於此

按長白山在吉林烏拉城東南橫亙千餘里東自甯古塔西至奉天府諸山皆發脈於此山巔有潭爲鴨綠混同愛滹三江之源古名不咸山亦名太白山亦名白山亦名徒太山亦名太末山其名長白山則自金始也金大定十二年封太白山神爲興國靈應王即其山北地建廟宇明昌四年復册爲

開天宏聖帝
本朝康熙十七年尊爲長白山之神遣大臣致祭懷柔之典以
時舉行又按長白山南麓蜿蜒磅礴分爲兩幹其一西南指
者東界鴨綠江西界佟佳江麓盡處兩江會焉其一繞山之
西而北亙數百里以其爲衆水所分舊謂之分水嶺西至於
興京邊茂樹深林幕天翳日者土人呼爲納嚕窩集從此西入
興京門遂爲
啓運山自納嚕窩集而北一岡袤四十餘里者土人呼爲果爾敏珠
敦即長嶺也復西指入英額邊門遂爲
天柱
隆業二山迴旋盤曲虎踞龍蟠其間因地立名爲山爲嶺者不一皆
此山之支裔也山之靈異自昔稱名而
神聖發祥於今爲盛萬世鴻基與天無極矣

金史祭祀志大定二十五年封上京護國林神爲護國嘉蔭侯毳冕七旒服五章圭用信圭遣使詣廟以三獻禮祭告其祝文曰蔚彼長林實壯天邑廣袤百里惟神主之廟貌有嚴侯封是享歆時獨潔相厥滋榮自後遇月七日上京幕官一員行香著爲令案今盛京窩集至多金時所稱護國林在上京今附於長白山之後

青嶺

金史上京山有青嶺

金史會甯府在會甯縣山有青嶺

金史初烏蘇展部有女名博多和青嶺東混同江舒舒水人掠而去生二女昭祖與舒嚕謀取之遂偕至嶺右炷火於箭端而射舒舒水人怪之

金史昭祖耀武至於青嶺

金史拉必瑪察剽呼拉布濼牧馬過青嶺東與烏春烏木罕交

結世祖自將伐之

金史拉必瑪察與世祖戰于野鵲水世祖中四創軍敗拉必使吉遜圖罕等過青嶺見烏春賂諸部與之交結烏春以古哩甸兵百十七人助之

金史天輔六年三月都統杲出青嶺宗翰出瓢嶺追遼主於鴛鴦濼

金史宗翰至奚王嶺與都統杲會杲軍出青嶺宗翰軍出瓢嶺期於羊城濼按今有大青山在開原城東南四十里疑即是也

瑪奇嶺

金史上京山有瑪奇舊作馬紀今改正嶺

金史會甯縣有瑪奇嶺

金史錫馨海蘭水烏淩阿部人昭祖柩至海蘭水錫馨攻而奪之昭祖之徒告於佛穆丹與瑪奇嶺赫伯村完顏部蒙克巴圖

等募軍追及之與戰復得樞

金史世祖自將過瑪奇嶺至烏木罕村與罕都合至阿卜薩水嶺東諸部皆會

金史穆宗使薩哈取瑪奇嶺道攻阿蘇行次阿卜薩水色埒謂薩哈曰宜先撫定珊沁錫馨路合軍未晚也遂攻下通恩城與穆宗會阿蘇城下

金史阿蘇起兵穆宗自瑪奇嶺出兵攻之薩哈自和倫嶺往略定珊沁錫馨兩路攻下通恩城穆宗至阿齊呼水益募軍至阿蘇城

金史康宗時率賓水民不聽命使威泰等至呼爾哈川召諸官僚告諭之鴻觀部率賓水居沃赫貝勒不至威準部哲爾德部既至復亡去烏塔遇二部長於瑪奇嶺執之而來

金史威準部達薩塔貝勒哲爾德部薩克蘇貝勒遯去遇烏塔

于瑪奇嶺烏塔遂執二人以降

金史康宗使博囉報聘高麗且取亡命之民康宗畋於瑪奇嶺伊智村以待之案瑪奇嶺未詳所在以金史所載考之當在吉林烏拉境內

伊勒呼嶺

金史自景祖以來兩世四主志業相因一切治以本部法令東南至於伊勒呼舊作乙離骨今改正海蘭扎蘭托卜古倫東北至於五國矩威圖塔金蓋盛於此

金史伊勒呼嶺布薩部居高麗女眞之兩間穆宗使族人招之伊勒呼嶺東諸部皆內附

金史康宗使碩碩歡以錫馨圖們之兵往至伊勒呼嶺益募兵趨和尼水徇地海蘭甸攻叛亡七城二年四月高麗復來攻碩碩歡以五百人禦於布騰水復大破之追入布騰水高麗請和使色埒經正疆界至伊勒呼嶺海蘭甸和尼水留兩月色埒不

能聽訟康宗遣碩碩歡往立幕府於珊沁水

金史太祖命雙寬綽和等撫定伊勒呼嶺綽滿水之西諸部居民（案金地理志有伊勒呼水亦屬海蘭路近高麗界）

長嶺

新唐書長嶺營州道也

唐賈耽道里記渤海長嶺府千五百里至渤海王城（案渤海王城在今甯古塔境吉林西南五百里有長嶺子滿洲語爲果勒敏珠敦自長白山南一嶺環繞至此爲衆水分流之地渤海曾置府于此又錦州復州雖俱有長嶺不若此之最著也詳前疆城門）

東牟山

舊唐書渤海大祚榮保桂婁（新唐書作挹婁）之故地據東牟山築城以居之

新唐書渤海本粟末靺鞨保挹婁之東牟山

遼史渤海大氏始保挹婁東牟山

金史李勣破高麗粟末靺鞨保東牟山

元一統志東牟山在瀋陽路挹婁故地唐滅高麗粟末靺鞨保挹婁之東牟山即此

明統志東牟山在瀋陽衞東二十里唐高宗平高麗渤海大氏以衆保挹婁之東牟山即此案今承德縣城東二十里爲天柱山當即東牟山也

輝山

明統志輝山在瀋陽東北四十里層巒疊嶂爲諸山之冠案輝山在今承德縣東北四十里

白平山

山海經遼水出白平東

水經大遼水出塞外御亦作衛白平山

水經注遼水亦言出砥石山案遼河有兩源東源出吉林之庫哷訥窩集西源即潢河也白平砥石之名或古今稱名之異

遼山　瑚呼瑪山

漢書地理志高句麗遼山遼水所出入大遼水

水經高句麗縣有遼山小遼水所出

水經注小遼水出遼山

元一統志渾河源出廢貴德州東北瑚呼瑪山案渾河即小遼水源出長白山

納嚕窩集諸書皆傳聞之異

庫堪山

金史景祖時舒嚕之子噶順舉部來歸居于阿勒楚喀水源庫堪原作胡凱今改正山之南庫堪山者所謂和陵之地是也沃呼部博諾與其兄弟居阿勒楚喀水之北及烏春作難博諾誘烏魯斯哈珠水居人與之相結案今阿勒楚喀河源出阿勒楚喀城東北里許扎松阿山古今異名也

果囉山

明統志果囉山在都司城東北五百里大梁水發源於此案太子河

源出吉林薩木禪山

馬鞍山

明統志馬鞍山在三萬衛東北四百里建州東案馬鞍山在吉林烏拉城西北一百二十里高六十步周四里

冷山

宋史洪皓傳皓使金流遞於冷山地苦寒四月草生八月已雪穴居百家陳王烏舍聚落也

松漠紀聞冷山去燕山三千里去金都二百餘里案本傳雲中至冷山行六十日距金主所都僅百里去甯江州百七十里案扈從日錄額木赫索囉站東北二百餘里爲冷山自必爾罕必喇北望相去約數十里積素凝寒高出衆山之上土人呼爲白山以其冬夏皆雪也

德林石

金史世祖擒拉必獻于遼主并言烏春助兵之狀遼主使人問狀烏春曰未嘗與拉必爲助也德林石之北古哩滿洲語遷移也舊作姑里

今改甸之民所管不及此案德林石在甯古塔城西九十里自河摩和池東繞沙闌站之南抵呼爾哈鄂有大石廣二十餘里孔洞大小不可數計或圓或方或六隅八隅如井如盆如池深或丈餘或數尺中有泉澄然凝碧或潛鱗游泳或中生樺榆等樹夏無蚊虻麋鹿羣聚于中名曰德林石渤海有德里府亦是其處

龍首山

明統志龍首山在鐵嶺東二里案龍首山在今鐵嶺縣城東二里許

蛇山

遼史遼州本拂涅國城有蛇山案跎山在今鐵嶺縣西一百五里

刁蹕山

明統志刁蹕山在三萬衛西南一百五十里遼河西岸案刁蹕山在今鐵嶺縣西北七十里俗呼貂皮山

醫巫閭山

御製過廣甯望醫巫閭山恭依

皇祖聖祖仁皇帝元韻

海旭凝螺黛罡風削玉蓉靈奇經覽乍聖迹躡尋重過客羣停轡仙人迴矗峰是山有仙人巖桃花洞聖水盆北鎮廟諸奇勝徒思山側逕未撫寺前松萬古爲幽鎮千秋溯舜封崇功標地紀秩祀偶天宗巘嶭疑騫鳳巉峘突逴龍盈眸欣積素步馬遲襃胸

御製杪秋遊醫巫閭山得五言三十韻

奧宇坤維鎮神堂碣石開寵從參漢迴案衍向陽恢舜典升柴載山經括地晐昔曾望巒嶺癸亥歲有過廣甯望醫巫閭山之作今已近壇陔禋祀帛籩薦威儀卿尹陪達誠仙闕退問景玉鞭催驀入粟黎塹延緣崱崺堆圃場崇有積雞犬靜無猜頻見耕荒隧疇能保一阫日高方覺暖風細不生埃盤谷深成阻牛山久已咳寺頹僧避去屋寂鳥飛來遂造崎嶇遍從看草木纔地靈自呵護天意本栽培寫霧谿宮霍流澌落漩洄柳書人作字松抱石爲胎初狹塵凡限中宏造化胚更因窮窈窕旋命減輿僮詰曲遵碕逕

蒙茸藉嫩苔懸崖飛瀑水切顥甃瑤臺右聖水盆倘有芝英碣甯妨薦福雷右蝌蚪碑武陵雖假借洞口試徘徊作記徵彭澤成詩憶楚材右桃花洞甯知進士第轉遜岳陽杯右呂公崖肥遯幽棲處翹思獨往才右道隱谷雲巢眞可號龍種是誰栽右雲巢松最後中峰矗居然一笠嵬右曠觀亭海天惟浩蕩心目與兼該始遇欣佳矣曠觀誠壯哉安期如卻掃意不在蓬萊

御製祭北鎭醫巫閭山

敬謁

橋山大典昭旋輿蠲吉祀寅朝提封於昔更無北望秩而今溯有姚廟古百王虔盛享

神庥億載佑全遼高低黍稻盈豳野歲歲顒祈風雨調

周禮職方氏東北曰幽州其山鎭曰醫巫閭

北魏書和平元年正月帝幸遼西望祀醫巫閭山

隋書開皇十四年閏十月詔北鎮醫巫閭山就山立祠

唐六典立冬之日祭北鎮醫巫閭於營州

文獻通考唐武德貞觀之制五嶽四鎮年別一祭各以五郊迎氣日祭之祭北鎮醫巫閭於營州

册府元龜天寶十載遣范陽郡司馬祭醫巫閭山廣甯公

宋史祕書監李至言案五郊迎氣之日皆祭逐方嶽鎮海瀆望遼舊禮就迎氣日各祭于所隸之州長吏以次爲獻官立冬祀北鎮醫巫閭山于定州（案宋時北鎮遠隔封外是以止于定州望祭）

許亢宗奉使行程錄出渝關以東南行瀕海忽峭拔摩空蒼翠萬仞乃醫巫閭山也

遼史人皇王性好讀書購書數萬卷置醫巫閭山絕頂築堂曰望海山南去海一百三十里山形掩抱六重

金史大定四年詔依典禮立冬祭北鎮醫巫閭山于廣甯府

元史至元三年定歲祀嶽鎮海瀆之制十月土旺日祀醫巫閭山于遼陽廣甯府界

明史洪武三年詔定嶽鎮海瀆神號北鎮曰醫巫閭山之神

明會典祭北鎮醫巫閭山于遼東

明統志醫巫閭在廣甯衞西五里舜封十二山以此爲幽州之鎮自是遂以爲北鎮其山掩抱六重故又名六山案醫巫閭山在今廣甯縣西四十里周二百四十里

千山

御製望千山

我聞古來稱奧區必有名山爲作鎮況兹遼陽實天府羲經巳兆帝出震長白巫閭衆所瞻千山亦復高千仞設在晋郊魯鄙間太華泰岱堪齊峻我來譙邑攬形勝南望巑岏映青潤朝嵐夕靄儼相接巒光峰態如堪引龍泉祖樾久聞名靈蹟相傳半疑信何時

長嘯眺滄海據盛京通志千山香巖寺中有仙人臺俯瞰蒼海如布几席云千仞岡頭衣始振

明統志千山在遼東都司城南六十里峰巒叢密中有龍泉祖樾香巖中會等寺下有羅漢洞龍泉案千山在今遼陽州南六十里世傳唐太宗征高麗時駐蹕於此

十三山

御製閭陽驛望十三山

當前誰展十三屏古縣荒涼考奉陵出金史百載堠臺烽火息山青雲白自層層

五代史附錄胡嶠等東行過一山名十三山

遼史顯州有十三山

遼史燕王淳討武朝彥至乾州十三山

許亢宗奉使行程錄出渝關東路平如掌至此微有登陟經由十三山下

元一統志十三山在廣甯府南一百十里

明統志十三山在廣甯右屯衛北三十里山下有洞山上有池案十三山在今錦縣東七十五里周二十里峯有十三故名

首山亦名駐蹕山又名手山

三國志景初二年司馬懿征公孫淵軍至遼東八月丙寅大流星長數十丈從首山墜襄平城南

三國志司馬懿伐公孫淵潛濟遼水進至首山大破淵軍遂圍襄平

新唐書貞觀十八年車駕度遼水軍於馬首山

遼史遼陽府有駐蹕山唐太宗征高麗駐蹕其巔數日勒石紀功焉俗呼手山按唐書貞觀十九年太宗親征高麗破遼東城降白崖進攻安市城高麗傉薩高延壽率衆十五萬來援太宗自山而下引軍臨之賊大潰延壽等降因名所幸山爲駐蹕山命中書侍郎許敬宗爲文勒石以紀其功今考駐蹕山凡數處一爲首山唐書稱馬首遼史稱手山在遼陽城西南接海城縣界唐太宗初渡遼水攻遼州時駐營之山也一

在安市城外唐太宗既得遼州巖州進攻安市所駐之山唐書所載名所幸山爲駐蹕山及李勣從戰駐蹕山功𡻕多者是也又駐蹕山一名六山則醫巫閭也又蓋平東百十餘里分水嶺諸山相傳唐太宗駐蹕處又海城西南十里有平頂山一名車駕山亦傳唐太宗駐蹕處而首山與安市城外之駐蹕山地志多誤爲一山謹附訂於此

金史斡魯克瀋州與高永昌隔鄂勒和水衆遇淖不能進棟摩以所部先濟軍東京城下城中人來戰棟摩破之于首山殲其衆

明統志首山在都司城南十五里連海州衛界山頂平石之上有掌指之狀泉出其中挹之不竭晉司馬懿圍公孫淵于襄平即此唐太宗征高麗駐蹕其巔數日勒石紀功因改爲駐蹕山

案明志亦沿遼史之誤

明王山

遼史東京遼陽府有明王山

元一統志明王山在遼陽縣東三十里契丹地志云夫餘王東

明葬于此因以爲名

明統志明山在復州衛東十里元志有明王山即此案今復州東十里爲東屏山疑即是也

華表山亦名白石山亦名横山

新唐書顯慶四年薛仁貴破溫沙多門於横山

遼史東京道遼陽府有白石山亦曰横山

元一統志華表山俗呼爲横山因丁令威化鶴得名

明統志華表山在都司城東六十里因丁令威得名俗呼爲横山案華表山在今遼陽州東六十里遼陽州爲遼之東京道遼陽府考遼史載遼陽府所屬仙鄉縣因丁令威化鶴而得名則華表山即遼時之白石山無疑

熊岳山

遼史熊岳縣西至海一十五里傍海有熊岳山案望海山在蓋平縣西南三十五里其山傍海遼史熊岳疑即此

金山

通典唐乾封二年薛仁貴破高麗於金山進拔夫餘城案夫餘城東接挹婁西接鮮卑在遼爲通州金爲咸平府地

明統志金山在開原西北三百五十里遼河北岸又西北三十里曰東金山又二十里曰西金山三山綿亙三百餘里與烏梁海接境

蒺藜山

金史天輔元年烏楞古等敗耶律聶哷兵於蒺藜山拔顯州乾懿豪徽成川惠等州皆降

金史遼耶律聶哷軍於蒺藜山烏楞古以兵一萬戍東京與戰於藜蒺山大敗之追北至額勒錦坡遂圍顯州按蒺藜山在廣甯縣境外

龍鳳山

元一統志大蟲江在遼陽路發源龍鳳山分水嶺下東南流經

廢博索府南合于鴨綠江

明統志龍鳳山在遼東都司東南大蟲江發源於此案鳳凰城西北八十五里有龍鳳臺山

鳳凰山

元一統志鳳凰山在利州南十三里南北一十里東西廣三里相傳鳳凰嘗止其上故名

明統志鳳凰山在都司城東三百六十里上有壘石古城可容十萬衆唐太宗征高麗駐蹕於此案今鳳凰城東南五里有鳳凰山

噶哈嶺太祖高皇帝甲申年征渾河部鑿道噶哈嶺

太蘭岡太祖乙酉年擊敗渾河諸部兵於此

吉林崖太祖乙酉年擊敗哲陳渾河諸兵部於此

古埒山太祖癸巳年破葉赫哈達等九部兵於此

扈爾奇山在輝發河邊國初輝發國城在焉太祖丁未年平之

宜罕山國初屬烏拉國太祖戊申年攻取之

伊瑪護山岡太祖壬子年征烏拉築木城於此

薩爾滸山太祖己未年大破明師於此

御製己未歲我

太祖大破明師於薩爾滸山之戰書事

蓋聞國之將興必有禎祥然禎祥之賜由乎

天而致

天之賜則由乎人予小子於己未歲我

太祖大破明師於薩爾滸之戰益信此理之不爽也爾時草剏開基

篳路藍縷地之里未盈數千兵之衆弗滿數萬惟是

父子君臣同心合力師直爲壯荷

天之龍用能破明二十萬之衆每觀

實錄未嘗不流涕動心思我

祖之勤勞而念當時諸臣之宣力也謹依
實錄敘述其事如左
己未二月明帝命楊鎬杜松劉綎等統兵二十萬號四十萬來攻左翼中路以杜松王宣趙夢麟張銓督兵六萬由渾河出撫順關右翼中路以李如柏賀世賢閻鳴泰督兵六萬由清河出鴉鶻關左翼北路以馬林麻岩潘宗顏督兵四萬由開原合葉赫兵出三岔口右翼南路以劉綎康應乾督兵四萬合朝鮮兵出寬甸口期並趨我興京三月朔我西路偵卒遙見火光馳告甫至而南路偵卒又以明兵逼境告我
太祖曰明兵之來信矣南路駐防之兵有五百即以此拒之明使我先見南路有兵者誘我兵而南也其由撫順關西來者必大兵急宜拒戰破此則他路兵不足患矣即於辰刻卒大貝勒代善後封禮親王及衆貝勒大臣統城中兵出而令大貝勒前行時偵卒

又以明兵出清河路來告大貝勒曰清河之界道途傴仄崎嶇兵未能驟至我兵惟先往撫順以逆敵兵遂過扎喀關與達爾漢侍衛扈爾漢（後授三等子世職）集兵以待
上之至時
四貝勒（即我太宗文皇帝）以祀事後至謂大貝勒曰界藩山上我築城夫役在焉山雖險儻明之將帥不惜士卒奮力攻之陷夫役奈何我兵宜急進以安夫役之心大貝勒等善是言下令軍士盡擐甲日過午至太蘭岡大貝勒及扈爾漢欲駐兵隱僻地以待敵
四貝勒艴然曰正宜耀兵列陣明示敵人壯我夫役士卒之膽俾幷力以戰何故令兵立隱僻地耶巴圖魯額亦都（後為一等大臣追封弘毅公）
曰
貝勒之言是也我兵當堂堂正正以向敵人遂督兵赴界藩對明兵營列陣而待初衆貝勒兵未至我國防衛築城夫役之兵僅四

百人伏薩爾滸谷口伺明總兵杜松王宣趙夢麟之兵過谷口將半尾擊之追至界藩渡口與築城夫役合據界藩山之吉林崖杜松結營薩爾滸山而自引兵圍吉林崖仰攻我兵我兵四百人率衆夫役下擊之一戰而斬明兵百人時我國衆貝勒甫至見明兵攻吉林崖者約二萬人又一軍列薩爾滸山巔遥爲聲勢四大貝勒與諸將議曰吉林崖巔有防衛夫役之兵四百人急增千人助之俾登山馳下衝擊而以右翼四旗兵夾攻之其薩爾滸山之兵則以左翼四旗兵當之遂遣兵千人往吉林崖

上至問四大貝勒破敵策四大貝勒具以前議告

上曰日暮矣且從汝等令分右翼四旗之二與左翼四旗兵合先破薩爾滸山所駐兵此兵破則界藩之衆自喪膽矣再令右二旗兵遥望界藩明軍俟我兵由吉林崖馳下衝擊時并力以戰是

時我國近都城之兵乘善馬者先至乘駑馬者後至其數十里外者尚未至於是合六旗兵進攻薩爾滸山明兵駐營列陣發鎗礮我兵仰而射之奮力擊衝不移時破其營壘死者相枕藉而所遣助吉林崖之兵自山馳下衝擊右二旗兵渡河直前夾擊明兵之在界藩山者短刃相接我兵縱橫馳突無不一當百遂大破其衆明總兵杜松王宣趙夢麟等皆沒於陣橫屍亙山野血流成渠其旗幟器械及士卒死者蔽渾河而下如流澌焉追奔逐北二十餘里至碩欽山時已昏軍士沿途搜剿者又無數是夜明總兵馬林兵營於尚間崖濬壕嚴斥堠鳴金鼓自衛我兵見之乘夜馳告於大貝勒翼旦大貝勒以三百餘騎馳往馬林兵方拔營行見大貝勒兵至回兵結方營環營濬壕三匝列火器俾習火器者立壕外繼列騎兵以俟又潘宗顏一軍距西三里外營斐芬山大貝勒見之使人馳告於

上時我國遠路之兵亦陸續至與大貝勒兵合明左翼中路後營遊
擊龔念遂李希泌統步騎萬人駕大車持堅楯營於斡琿鄂謨
地環營濬壕外列火器
上見之與
四貝勒率兵不滿千人分其半下馬步戰明兵發火器拒敵
四貝勒引騎兵奮勇衝入我步兵遂斫其車破其楯明兵又大敗龔
念遂李希泌皆陣沒焉會大貝勒使人至知明兵已營尚間崖
上不待
四貝勒兵急引侍從四五人往日中至其地見明兵四萬人布陣成
列
上趣令我軍先據山巔向下搏擊衆兵方欲登山而馬林營內之兵
與壕外兵合
上曰是將與我戰也我兵且勿登山宜下馬步戰令大貝勒往諭時

左二旗兵下馬者方四五十人明兵已自西突至大貝勒代善言於
上曰兵已進矣即怒馬迎戰直入其陣二貝勒阿敏三貝勒莽古勒泰與衆台吉等各鼓勇奮進兩軍搏戰遂敗明兵斬首捕鹵過當方戰時我六旗兵見之不及布列行陣人自爲戰前後弗相待縱馬飛馳直逼明營明兵發鳥鎗巨礮我兵衝突縱擊飛矢利刃所向無前明兵不能支又大敗遁走我兵乘勝追擊明副將麻岩及大小將士皆陣沒總兵馬林僅以身免滅迹掃塵案角隴種倘間崖下河水爲之盡赤
上復集軍士馳往斐芬山攻開原道潘宗顏兵令我兵之半下馬仰山而攻宗顏兵約萬人以楯遮蔽連發火器我兵突入摧其楯遂破之宗顏全軍盡沒時葉赫貝勒錦台什布揚古欲助明與潘宗顏合其兵甫至開原中固城聞明兵敗大驚而遁是時我

軍既擊破明二路兵
上乃收全軍至固勒班地方駐營而明總兵劉綎李如柏等由南路
進者已近逼興京偵卒馳告
上遂命扈爾漢先率兵千人往禦翼旦
上復命二貝勒阿敏率兵二千繼之
上率衆貝勒大臣還軍至界藩行凱旋禮刲八牛祭纛告
天大貝勒代善請曰吾先歸從二十騎微行探信祀畢
上徐來
上許諾三貝勒莽古勒泰亦相繼行
四貝勒馳至
上前請與俱往
上曰汝兄微行往探汝隨吾後行
四貝勒曰兄獨往吾留此未安也遂亦行日暮大貝勒回至興京入

宮則

皇后內庭等見大貝勒至亟問禦敵策大貝勒曰撫順開原二路敵兵已破誅戮且盡南來兵已遣將往禦我待

父皇命當即往破之於是大貝勒復出城迎

上於大屯之野

上自界藩啓行至興京平明命大貝勒三貝勒

四貝勒統軍士禦劉綎而留兵四千於都城待李如柏賀世賢等之兵初劉綎兵出寬甸進棟鄂路我居民避匿深山茂林中劉綎悉焚其栅寨殺其孱弱佐領託保額爾訥額赫率駐防五百人迎敵劉綎兵圍之數重額爾訥額赫死之并傷我卒五十人託保引餘兵與扈爾漢軍合扈爾漢伏兵山隘以待巳刻大貝勒

三貝勒

四貝勒引兵甫出瓦爾喀什窩集時劉綎所率精鋭二萬先遣萬人

前掠將趨登阿布達哩岡布陣大貝勒欲引先登馳下擊之

四貝勒曰兄統大兵留此相機爲援吾先督兵登岡自上下擊之大

貝勒曰善吾引左翼兵出其西汝引右翼兵登山俾將士下擊

汝立後督視勿違吾言輒輕身入也

四貝勒遂率右翼兵往先引精騎三十人超出衆軍前自山馳下奮

擊之兵刃交接戰甚酣後軍隨至衝突而入大貝勒又率左翼

兵自山之西至夾攻之明兵大潰

四貝勒乘勝追擊與劉綎後隊兩營兵遇綎倉卒不及陣

四貝勒縱兵奮擊殲其兩營兵萬人劉綎戰死是時明海蓋道康應

乾步兵合朝鮮兵營於富察之野其兵執筤筅長鎗被籐甲皮

甲朝鮮兵被紙甲其胄以柳條爲之火器層疊列待

四貝勒既破劉綎兵方駐軍衆貝勒皆至遂復督兵攻應乾明兵及

朝鮮兵敵競發火器忽大風驟作走石揚沙煙塵反撲敵營昏

冥晝晦我軍乘之飛矢雨發又大破之其兵二萬人殲焉應乾
遁去先是二貝勒阿敏扈爾漢前行遇明遊擊喬一琦兵擊敗
之一琦收殘卒奔朝鮮都元帥姜功烈營時功烈據固拉庫崖
衆貝勒復整兵逐一琦遂攻朝鮮營功烈知明兵敗大驚遂按
兵偃旗幟遣通事執旗來告曰此來非吾願也昔倭侵我國據
我城郭奪我疆土急難之時賴明助我獲退倭兵今以報德之
故奉調至此爾撫我我當歸附且我兵之在明行間者已被爾
殺此營中皆高麗兵也明兵逃匿於我者止遊擊一人及所從
軍士而已當執之以獻四大貝勒定議乃曰爾等降先令主將
來否則必戰功烈復遣使來告曰吾若今夕即往恐軍亂逃竄
其令副元帥先往宿貝勒營以示信詰朝吾卒衆降遂盡執明
兵擲於山下付我朝遊擊喬一琦自縊死於是朝鮮副元帥先
詣衆貝勒降翼日姜功烈卒兵五千下山降衆貝勒宴勞之送

功烈及所部將士先詣都城
上御殿朝鮮都元帥姜功烈及副元帥等匍匐謁見
上優以賓禮數賜宴厚遇之士卒悉留豢養四大貝勒旣殲南路明兵四萬人我軍駐三日籍其俘獲人馬輜重鎧仗而還是役也明以傾國之兵雲集遼瀋又招合朝鮮葉赫分路來侵五日之間悉被我軍誅滅其宿將猛士暴骸骨於外士卒死者不啻十餘萬我軍邀
天佑助以少擊衆無不摧堅挫銳迅奏膚功策勳按籍我士卒僅損二百人自古克敵制勝未有若斯之神者也時明經略楊鎬駐瀋陽聞三路兵敗大驚急檄總兵李如柏副將賀世賢等回兵如柏等自呼蘭路遁歸我哨兵二十人見之據山上鳴螺繫帽弓弰揮之作招集大兵狀已而呼譟下擊殺四十人獲馬五十匹明兵奪路而逃相蹂踐死者復千餘人庚寅大軍還至都城

上顧衆貝勒大臣曰明以二十萬衆號四十七萬分四路并力來戰
今我不踰時破之遂獲全勝各國聞之若謂我分兵拒敵則稱
我兵衆若謂我往來勦殺則服我兵强傳聞四方孰不慴我軍
威者哉嗚呼由是一戰而明之國勢益削我之武烈益揚遂乃
克遼東取瀋陽王基開帝業定夫豈易乎允因我
太祖求是於
天復讐乎
祖同兄弟子姪之衆率股肱心膂之臣
親冒矢石授方略一時
聖嗣賢臣抒勞効悃用成鴻勳我大清億萬年丕丕基實肇乎此予
小子披讀
實錄未嘗不起敬起慕起悲愧未能及其時以承
訓抒力於行間馬上也夫我

祖如此勤勞所得之天下子若孫覩此戰蹟而不思所以永
天命綿帝圖兢兢業業治國安民懍惟休惟恤之誠存監夏監殷之
心則亦非予子孫而已爾此予覩薩爾滸之戰所由書事也此
予因
實錄尊藏人弗易見而特書其事以示我大清億萬年子孫臣庶期
共勉以無忘
祖宗開創之艱難也

鐵背山在興京西北二百一十里上有界藩城太祖大破明兵殲杜松于此

碩欽山太祖追明敗卒至此

尙間崖太祖己未年破明馬林龐岩兵於此

斐芬山太祖己未年破明潘宗顏兵於此

阿布達哩岡太祖己未年破明劉綎兵於此

固拉庫崖太祖己未年降朝鮮兵於此

青苔峪 太祖辛酉年征明降青苔峪城

黃骨島 太祖辛酉年征明降黃骨島城

牽馬嶺 太祖壬戌年征明收降牽馬嶺城

覺華島 太祖丙寅年征甯遠遣總兵武訥格攻克覺華島

興安嶺 太宗文皇帝壬申年親統大兵由興安嶺征察哈爾

皮島 太宗丁丑年遣英親王等率兵取明皮島

呂翁山 在錦縣南十里太宗辛巳年擒明洪承疇於此

御製呂翁山詩

所過連山塔山皆我
太宗文皇帝用武之地而呂翁山則生擒洪承疇處也蓋有明末季
驟加遼餉至八百餘萬竭天下之力奉東北一隅未收片甲之
用而兵食兩詘人民離畔我
太祖高皇帝一舉薩爾滸而遼左之業成

太宗文皇帝再舉呂翁山而關西之勢定今因叩謁
祖陵親履其地思經營草昧之艱難爰恭紀其事以示來許俾念
祖宗得天下之不易益勵守成之志亦以舉其殷鑒明之鹿亡其必
有以失之之故也

連山相接塔山峰溝濠壁塹凡幾重以守則固以戰勝將以勇
氣吞遼東增募戍卒號百萬重臣經略操鐵券朝拜恩命暮繯
紲舉棋不定曾無算監軍意氣壯且豪淩駕朝士如兒曹綿山
亙海排鐵騎謂當唾手成勳勞
太宗從容處以暇精兵已伏杏山下金支五色雲上蟠明卒望見魂
驚怕奔走禦侮多英賢投石超距衆閧閧
君臣一德功乃建人心既單必格
天彼志離兮我志合如枯易摧朽易拉不數唐帝美良川祇今戰氣
猶森颯陸血漂杵海屍浮乘潮雁鶩隨波鷗一時破竹十三萬

傷我十人厮卒儔清流關側擒皇甫煌煌大業開疆土河山帶礪酬勳庸於鑠雲龍與風虎乃知皇天惟德親桓桓謨烈告後人從來守成事不易殷鑒應思鹿失秦交則爲泰塞則否九重宴安豈宜恃不見呂翁山畔上將降猶設椒漿奠忠鬼

松山太宗辛巳年親統大兵破明兵十三萬於此

御製松山詩

烽銷堠戍間萬古此松山羽衛經過處頻思創業艱

塔山太宗壬午年遣鄭親王等率兵克明塔山城

杏山太宗壬午年遣鄭親王等率兵降明杏山城

御製雪後過杏山詩

岧嶤羣峰玉笥攢翠微佳色入凴觀疎林蔽芾迷歸鳥猶帶當

年戰氣寒

聯鶱銀鳳自飛來獨峙朝陽霽景開古戍黄蕪嘶馬去題詩遥

寄白雲隈

每逢咏雪興偏豪况對嶤峰積翠高此日蕭閑供白戰曩時辛

苦憶黄旄

謹案自噶哈嶺以下古無稱引而我

太祖

太宗肇造區夏百戰開基

駿烈豐功於是焉在諸山之名遂炳耀古今與天地無極謹據

開國方略所載臚列如右有非天作之詩隮山之頌所能彷彿萬一

者矣

附載

單單大嶺

後漢書昭帝始元五年罷臨屯眞番以并樂浪元菟元菟復徙居句驪自單單大嶺已東沃沮濊悉屬樂浪後以境土廣遠復分嶺東七縣置樂浪東部都尉建武六年省都尉官遂棄嶺東地

三國魏志漢武帝分朝鮮爲四郡自單單大嶺以西屬樂浪自嶺以東七縣都尉主之

三國魏志沃沮屬樂浪漢以土地廣遠在單單大嶺之東分治東部都尉治不耐城別主嶺東七縣

册府元龜漢昭帝始元五年元菟郡徙居句驪自單單大嶺已東悉屬樂浪後以境土廣遠復分嶺東七縣置樂浪東部都尉

按單單與滿洲語善延相近疑即長白山也

蓋馬大山

魏志東沃沮在蓋馬大山之東

丸都山

魏志毋丘儉遣王頎追高句驪王宮過沃沮千有餘里到肅慎氏南界刻石紀功刊丸都山銘不耐城

通考漢末高麗王伊夷模作新國于丸都山下魏正始五年毋丘儉將萬人出元菟懸車束馬登丸都山屠其所都六年儉復伐之刻石紀功刊丸都銘不耐而還至晉建元初慕容皝乘勝追至丸都案丸都山在高麗之丸都城渤海之桓都縣據賈耽紀去鴨綠江口六百三十里詳前疆域門

善玉山

魏書勿吉傳自和龍北二百餘里有善玉山

祁黎山

魏書勿吉傳善玉山北十三日行通考作三十日有祁黎山又北行七日至如洛瓌水案和龍爲今土默特右翼地如洛瓌北史作洛瓌即老哈也魏史所稱皆未到勿吉國以前所經則善玉祁黎二山皆在今蒙古東南境詳前疆域門

天門嶺

舊唐書渤海大祚榮保阻自固則天命李楷固率兵度天門嶺以追祚榮祚榮合高麗靺鞨之衆以拒楷固王師大敗楷固脫身還案祚榮始居營州後東奔保阻楷固兵渡天門嶺以追之楷固既敗則天不能討祚榮遂東保東牟山則天門嶺當在今承德府西境

獨山

新唐書程名振攻沙卑城破獨山陣皆以少擊衆案沙卑城爲今海城地獨山亦當在其處

佛甯嶺

金史太祖度佛甯舊作盆搦今改正嶺破埒克城

金史太祖以三十人詣薩哈軍道遇人曰敵已據佛甯嶺南路矣衆欲由沙班嶺往太祖曰汝等畏敵耶既度佛甯嶺不見敵已而聞敵乃守沙班嶺以拒我

金史初太祖過佛甯嶺經烏塔城下從騎有後者烏塔城人攻而奪之釜及破埒克其人持釜而前曰奴輩誰敢毀詳衮之器也

溫都爾山

金史上京山有溫都爾（舊作完都魯今改正）

哈達拉山

金史天輔五年斡魯敗錫勒哈達于哈達拉（舊作合撻剌今改正）山誅首惡四人餘悉撫定

金史斡魯討錫勒哈達至希爾根河錫勒哈達遯去追敗於哈達拉山

阿嚕岡

金史收國元年上率兵次甯江州西遼軍潰圍出逐北至阿嚕岡

額斯琿山

金史太祖伐巴圖與烏庫哩部沿屯水過摩琳鄉追及巴圖於額斯琿舊作阿斯溫今改正山北濼之間殺之

布爾罕山

金史太祖克甯江州使羅索招諭係遼籍女眞降伊屯伊罕路達哈藩卓勒等敗遼兵于布爾罕舊作婆剌趕今改正山

呼岱巴岡

金史收國元年追及遼主于呼岱巴舊作護步答今改正岡

古納嶺

金史烏楞古與遼托卜嘉戰敗之斬托卜嘉古納舊作酷輦今改正嶺

烏爾圖罕等十四達哈藩皆降

托輝山

金史呼實默率族屬部衆詣薩哈烏珍降營於托輝舊作騙回今改正

山之下

色辰嶺

金史烏春舉兵來戰道色辰舊作斜今改正村嶺涉和倫拉林水舍于珠格部阿勒哈村案金史又有色辰水

巴固嶺

金史訥格納遯去烏色督軍而進至巴固舊作巴忽今改正嶺西茂密水及之大破其衆

曹家山

金史瓜里據咸平賊勢益張權曹家山明安綽奇集兵千餘扼于夜河賊不得東綽奇敗瓜里遂犯濟州

珠格崖

金史斡罕自泰州往攻濟州元帥完顏默音等至珠格舊作木虎今改正崖輕騎襲其輜重斡罕還救遇于長濼官軍馳擊大破之斡

罕率其衆西走

金史默音率諸軍討斡罕會兵于濟州過泰州至珠格崖乃捨輜重輕騎追之及于霧淞河急擊敗之

裊嶺

金史大定初契丹叛宗室襄從默音討賊戰於肇州之長濼賊走霧淞河復從布薩忠義追賊至裊嶺西之陷泉及之（案今翁牛特左翼西南一百十里有裊嶺字形相近或即是也）

佛們山

金史世宗二十三年遷山東東路八穆昆處之河間其棄地以山東東路特赫河明安下扎哈穆昆額勒敏鄂勒歡明安下錫布穆昆佛們（舊作付冊今改正）山穆昆九村人戶徙於瑠僧安和二穆昆之舊地（按此以舊地名所遷之明安穆昆）

羅卜科達巴

金史布薩師恭上京羅卜科達巴舊作老哈達葛今改正人

多科阿林

金史圖克坦繹其先上京阿勒楚喀人祖薩噶爾瑪克國初有功授隆安府路哈濟穆昆多科舊作奪古今改正阿林明安

海蘭哈達

金史完顔特爾格襲父卒賓路海蘭哈達明安

薩巴山

金史烏庫哩元忠大定十八年授薩巴舊作撒巴今改正山世襲穆昆

伯爾克山

金史富珠哩阿嘍罕隆州伯爾克舊作琶离葛今改正山人

禪嶺

金史烏雅沃哩布海蘭路禪嶺人也

巴爾嘉山

金史延扎們都隆州巴爾嘉舊作帕里千今改正山人也

烏克敦山

金史烏雅富埒琿海蘭路烏克敦舊作烏古敵昏今改正山人封豳國公

孫扎昆襲烏克敦山世襲明安

阿穆濟山

金史通古義哈斯罕人也徙居遼陽之阿穆濟舊作阿米吉今改正山

博諾山

金史永元天德初授博諾舊作百女今改正山世襲穆昆

烏爾古山

元一統志烏爾古舊作吾里哥今改正山在遼陽路廢博索府

濛溪山

明統志濛溪山在三萬衛東北七百四十里松花江東岸

牛心山

明統志牛心山在三萬衛東北二百五十里艾河北土河東今案喀喇沁左翼有牛心山土河在喀喇沁右翼東南百八十里或即是也

額爾根山

明統志額爾根舊作阿兒干今改正山在三萬衛東北三百十里古信州東

謹案自單單嶺以下皆散見諸書而金史尤夥或今古殊稱或傳聞未審求之音譯時有相通而考之輿圖未能確證類附于後以謹傳疑至明時以山川名衛者具詳疆域門兹不複載

欽定滿洲源流考卷十四

欽定滿洲源流考卷十五

山川二

混同江即松阿哩江亦稱松花江

御製松花江詩

滚滚遥源出不咸松花江即混同江源出長白山山海經作不咸山大東王氣起龍潛劈空解使山原折接上那辭霧雨添兩岸參差青嶂印一川縈繆碧波恬地中呈象原櫓鼓松花江以松阿哩烏拉得名松阿哩者即國語天河也石辨支機孰是嚴

御製松花江放船恭依皇祖詩韻

隆崇長白佑維清松花江源山項生飛流銀河練影明縈迴千里竹箭輕望

祭申悃和鑾鳴臨江遂命青雀横水天上下秋光晶凴夷靜恬濤不驚擊汰直達吉林城滄浪之水義最精俯看直欲濯我纓詎效昆明習戰兵隆崇長白佑維清繼繩祖烈希景行從流寧爲（去聲）欣渟泓

御製松花江捕魚

松江網魚亦可觀潭清潦盡澄秋煙虞人技癢欲効悃我亦因之一放船施罟濊濊旋近岸清波可數鰷鱸鰱就中鱘鰉稱最大度以尋丈長鬐軒波裏頹如玉山倒擲又百中誠何難鉤牽縄曳乃就陸椎牛十五一當焉舉網邪許集衆力銀刀雪戟飛繽繙計功受賜即命罷方慮當秋江水寒

魏書勿吉國有大水濶三里餘名速末水（按速末即混同江亦作粟末）

新唐書粟末靺鞨依粟末水以居水源於太白山

遼史本紀聖宗太平四年詔改鴨子河曰混同江

遼史上京臨潢府有鴨子河

金史本紀遼都統蕭嘉哩副都統托卜嘉滿洲語膝也舊作撻不野今改將步騎十萬會於鴨子河北太祖自將擊之

金史本紀收國元年八月上親往黄龍府次混同江無舟上使一人導前乘赭白馬徑涉曰視吾鞭所指而行諸軍隨之水及馬腹後使舟人測其渡處深不得其底

金史世紀混同江亦號黑龍江按混同江自長白山北流折而東與黑龍江會黑龍江出喀勒喀北界東南流與混同江會實係二水合流非一水而二名也史文殊誤

金史上京路水有混同江松阿哩江鴨子河按混同江即松阿哩江遼史又稱即鴨子河金志誤分爲三水

金史世宗大定二十五年册混同江之神爲興國應聖公立廟致祭

契丹國志長白山黑水發源於此按黑龍江並不發源長白此蓋誤以混同爲黑水也

舊云粟末河太宗破晉改爲混同江按遼史聖宗時始改名混同江葉隆禮契丹國志作太宗誤也

許亢宗奉使行程錄古烏舍寨枕混同江湄其源來自廣漠之北遠不可究自此南流五百里接高麗鴨綠江注海按此條舛誤尤甚混同江由長白北流會黑龍江東入海乃云來自廣漠之北南流會鴨綠蓋據圖臆揣之誤也

元一統志混同江俗呼松阿哩江源出長白北流經舊建州詳前部族門及渤海疆域條西五十里會諸水東北流經故上京見金京條上下達五國頭城見前疆域門北又東北注於海

明統志混同江在開原城北一千五百里源出長白山舊名粟末河俗呼松阿哩江北流經金故會甯府下繞五國頭城東注於海松花江在開原東北一千里源出長白山北流經故南京城合輝發江混同江東流注海按混同江發源於長白山北自吉林東南

北流出邊受嫩江折而東北受黑龍江南受烏蘇哩江東注於海遼太平四年詔改鴨子河爲混同江混同之名始見於此土人呼爲松阿哩江金志作宋瓦江則松阿哩音之誤也明統志作松花江則宋瓦之轉音也金史本紀有云混同江一名黑龍江指下流交會之處言之或以此江名松花而以薩哈連烏拉爲混同誤也金史地理志既載混同江又載宋瓦江鴨子河是不知一江之有三名而誤以爲三水明統志既載混同江又載松花江是又誤以一江爲二水云

鴨綠江

漢書地理志元菟郡西蓋馬縣馬訾水西北入鹽難水西南至西安平入海過郡二行二千一百里

通典馬訾水一名鴨綠江源出靺鞨白山水色似鴨頭故名

通鑑大業八年伐高麗分道並進皆會於鴨綠水西

通鑑貞觀十九年程名振等拔卑沙城遣將耀兵於鴨綠水又龍朔元年契苾何力討高麗高麗守鴨綠不得濟何力乘堅冰渡水大破之乾封二年李勣伐高麗管記元萬頃檄文曰不知守鴨綠之險高麗報曰謹聞命矣即移兵拒守唐兵

不得渡

遼史聖宗統和二十八年自將伐高麗大軍渡鴨綠江康肇

拒戰敗之

通考女眞世居長白山鴨綠水之源

元一統志鴨綠江在遼陽路東五百六十里按唐書馬訾水

出靺鞨白山西與鹽難水合又西南至安平入於海唐太宗

征高麗遣邱孝忠耀兵於鴨綠水即此今考其源出於長白

山西南流經故博索府見前疆域門東南入海

高麗圖經鴨綠之水源出靺鞨其色如鴨頭故以名之去遼

東五百里又西與一水合即鹽難水也二水合流西南至安

平城入海高麗之中此水最大波瀾淸澈其國恃此以爲天

塹水濶三百步在平壤城西北四百五十里遼水東南四百

八十里自遼水以東即屬契丹大金以其地不毛不復城守

徒爲往來之道而已按鴨綠水其色如鴨頭乃史家傳會之論詳見完顏部條

明統志鴨綠江在遼東都司城東五百六十里按鴨綠江在吉林烏拉南九百七十里源出長白山西南流與朝鮮分界至鳳凰城東南入海即古馬訾水亦名益州江蓋渤海益州所治也見前疆域門

愛呼河

金史烏庫哩舊訛烏古論今從八旗姓譜改薩哈滿洲語小圍也舊訛三合今改海蘭路愛呼河人

金史烏雅舊訛烏延今從八旗姓譜改和囉噶蒙古語牆圈也舊訛胡里改今改海蘭人從徙愛呼穆昆家焉愛呼舊訛愛也窟今改正

元一統志長白山頂有潭周八十里南流爲鴨綠江北流爲混同江東流爲愛呼河

明統志愛呼江源出長白山東流入海案元明統志又俱訛爲阿也苦今併改考盛京通志吉林諸河多發源於長白山諸窩集中而自入海者惟混同鴨綠圖們三江愛呼河自納穆窩集會拉發河

入混同江今明統志云入海誤

圖們江

金史景祖兵勢稍振圖們舊訛統門今改正水溫特赫舊作溫迪痕今據八旗姓譜改正部來附

金史天會九年以圖們水以西和屯錫馨珊沁三水以北閑田給海蘭路諸穆昆案圖們江在甯古塔城南六百里源出長白山東北流遶朝鮮北界復東南折入海

佟佳江

漢書地理志馬訾水西北入鹽難水按與鴨綠江會流入海者惟佟佳江為大漢書所稱鹽難水當即是也

新唐書鴨綠水西與鹽難水合

元一統志大蟲江在遼陽路發源原缺縣名縣東南龍鳳山分水嶺下東南流經廢博索府見前疆域門南流合於鴨綠江

明統志大蟲江在遼東都司城東南四百里源出龍鳳山南流入鴨綠江按一統志云佟佳江在吉林烏拉城南八百二里亦名通佳江南流會鴨綠江即古鹽難水明統志有大蟲江疑即佟佳江也今考佟佳江源出分水嶺西南流受哈爾敏諸水鴨綠江自東來會南入於海龍鳳山之名無可考惟鳳凰城西北有龍鳳臺山

遼河亦名句驪河亘流河

御製渡句驪河

句驪舊遼水千載帶遼陽古客曾何在今人引興長蒹葭餘敗質汀嶼何蒼茫飲練雙長虹橫臥水中央幾箇無心鷗銜波任翺翔戰動尋堞壘世態驚滄桑惟此東流水今古無閒忙積素漫兩岸流澌聲琅琅誰能呼舴艋捕彼鯉與魴近樹銀爲飾遠山玉作裝憑輿愁峭寒披裘且徬徨常時禁體詩苦吟讀書堂奚如眺攬餘萬景箇中藏

御製渡遼水

鏡影照龍旂

橋山展謁旋甯同貞觀后撖揭爲開邊

漢書地理志大遼水出塞外南至安市入海行一千二百五十里

三國魏志司馬懿伐公孫淵圍襄平會大霖雨遼水暴漲運船自遼口竟至城下平地水數尺

水經大遼水出塞外衛白平山東南入塞過遼東襄平縣西又東南過房縣西又東過安市縣西南入於海

水經注遼水亦言出砥石山自塞外東流直遼東之望平縣西屈而西南流逕襄平縣故城西又東逕遼隊縣故城西又南小遼水注之又右會白狼水至安市縣入海

隋書開皇八年命漢王諒討高麗軍次遼水高麗遣使謝罪乃罷兵

通鑑大業七年諸軍會遼水高麗阻水拒守隋兵不得濟命宇文愷造浮橋三道於遼水西岸既成引橋趨東岸橋短丈餘士卒赴水接戰高麗乘高擊之爲所敗乃引橋復就西岸命何稠接橋二日而成諸軍進戰於東岸

通鑑貞觀十八年遣營州都督張儉討高麗值遼水漲儉等久不得濟次年車駕至遼澤泥淖二百餘里人馬不可通詔閻立德布土作橋既濟撤之以堅士心及師還遣長孫無忌將萬人翦草塡道深處以車爲梁上自繫薪於馬鞘以助役

通典貞觀二十一年李勣破高麗於南蘇班師至頗利城渡白狼黃嵒二水皆由膝以下勣怪二水狹淺問契丹遼源所在云此二水合而南流即稱遼水更無遼源可得也按遼河二源一爲吉林之赫爾蘇河一爲潢河又有喀喇沁之土河東流合於潢河水經注稱遼水過房縣西右會白狼水又稱白狼水經古黃龍柳城之北與今土河相合故或疑白狼水即土河然按之水經注亦難一一脗合且李勣自南蘇班師南蘇爲

今復州甯海地去潢河土河甚遠唐書所言未足爲據又明志以艾河土河合流爲遼河上源尤不足信耳

通典大遼水源出靺鞨國西南山南流至安市入海

遼史東京遼陽府遼河出東北山口會范河原本會誤作爲范河源出嘉穆呼山入遼河別係一河也今改正西南流爲大口入於海

金史遼陽府瀋州章義縣有遼河

元一統志遼河在遼陽路西一百五十里按前漢地理志遼東郡望平縣下注云大遼水出塞外後漢書注引山海經曰遼水出白平東郭璞曰出塞外御白平山此作御白平與今本水經異今按圖册上從咸平府界流經瀋陽府城西北一百二十里下流入廣甯路境

明統志遼河源出塞外自三萬衛西北入境南流經鐵嶺瀋陽都司之西境廣甯之東境又南至海州衛入海按遼河東源出吉林城西南之庫哷訥窩集爲赫爾蘇河北流出邊西北繞鄂子村又西南折與潢河會其西源即潢河也二河合流自開原

縣入邊經鐵嶺入雙峽口分爲二曰內遼河外遼河繞縣之西南復合爲一至開城爲巨流河亦名句驪河又作枸柳河又分流復南滙經海城縣西與太子河會遂爲三汊河入海水經所稱衛白平山及砥石山皆傳聞未審之辭耳

渾河 瀋水

漢書地理志高句麗遼山遼水所出西南至遼隊入大遼水

水經注元菟高句麗縣有遼山小遼水所出西南至遼隊入於大遼水

水經注小遼水出遼山西南經遼陽縣與大梁水會又東南逕襄平縣爲淡淵晉永嘉三年涸又逕襄平縣入大梁水謹按河與太子河會西流合遼河爲三汊河故漢志云入大遼水此云入大梁水疑大遼水之誤與大梁水會已見上文大梁水即太子河水也

遼史東京遼陽府渾河在東梁范河之間

金史東京路瀋州樂郊縣有渾河貴德州奉集縣亦有渾河

元一統志渾河在遼陽路本路圖冊引遼志云源自越喜國

見前靺鞨條出熊水西北合衆流會淄水屈曲數千里入於海按地志集略云源出女眞國西流過貴德州由州西流入梁水西南七十里合遼河入於海

元一統志渾河在瀋陽路源出廢貴德州東北西南經瀋州南一十五里遼陽西四十里會太子河合遼水南注於海舊稱瀋水水勢湍激沙土混流故名渾河今水澄澈遇漲則渾按元一統志所稱蓋即一水以圖冊分載而兩存之也盛京通志又載有小瀋水俗名五里河在承德縣城南自東關觀音閣東發源一名萬泉河流至騾子圈南入渾河水北曰陽瀋陽之名以此明志稱一名活水高永昌拒金兵於活水者非是

明統志渾河源出塞外西南流至瀋陽衛合沙河又西南流至遼東城西北入太子河按渾河發源自長白山納嚕窩集中西北流入英額邊門經興京界內繞盛京之西南至王大人屯與太子河會西流會遼河爲三汊河入海

太子河亦名大梁水衍水東梁河

漢書地理志遼陽縣大梁水西南至遼陽入遼

遼史地理志東梁河自東山西流與渾河合爲小口會遼河入於海又名太子河亦曰大梁水

金史地理志東京路遼陽府遼陽縣有東梁河國名烏勒呼滿洲語蘆葦也舊作兀魯忽今改正必喇俗名太子河宜豐縣遼舊衍州亦有東梁河按太子河亦名衍水以燕太子丹匿於衍水故名太子河遼衍州之名當取於此也

通考大梁水出塞外西南流注小遼水

明統志太子河源出果囉舊作斡羅今改正山西流五百里至遼東城東北五里許折而西南流至渾河合爲小口會遼河入海按太子河在遼陽州北十五里即古大梁水一名東梁河源出吉林薩木禪山自葦子峪入邊西南流至州西北合渾河又西至海城縣西北入遼河明志以爲出果囉山蓋傳聞之誤

沙河

遼史地理志東京遼陽府沙河出東南山西北流經蓋州入

於海

金史地理志東京路澄州析木縣有沙河（按奉天及錦州水名沙河者凡十有八其源委皆別在承德遼陽海城開原復州甯遠者各一在蓋平者二在甯海者四在廣甯義州者各三州其在遼陽者源出王千戶嶺至船城入太子河在蓋平者源出雞冠山至小松島入海蓋平即蓋州遼史所云當即是此在海城者源出南分水嶺西北流入三汊河海城即金澄州疑此爲金史所稱之沙河也）

大清河

遼史地理志東京遼陽府有清河

金史地理志咸平路咸平府銅山縣北有清河

明統志大清河源出三萬衛東北分水嶺南流經城東南入遼河（按大清河在開原縣東三十里其上源爲哈達河出吉林達揚阿嶺會覺羅阿魯諸河經拐磨子山即爲清河扣河自東來會西入遼河）

柴河

金史地理志咸平路咸平府銅山縣南有柴河新興縣縣北

有柴河

明統志柴河源出瀋陽衛東諸山西流經城北入遼河按柴河在鐵嶺縣城北二里源出分水嶺至席家莊入遼河

范河

遼史地理志東京遼陽府北至挹婁縣范河二百七十里

金史地理志咸平路咸平府新興縣有范河按范河在鐵嶺縣城南三十里亦名汎河源出嘉穆呼山至螞蜂溝入遼河

輝發河

通考契丹時自咸州東北至粟末江中間所居之女眞謂之輝發舊作回霸今改正按輝發之名始見於此 國初輝發國居輝發河邊因爲國號遼時部名亦當取此

金史赫舍哩舊作紇石烈今從八旗姓譜改呼喇蒙古語雨也舊訛胡剌今改輝發川人

明統志輝發舊作灰扒今併改江至海西合混同江按輝發河在吉林城南三百二十里源出納嚕窩集即遼吉善河圖們河三屯河合流衆東北入混同江圖們河與發源長白之圖們江非一水也

伊屯河

金史額圖琿滿洲語強壯也舊訛阿徒罕今改正從攻黃龍府撥昭蘇蒙古語錢也舊訛照散今改正城夜過伊屯舊訛益褪今改正水詰朝大敗契丹兵

明統志伊屯河在三萬衛西北按明志訛一禿河又訛一統稱龍安一統河龍安者隆安之誤遼之黃龍府金爲隆州貞祐初陞爲隆安府伊屯河正在其地故有是稱 盛京通志伊屯河在吉林城西二百九十餘里源出額赫峯北流出邊東入混同江伊屯門即在河西

伊爾們河

金史溫都舊作溫敦今從八旗姓譜改布拉滿洲語荊棘也舊作蒲剌今改正始居長白山後徙隆州伊爾們河舊作移里閔今改正

金史璮都授上京伊爾們世襲明安

明統志伊爾們河在開原城北北流合伊屯河入松花江按明志訛伊迷又訛引門皆伊爾們之轉音金隆州即在吉林烏拉西其爲伊爾們無疑考伊爾們河在吉林西百四十里源出庫呼訥窩集東北流會伊屯河入混同江

小淩河

御製小淩河

頹垣敗壘動經過防禦當年事若何上將生降中左所監軍坐擁小淩河明末各路用兵皆有內監監軍若輩擁强兵以自衛驅殘疾使當戰僨事率由此一時成敗滄桑易千古興亡感慨多幾許英雄淘洗盡濤聲依舊送迴波

遼史興中府有小淩河

元一統志淩河在大甯路興中州南十里源出龍山縣楊柳部落流經本州

明統志小淩河源出大甯自廣甯左屯衛西入境合女兒河及哈喇河入海按小淩河在錦縣東源出土默特右翼明安喀喇山蒙古名明安河由松嶺門西入邊南流至唐家臺西入海

大淩河

御製大淩河

金根迤邐過初度大淩河戰蹟

當年烈憂懷此日多守成知不易
開創事如何駉牧今銷燧名駒蒸寢訛大淩河乃當年用武之地今爲牧場矣

元一統志大淩河在興中州下流入義州境

明統志大淩河源出大甯自義州西六十里入境南流經廣寧左右屯衛入海按大淩河源出喀喇沁左翼威蘇圖山東北折入土默特右翼界蒙古名鄂木倫東流經古興中州城南折東南流入義州九官臺邊至鲇魚塘東入海

羊腸河

遼史遼州有羊腸河

元一統志羊腸河在遼陽路源出州西之廢徽州遼時州名境經州北四十里下流合入遼河

明統志路河在廣甯衛東四十里其上流爲羊腸河源出白雲山經鎮武堡入鐮刀渦又東合潮河入遼河自海運廢河

道阻塞按盛京通志羊腸河源出邊外白土廠門東入廣甯縣境至蛇山散漫與元志所稱入遼河不同蓋明時廢塞也

珠子河

遼史遼州有錐子河按遼之遼州在廣甯縣界錐子河即珠子河音相近而誤也

明統志珠子河源出廣甯東北一百里白雲山南流入遼河按珠子河在今廣甯縣東北四十里盛京通志稱山水盛時有河旱則水乾或呼爲錐子河

卒賓水　扎蘭水

金史昭祖耀武入於卒賓扎蘭之地所至克捷

金史烏庫哩埒克滿洲語礪石也舊作留可今改正與卒賓水達薩塔滿洲語整也舊作敵庫德今改起兵

金史穆宗時卒賓水民不聽命使威泰舊作斡帶今改解見前召諸官告諭之

金史穆宗使訥格納往治伊喇等行至卒賓水輒抄掠其人

遂入穆嚕密斯罕城及烏色伊克來問狀止率賓水西諾木歡村訥格納止率賓水東烏滿村

金史康宗初率賓水鴻觀部及威準哲爾德二部有異志威泰治之

金史威泰將兵伐沃赫募軍於率賓水

金史訥格納募率賓水人爲兵不聽輒攻略之烏色撫定其民康宗二年威泰治率賓水諸部烏色佐之

金史康宗二年率賓水諸部不聽命使威泰往治其事行次呼爾哈川薩哈村召諸部皆至

金史都古嚕納爲扎蘭路達貝勒太祖以扎蘭地薄斥鹵遷其部於率賓水

金史天會二年徙扎蘭路達貝勒完顔忠於率賓水

金史海陵置率賓路節度使世宗時近臣請改率賓爲扎蘭

節度使不忘舊功上曰率賓扎蘭二水相距千里節度使治率賓不必改實圖美親管明安子孫襲封者可改爲扎蘭明安以示不忘其初

金史思敬本名薩哈扎蘭河人實圖美之子

明統志率賓河在建州東南下流入於海金時率賓路之名以此按率賓本渤海府名金爲率賓路誤作蘇濱亦作恤品皆因水得名其實一也明志稱在建州東南考盛京通志無此河名惟開原東南一百九十餘里有碩賓河與率賓河音實相近疑明人不知碩賓之即爲恤品而誤傳在遠地耳率賓府率賓路詳見疆域門

海蘭水

金史景祖時海蘭水有率衆降者錄其歲月姓名即遣去

金史海蘭水烏淩噶部拒阻不服景祖攻之

金史歡塔與碩碩歡合兵於圖們水阿里首敗敵兵高麗入寇以我兵守要害不得進乃還阿里追及於海蘭水高麗人

爭走水上阿里乘之殺略幾盡

元史海蘭府有海蘭河流入於海

元一統志海蘭河在瀋陽路經舊建州東南一千里入於海

明統志海蘭河在建州東東南流千餘里入海元海蘭府以此名按盛京通志海蘭河凡數處入混同江者二入呼爾哈河者一入布爾哈圖河者一無入海之文元史稱海蘭府地近高麗又稱經舊建州東南則自以近高麗者爲是考皇輿全圖甯古塔南四百餘里有按巴海蘭河阿濟格海蘭河二源合流會布爾哈圖河以達于噶哈哩河金元史所稱當即是也海蘭府海蘭路詳見前疆域門

拉林河

金史拉林舊作來流今改水烏蘇展部殺完顏部人昭祖以國俗治之大有所獲

金史景祖敗舍音舊作謝野今改解見前往見遝邊將行次拉林水而復

金史拉必略拉林河牧馬世祖擊之

金史烏春以其衆涉和倫拉林二水世祖親往拒之

金史烏春使人來讓曰拉林水以南布克坦水以北皆吾土也

金史遼遣節度使伊里滿洲語立也舊作乙烈今改來穆宗至拉林水與和村見之

金史太祖進軍甯江州諸部兵皆會於拉林水

金史太祖與薩哈分治諸部必塔水以北太祖統之拉林水人民薩哈統之

金史太祖晝寐於拉林水傍夢威泰之場圃火禾盡焚覺而深念之以爲憂

金史熙宗天眷元年詔罷拉林河混同江護邏地與民耕牧

金史熙宗皇統二年上獵於拉林河

松漠紀聞自上京一百五十里至拉林河

北盟會編第三十八程至拉林河三十九程至上京

許亢宗奉使行程錄三十六程自呼勒希寨八十里至拉林河

明統志拉林水在會甯北出三萬衛境馬盂山東流至黃龍府東又東南流入女眞境又東北流入混同江按拉林河在吉林城東北二百二十五里源出吉林東北之拉林山北流入混同江明志所云未得其實蓋傳聞之訛

阿勒楚喀河　海古勒水

金史上京海古勒之地阿勒楚喀水源於此阿勒楚喀舊作按出虎今改正

按金史誤解按出虎爲金以附會金源二字之義考金源爲遼時縣名地屬中京金因之屬北京以地有金甸而名在今喀喇沁右翼界與金初起之上京無涉詳見疆域門金上京條阿勒楚喀河源在吉林東北據松漠紀聞北盟會編大金國志等所載金上京行程過拉林河一程即至上京驛館拉林河東至阿勒楚喀不過百餘里阿勒楚喀河源在吉林城東北三百里拉林河源在吉林城東北二百二十五里核之諸書所載上京宮闕在混同江東二百六十里去拉林河一百七十里者俱屬相合此按出虎即阿勒楚喀之明證也

金史上京水有阿勒楚喀

金史獻祖徙居海古勒水始築室有棟宇之制遂定居於阿勒楚喀水之側

金史博囉與獻祖俱徙海古勒水置屋宇焉

金史世祖將出兵聞伯赫死乃沿阿勒楚喀水行且欲并取海古勒珠爾蘇之衆而後戰

金史世宗大定二十四年幸阿勒楚喀水臨漪亭壬戌閱馬於綠野淀丙午獵於巴延淀

金史熙宗天眷元年阿勒楚喀河溢

金史杲本名薩里罕居阿勒楚喀水

金史實嘉努富察部人世居阿勒楚喀水

金史富察和珍阿勒楚喀水人也

金史博勒和舊居阿勒楚喀水徙泰州

呼爾哈河

新唐書列傳渤海王城臨忽汗海按忽汗即呼爾哈河音有緩急故不同耳詳前渤海條

金史地理志呼爾哈舊作胡里改今改正路置節度使會甯府東至呼爾哈六百三十里按呼爾哈路因河爲名詳前金上京條

元史地理志呼爾哈路有呼爾哈江

明統志呼爾哈舊作忽兒海今併改河在開原城東北一千里源出潭州在遼中京明志誤也城東諸山北流入松花江

明統志呼爾哈此又訛呼里改今併改江出建州東南山下東北滙爲鏡泊又北入混同江按明志誤以呼里改忽兒海爲二河一稱入松花江一稱入混同混同亦即松花江也今考呼爾哈河源出吉林界內色齊窩集諸河滙爲一大河東注入鏡泊鏡泊即畢爾騰湖也又從鏡泊之發庫東注繞甯古塔城南復東北折入混同江金史稱呼爾哈路在會甯府東北六百餘里蓋在其下流將入大江之處也明志稱滙爲鏡泊蓋合上流言之也

琿春河

金史世紀圖們（見前）琿春（舊作渾蠢今改正）水之交烏庫哩部坶克卓多起兵於穆嚕密斯罕城

金史世紀太祖致穆宗教圖們琿春諸路自今勿復稱都部長（按琿春河在甯古塔城東南六百里源出通墾山會諸小水西南流入圖們江）

嫩江

北史太和初勿吉國乙力支貢馬稱初發其國乘船溯難河西上（按難河即嫩江詳見勿吉行程條）

新唐書列傳那河或曰他漏河東北流入黑水（按那河即難河他漏河即今滔爾河滔爾河入嫩江以達混同江混同江入黑龍江新唐書皆誤詳見前勿吉條）

明統志嫩河（原訛腦溫今改正）在開原北千里源出長白山（明志舛誤今仍原文釐正於後）南流入松花江（按嫩江在齊齊哈爾城西五里古名難水亦曰那河源出內興安嶺由默爾根城西北流至齊齊哈爾東北繞西往南經杜爾伯特郭爾羅斯界入混同江明時稱腦溫又稱諾尼音有緩急不同）

耳至明統志既云出長白山即無南流入松花江之理既係南流入松花江即斷非長白山所出其謬不待辨也

滔爾河

魏書乙力支溯難河西上至太瀰河沈舟於水南出陸行度洛孤水從契丹西界達和龍

北史自和龍北行至洛壤水又北行十五日至太岳魯水魏書作太魯即太瀰滔爾也洛壤洛孤即今老哈河並詳前勿吉行程條

新唐書粟末水西北注它漏河按它漏即滔爾入嫩江以達松花江此反謂松花江注滔爾舛誤甚矣

遼史上京臨潢府有滔爾河

遼史聖宗太平四年詔改滔爾河爲長春河遼史原文作他魯亦作撻魯今改正

金史泰州長春縣有滔爾河原文訛撻魯古考滔爾河源出科爾沁西北興安山東南流滙爲納蘭薩蘭池入嫩江

黑龍江一名完水一名室建河

北史烏洛侯國西北有完水東北流合於難水

舊唐書室韋大山之北有大室韋部落其部落傍室建河居其河源出突厥東北界俱倫泊屈曲東流經西室韋界又東經大室韋界又東經蒙兀室韋之北落俎室韋之南又東流與那河忽汗河合又東經南黑水靺鞨之北北黑水靺鞨之南東流注於海

大金國志黑水其水掬之則色微黑契丹目爲混同江按混同乃松阿哩江雖下流與黑龍江會實係二水此合爲一誤深可二十丈餘狹可六七十步闊者至百步按大金國志爲宇文懋昭所撰懋昭本淮西人未嘗親至黑水所云掬之色微黑未免傳聞之誤實無是事也

通考黑水部其水掬之則色微黑目爲混同江按此亦誤以二江爲一水

金史肇州始興縣有黑龍江按肇州在滔爾河東北距齊齊哈爾城約五六站

金史勿吉有黑水部唐置黑水府有黑龍江所謂白山黑水是也

元史太祖紀元年帝即皇帝位於鄂嫩舊作斡難今改正河之源

明統志黑龍江在開原城北二千五百里按黑龍江在黑龍江城東古名黑水亦曰完水又名室建河亦名鄂嫩河源出喀勒喀北界肯特山土人謂之鄂嫩河折而東北流至尼布楚城南一千餘里又三百餘里入黑龍江將軍界又東南至吉林烏拉界會松花江入海黑水之名始於南北朝黑龍江之名見於金史其上源則北史所載之完水舊唐書言源出俱倫泊即今庫倫湖今黑龍江之源自有鄂嫩河庫倫湖上流爲克魯倫河其源與鄂嫩河相近而克魯倫又東北入黑龍江此唐書之所以致誤也

屯河

金史屯水赫舍哩部阻五國鷹路穆宗討之

金史穆宗聲言平鷹路畋於屯水而歸

金史太祖伐溫都部與烏庫哩部兵沿屯水過摩琳鄉

金史太祖自國相襲位屯水民來附

金史烏春等爲難拉必兄弟乘此結屯水之民

金史忠義傳酬斡從太祖伐遼卒屯水路兵招撫薩木丹錫里肯巴噶三水拜格城邑皆降之

金史宗尹授世襲夫餘路屯河明安

元史海蘭府碩達勒達等路（詳見前疆域門）設萬戶府五一曰屯距上京四千里（舊訛四十里今改按屯河在寧古塔城東北七百里出屯窩集入混同江金史訛陶溫亦作土溫濤溫元史訛桃溫今併改）

哈勒琿河

金史昭祖威順皇后圖克坦氏哈勒琿（舊作活刺渾今改正）水達魯鄉人

金史昂本名璮都授上京路額勒敏哈勒琿河世襲明安

金史拉必瑪察兄弟者哈勒琿水赫林鄉赫舍哩部人

金史拉必瑪察與世祖遇於野鵲水罕都入敵陣鏖擊之烏

春烏木罕據哈勒琿水世祖既許之降遂還軍

金史哈勒琿水赫舍哩部拉必瑪察叛頗克綽歡從之

金史舍音爲會甯牧海陵獵於哈勒琿水舍音編立圍場凡平日不相能者輒杖之

明統志哈勒琿舊作忽刺温今併改江在開原城北九百里南流入松花江按哈勒琿穆昆河在吉林城西南九百里源出納嚕窩集東流合賽音訥音河入松花江即温水河也明志所稱未得其實

奧婁河

新唐書萬歲通天中渤海大祚榮保太白山之東北阻奧婁河樹壁自固按太白即長白奧婁河當爲阿嚕河源出吉林安班和托峰一西南流入哈達河一流至開原入清河

蓒芋泊

元一統志蓒芋泊在定遼衛契丹地志云湏水即古泥河也

自東逆流數百里至遼陽瀦畜不流有蔛芋草生於泊中故名

明統志泥河一名浿水又曰蔛芋濼水多蔛芋之草按泥河在海城西南六十五里源出聖水山流至米眞山散漫爲潦時蔛芋濼非朝鮮界內之浿江也

謹案馬訾載於漢書速末詳於魏史自唐以後志遼東諸水者亦繁博矣而稱引紛淆圖經舛錯或一水而誤以爲二或異派而誤以爲同臆揣訛傳頗多失實今皆溯其源流審其其分合謹於各條下加按釐正之俾考者得以徵信云

附載

弱水

後漢書夫餘國北有弱水

晉書肅愼國北極弱水按弱水未詳所在惟金史載有陷泉屬臨潢府

掩淲水

後漢書東明南至掩淲水注云今高麗中有蓋斯水疑此水是也梁書作淹滯水

魏略東明南至施掩水以弓擊水魚鼈浮爲橋東明得渡因王夫餘之地

隨書東明逃至掩水夫餘人共奉之

于巳尼大水

北史于巳尼大水即北海

唐會要黑水靺鞨北至小海案皇輿全圖黑龍江極北有小海當即北史所云于巳尼大水也

勃錯水

通鑑唐貞觀十九年親征高麗攻安市城不克引還渡遼水遼澤泥淖車馬不通命長孫無忌剪草塡道至蒲溝駐馬督塡道諸軍渡勃錯水暴風雪士卒沾濕案勃錯水當與遼河相近明志云在海州衞西北

布呼江

元史海蘭路萬戸府五一曰布呼江（布呼滿洲語鹿也舊作孛苦今改）

錫馨水

金史錫馨（舊作星顯今改）水赫舍哩部阿蘇阻兵爲難穆宗自將伐之

金史洪果達呼布世居錫馨水

金史阿蘇錫馨水赫舍哩部人世祖破烏春還阿蘇父阿哈迎謁於桑阿塔濼

金史烏雅和囉噶海蘭路錫馨水人後授愛呼（見前）水穆昆因家焉

鄂敏水　特克新特布水　舍音水

金史景祖時鄂敏（舊作斡民今改）水富察部特克新特布（舊作泰神忒保今改）水完顏部圖們（見前）水溫特赫部舍音（舊作神隱今改）水完顏部皆相

繼來附

金史伊克居舍音水完顏部爲其部貝勒與鄂敏水富察部特克新特布水完顏部圖們水溫特赫部俱來歸金之爲國自此益大

金史完顏伊爾必斯海蘭路特克新必喇明安人

金史通恩阿爾本特克新水赫舍哩部人

穆稜水

金史拉必瑪察敗於穆稜（舊作暮稜今改）水瑪察遯去頗克綽歡與拉必就擒

金史拉必據穆稜水保固險阻世祖率兵圍之

金史拉必瑪察據穆稜水世祖擒拉必穆稜水人尚反側不自安使阿里罕往撫察之

野鵲水　巴喇密特水

金史拉必瑪察掠拉林水牧馬世祖至混同江與穆宗分軍

世祖自圖古勒津倍道兼行遇拉必於野鵲水穆宗自額圖

琿津渡江遇敵於巴喇密特舊作滿盧買今改水

金史收國二年南路都統斡魯來見於巴喇密特水

金史五國穆延部蘇頁叛還景祖伐之蘇頁敗走巴喇密特

濼時方十月冰忽解蘇頁不能軍衆潰去

哲克依水

金史瑪察倘據克依舊作直屋鎧今改水肅宗使太祖先取瑪察家

屬康宗至哲克依水圍之太祖會軍親獲瑪察

金史瑪察据哲克依水招之不聽太祖獲瑪察殺之

刷水

金史瑪察据哲克依水繕完營堡杜絶往來者特屯水民爲

助使康宗伐之是歲白山混同江大溢水與岸齊康宗自阿

林岡乘舟至於刷（舊作帥今改）水舍舟沿刷水而進

金史太祖以偏師伐尼瑪哈部沿刷水夜行襲之

金史太祖伐尼瑪哈部刷水摩囉歡村平之

金史景祖昭肅皇后刷水鄂約村唐古部人

金史唐古德溫傳唐古德溫本名阿里上京刷河人也

布克坦水　摩多圖水　舍琿水　特克水

金史和諾克薩克達與布呼薩克蘇及混同江左右布克坦（舊作匹古埻今改）水北諸部兵皆會和諾克特其衆有必勝之心摩多圖（舊作波多吐今改）水費摩部鄂博貝勒附世祖和諾克等縱火焚之

金史世祖以偏師涉舍琿（舊作舍狠今改）水經特克（舊作貼割今改）水覆和諾克薩克達之家大霧晦冥迷失道至摩多圖水乃覺

金史世祖破和諾克薩克達軍乘勝逐之自安巴灣至於北

險甸死者如亂麻摩多圖水爲之赤

矩威水　圖塔水　拜格河

金史穆宗令矩威圖塔（舊作主偎禿荅今改）兩水之民陽爲阻絕鷹路畋於屯水（見前）而歸

金史穆宗使蒲嘉努以遼賜給矩威圖塔之民且修鷹路而歸

金史穆宗使矩威圖塔水人僞阻鷹路者且使言於遼平鷹路非己不可畋於屯水謂遼人曰吾平鷹路也遼使來賞之穆宗盡以其物與矩威圖塔之人

金史天輔四年九月矩威水部錫勒哈達等叛命斡魯討之

金史矩威水部錫勒哈達殺綽哈布古德斡魯討之綽哈宗室子招降矩威水部以功爲穆昆布古德領行軍千戶至是同被害

金史忠義傳布固德與綽哈俱招降矩威水部族天輔五年綽哈布固德往拜格河籍軍馬矩威水部殺綽哈布固德

納琳河　梅赫河　音達琿河

金史珠勒根穆都哩上京納琳河人也後徙咸平路梅赫河授世襲音達琿（舊作甯打渾今改）河穆昆（考金史屬昌州）

金史烏凌噶暉傳第三子天錫世襲納琳河明安親管穆昆

阿卜薩水

金史諾延溫都思忠阿卜薩（舊作阿補斯今改）水人

金史烏春阿卜薩水溫都部人

沃稜濼　舒吉濼

金史收國元年遼駙馬蕭特默等將騎五萬步四十萬至沃稜（舊作斡隣今改）濼上自將禦之還至舒吉（舊作熟結今改）濼有光見於矛端

金史太祖未至鴨子河既夜方就枕若有扶其首者三寤而起曰神明警我也即鳴鼓舉燧而行黎明及河遼兵方壞陵道選壯士十輩擊走之大軍繼進遂登岸遼兵潰遂至沃稜濼

布爾噶水

金史始祖居完顏部布爾噶（舊作僕斡今改）水之涯

和碩河

金史章宗欽懷皇后富察氏上京路和碩（舊作曷速今改）河人也

金史富察鼎壽上京和碩河人

博勒和河

金史布薩忠義上京博勒和（舊作拔盧古今改）河人

金史德濟呼遜居博勒和水烏春兵出其間終拒而不從

伊蘇河

金史富察鄂倫上京伊蘇舊作益速今改河人

蘇素海水

金史圖克坦喀齊喀上京蘇素海水人也

納爾琿河　烏楞古河

金史完顔薩哈上京納爾琿舊作納魯渾今改河人也其先居於烏

楞古舊作兀冷窟今改河

密齊顋河

金史芬徹自上京密齊顋舊作梅堅今改河徙屯天德初爲元帥府

章京

沃赫河

金史天輔四年遼上京留守托卜嘉以城降壬戌次沃赫河

烏濟赫水

金史英悼太子葬興陵之側上送至烏濟赫舊作烏只黑今改水而

還

實霞庫河

金史瓜爾佳扎拉隆州實霞庫舊作失撤古今改河人也

納爾琿河

金史瓜爾佳實訥隆州納爾琿舊作納魯悔今改河人也案此與上京之納爾渾當爲兩河

哈沙河

金史世宗大定二十五年上次哈沙河賜百歲老嫗帛

金史布薩揆授臨潢府路哈沙河世襲明安

烏爾呼河

金史伊喇富森東北路烏爾呼舊作烏連苦今改河明安人

烏魯斯哈珠水

金史肅宗與和諾克薩克達戰於烏魯斯哈珠舊作斡魯紺出今改水

已再失利世祖使希卜蘇先陣於托果原而身出搏戰敗其

步軍

海倫河

金史世宗昭德皇后烏凌噶氏其先居海倫舊作海羅伊今改河

德里必喇

金史顯宗孝懿皇后圖克坦氏其先德里必喇人也

實埒水

金史赫舍哩部阿勒呼丹阻兵普嘉努以偏師夜行抵實埒舊作石勒今改水襲擊破之

圖嚕庫水

金史圖嚕庫水赫舍哩部阻五國鷹路遼詔穆宗討之

伯奇圖河

金史圖克坦克甯授世襲伯奇圖舊作不扎土今改河明安兼親管

穆昆

和琳河

金史阿里布襲和囉噶圖明安和琳河穆昆

成默水

金史綽哈撫定成默舊作讖謀今改水拜格部長和索哩以城降

博囉水

金史天輔二年詔曰博囉舊作匹里今改水路完顏珠勒呼等六穆昆貧乏之民昔嘗給以官糧置之漁獵之地今歷日已久不知登耗可具其數以聞

色辰水

金史色埒默至色辰舊作斜寸今改水取先在烏春軍者二十二人

博多和河

金史烏雅和囉噶子五十六詔授武功將軍世襲本路博多

和火舊作婆今改朵河穆昆

必勒哈水

金史和卓哈斯罕必勒哈海舊作惢今改里水人也授必勒哈水世

襲明安

珠卜奇水

金史赫木頗珠卜奇吉舊作朮今改水錫默部人也

和倫水

金史德克德爻阿古岱世爲和倫論舊作胡今改水部長

南圖琿河

金史瓜爾佳沃哩布南圖琿渾舊作暗今改土河人

甯嘉河

金史富珠哩定方甯嘉吉舊作內今改河人也

音德爾水

金史忠義傳特庫音德爾舊作雅撻瀾今改水人

葉赫水

金史葉赫水納哈塔部安扎與人爭部族官不得遂歸穆宗

瑚沁水

金史瑚沁舊作蟬春今改水烏雅部富哲固納畏烏春强請世祖出兵其間以爲重

阿里瑪河　索歡河　特通額水

金史薩里罕察必達爾兄弟嘗寇扎蘭路穆宗遣博勒和討之至阿里瑪舊作阿里門今改河薩里罕僞降掠馬畜三百而去博勒和渡索歡舊作蘇袞今改河招降旁近諸部至特通額舊作特勝吳今改水察必達爾僞降復叛執而殺之

伊勒呼水

金史太宗天會二年海蘭路伊勒呼舊作移鹿古今改水霖雨

金史海蘭路有伊勒呼水

庫特呼河

金史額哩頁咸平路庫特呼（舊作窟吐忽今改）河人

雅哈河

金史忠義傳納喇綽奇咸平路雅哈（舊作伊改今改）河明安人

鄂爾和水

金史高永昌率衆來拒遇於鄂爾和（舊作沃里活今改）水我軍既濟永昌之軍不戰而卻逐北至東京城下（按明志刪去原文沃里二字稱高永昌拒金兵於活水謂即渾河殊誤）

威泰必喇

金史富察鄭留東京路威泰（舊作斡底今改）必喇明安人

諤都河

金史富察世傑哈斯罕諤都（舊作斡篤今改）河人

德里川 案此與德里必喇是否一水實不可考今兩存之

金史天輔六年齋貝勒昱襲皮室部於德里舊作鐵呂今改川追至潢水北大破之

必爾罕水

金史遼人來攻貝勒和索哩城阿里赴之破其衆於必爾罕舊作闢罕今改離水上水爲之不流富埒赫哈爾吉水馬韓島凡十餘戰破數十萬衆契丹奚人聚舟千艘將入於海阿里以二十七舟邀之於是蘇復州博索路皆平

伊瑪河　約羅河

金史世宗二十一年詔遣大興尹完顏托果斯遷河北東路兩明安上曰朕始令移此欲令女眞戶相錯安置久則自相姻親不生異意此長久之利也今者伊瑪舊作移馬今改河明安相錯以居甚符朕意而約羅舊作遙落今改河明安不如此可按視其

地以雜居之案此戶雖已遷仍以舊地爲明安之名

斜江

元一統志斜江在遼陽縣東按圖册源自長白山南流經廢博索府東十里流入於海

穩圖河

明統志穩圖河在開原城東五百里源出坊州北山北流入松花江按今無此河名惟甯古塔城東北九百餘里有溫屯河南流入混同叉興京西有溫都河入渾河俱不相合坊州見疆域門河州條

哈喇河

明統志哈喇河在開原城東四百里源出長白山北松山東流合輝發江入松花江案吉林境內入輝發江之水頗多惟無哈喇河

繰烏河

明統志繰烏河在開原城東北五百七十里出建州東南山

東北流合圖魯瑪河入松花江按河名無考係傳聞之誤

謹案自弱水以下散見諸書而地難指實蓋譯對既易傳訛而今古亦多殊號即有稱名偶同者仍未敢據以爲是並類附於後以備參稽其在前卷已因山附見者亦不復複敘云

欽定滿洲源流考卷十五

欽定滿洲源流考卷十六

國俗一

謹按自肅愼氏楛矢石砮著於周初徵於孔子厥後夫餘挹婁靺鞨女眞諸部國名雖殊而弧矢之利以威天下者莫能或先焉良由禀質厚而習俗醇騎射之外他無所慕故閱數千百年異史同辭信乎扶輿剛粹之氣鍾聚於茲所以啓

王師無敵之先聲而緜

國家億萬年克誥方行之盛有由然也至於崇禮讓重祭祀以及官制語言之屬史文所載均有可稽所謂東方多君子之國而尊君親上先公後私尤習尚之固然無庸勉强者也臣等謹立

國俗一門首列騎射冠服次政教文字次祭祀典禮次官制語言而以物產雜綴終焉自肅愼以下比類相從仍冠滿洲於簡端以著舊俗之相符合云

滿洲
我
國家肇造大東敦龐之俗弧矢之威自古已然恭考
實錄我
太祖高皇帝以十三甲始申天討義問宏昭乙酉年哲陳之役
太祖率近侍三人敗諸部八百人丙午年斐優之役我兵二百敗烏
拉兵萬人至天命四年薩爾滸之戰以我衆數千殲明兵四
十萬明之宿將銳師一舉而盡我
太宗文皇帝服朝鮮降蒙古松山杏山之捷破明兵十三萬咸用少
擊衆一以當千固由
神武之姿出於
天授賢臣猛將協力同心亦我貙虎熊羆之士有勇知方騎射之精
自其夙習而爭先敵愾氣倍奮焉故也若夫禀性篤敬立念

肫誠祀
天祀
神典禮綦重較古人執豕酌匏之風尤爲謹凜至於冠服語言一遵
舊制
訏謨諄戒永切
紹聞且自葉赫輝發烏拉哈達同一語音之國既先入版圖我
太祖創製國書因心作則備極軌範
太宗命巴克什達海等繙譯書籍庫爾禪等記注政事天聰六年
諭達海增加圈點
命記載諸臣詳加訂正同文之盛實肇於茲我
皇上繼志述事勖循舊章
諄諭八旗臣僕敦本率初罔弗
躬先而申訓之凡夫

崇勳偉績祭祀冠服語言文字之詳具載於

欽定開國方略滿洲祭

神祭

天典禮

皇朝禮器圖式大清通禮清文鑑諸書所以嚴萬世之法守而鞏

無疆丕丕基者燦然大備矣

騎射

御製恭瞻

太祖高皇帝所貽甲冑

武庫三曾器龍樓十襲緹千年過合甲七屬鄗函犀仰

烈誠天授思艱敢志擕雄關爲近戶安恃一丸泥

御製恭瞻

太宗文皇帝所御弧矢

青莖如古直解角到今堅不禁秋霜感遐思寶月懸比和經

手御似訓作心傳撻伐前猷在居歆總賴

天

御製再題實勝寺

故老今何在祇園此尚存藉尋禽敵烈總爲戴

天恩臨汝心毋貳蠢茲氣已吞戎衣寰海定武器再三把是寺恭藏太祖高皇帝所御甲冑數人舉之而弗能勝太宗文皇帝所貽弓壯士弗能開矢長四尺餘皇祖聖祖仁皇帝亦曾留寶劍云繼序思

皇祖貽麻逮耳孫綿綿瓜有瓞億載永蟠根

御製全韻詩

尼堪外蘭者奸詭趁塊尨介於諸部間讒言恣紛哤嗾明害我

祖罪魁李成梁叶古呼先是尼堪外蘭陰搆明甯遠伯李成梁引兵攻古哷城主阿太章京及沙濟城主阿亥章京成梁授尼堪外蘭兵符率遼陽廣甯兵二路進成梁與遼陽副將分攻兩城尋克沙濟城殺阿亥復合兵攻古哷城阿太章京妻

景祖女孫也　景祖聞古哷兵警恐女孫被陷偕　顯祖往救既至見戍梁兵方接戰令　顯祖俟於城外獨入城欲攜女孫歸阿太不從　顯祖俟良久亦入城探之古哷守禦甚堅戍梁攻之不能克因責尼堪外蘭起釁敗軍之罪尼堪外蘭懼至城大呼紿城中士卒殺阿太降戍梁盡誘城中人出而屠之尼堪外蘭復搆明兵害　景祖　顯祖焉

因報不共天興師征其邦特標七大恨告

天　天眷蒙

叶　二祖爲明兵所害　太祖聞之大慟勃然震怒往詰明邊吏曰我　祖父何故被害汝等乃不共戴天之讐也明遣使謝曰非有意也誤耳乃歸　二祖喪　太祖謂使臣曰害我　祖父者尼堪外蘭所搆也必執以與我乃已明使不從且欲助之　太祖益恨乃於天命三年以七大恨告　天其略曰我　祖父未嘗損明邊一草寸土明無端起釁害我　祖父恨一也明雖啓釁我尚欲修好設碑勒誓彼此毋越疆圉越者見即誅之明復渝誓言遣兵越界衛助葉赫恨二也明入每歲踰疆擾奪我遵誓行誅明負前盟責我擅殺拘我廣甯使臣挾取十人殺之邊境恨三也明越境以兵助葉赫俾我已聘之女改適蒙古恨四也柴河三岔撫安三路我累世分守疆土之衆耕田藝穀明不容刈穫遣兵驅逐恨五也邊外葉赫獲罪於　天明偏信其言遣使遺書詬詈肆行凌侮恨六也昔哈達助葉赫二次來侵我自報之　天既授我哈達之人矣明又黨之脅我還其國已而哈達數被葉赫侵掠初呼倫諸國合兵侵我故　天厭呼倫啓釁惟我是眷今明助　天譴之葉赫抗　天意倒置是非妄爲剖斷恨七也遂　親統師征明撫順招降守城遊擊李永芳徙城中

人口以歸將駐營謝哩甸明兵一萬來追還擊敗之斬總兵張承廕副將頗廷相參將蒲世芳遊擊梁汝貴等尋復攻克清河
城守城副將鄒儲賢及兵萬人盡殲焉制書代結繩
文教誨愚蒙滿洲初無字太祖命巴克什額爾德尼噶蓋以蒙古字改制國書二臣以難辭太祖曰無難也以蒙
古字合我國語音聯綴成句即可因文見義遂裁定國書頒行傳布定旗以八色
武功赫駿厖先是我國出兵校獵各隨族黨屯寨而行每人各出一矢十矢領以一長稱爲牛彔辛丑年以徠服人衆編三
百人爲一牛彔其長稱牛彔額眞乙卯年設甲喇額眞轄五牛彔又設固山額眞轄五甲喇左右設兩梅勒額眞初設黃白紅
藍四旗後參用其色鑲之共爲八旗以次平諸部遂逮松花江松阿里烏拉國語謂天漢江即漢文
所謂松花江是烏拉貝勒布占泰所據地也於癸巳年被擒至癸丑年滅其部肘腋患既除疆場漸拓
張叶已亥年滅哈達丙午滅輝發己未滅葉赫於是境壤日益恢廓矣遼陽駐明軍望之心已
降
右
太祖興師征明
二十萬衆明興師號稱卌萬威臨之兵分四路各出奇並趨興

京力不遺己未二月明帝命經略楊鎬等統兵二十萬號四十萬來攻左翼中路以杜松王宣趙夢麟張銓督兵六十萬由渾河出撫順關右翼中路以李如柏賀世賢閻鳴泰督兵六萬由清河出鴉鶻關左翼北路以馬林麻岩潘宗顏督兵四萬由開原合葉赫兵出三岔口右翼南路以劉綎康應乾督兵四萬合朝鮮兵出寬甸口期並趨我興京

太祖聞報初弗疑應之以暇安其危堂堂陣復正正旗蓋臣志同

太宗辭三月朔我西南兩路偵卒以明兵逼境告　太祖曰明使我先見南路有兵者誘我兵而南也其由撫順西來者必大兵急宜拒戰乃率大貝勒代善及衆貝勒大臣統城中兵出大貝勒前行偵卒又以明兵出清河路來告大貝勒曰清河路仄兵未能驟至宜先往撫順以逆敵兵遂與達爾漢侍衛扈爾漢集兵以待　太祖時　太宗文皇帝稱四貝勒以祀事後至謂大貝勒曰我築城夫役在界藩山倘明兵奮力攻之奈何宜急進以安其心於是令軍士擐甲趨至太蘭岡大貝勒與扈爾漢欲駐兵僻地以伺　太宗曰正宜耀兵示敵壯我士卒夫役之膽何以僻爲巴圖魯額亦都曰　四貝勒之言是也我兵當堂堂正正以向敵遂督兵赴界藩對明兵營列陣而待

父子兄弟同努力叶子弟之兵左右隨人自爲戰如熊羆快馬斫陣

殲厥魁叶殭尸流若雁鶩靡叶先是我防衛築城之兵見杜松等兵過將半尾追之與夫役合據界藩之吉林崖杜松引兵來攻我兵下擊一戰而斬百人我衆貝勒甫至見明兵攻吉林崖者約二萬人又一軍列薩爾滸

山巔遙爲聲勢大貝勒與諸將議遣兵千人往助防衛兵馳下
壓擊而以右翼四旗夾攻之別以左翼四旗當薩爾滸山之兵
太祖至復令右二旗兵遙望界藩明兵俟我兵馳下時幷
力以戰乃合六旗兵進攻薩爾滸山明兵列陣發鎗礮我兵仰
射之奮力衝擊不移時破其營壘死者相枕藉而夾攻界藩之
兵縱之橫馳突無不一當百遂大破其衆明總兵杜松王宣趙夢
麟皆歿于陣橫屍亘山野血流成渠士卒死者蔽渾河而下如
流澌時馬林兵四萬夜營於尚間崖翼日大貝勒以三百騎馳
往馬林濬壕三匝外列火器繼列騎兵又開原道潘宗顏一軍
約萬人營斐芬山遊擊龔念遂李希泌亦率兵萬餘營於斡琿
鄂謨環車楯列火器太祖與太宗所率兵不滿千分
其半下馬步戰明兵發火器以拒太宗引騎士衝入我步
兵斫其車楯明兵又大敗龔念遂李希泌皆陣歿太祖急
引侍從四五人至尚間崖明兵方布陣太祖趣我軍先據
山巔下擊衆方欲登山而馬林營內及壕外兵合太祖令
我軍下馬步戰大貝勒怒馬迎敵直入其陣二貝勒阿敏三貝
勒莽古爾泰與衆台吉各鼓勇奮進遂敗明兵斬捕無算我六
旗兵亦人自爲戰飛矢利刃所向無前明兵不能支大敗而遁
我兵乘勝追擊明副將麻岩及大小將士皆陣歿總兵馬林僅
以身免太祖復集軍士馳攻斐芬山潘宗顏全軍盡歿葉
赫貝勒錦台什布揚古聞明兵敗大驚遁去時劉綎李如柏兩
路之兵己近逼輿京太祖至命大貝勒三貝勒及我
太宗統軍禦劉綎而留兵四千於都城待李如柏等太宗
同兩貝勒兵甫出瓦爾喀什窩集劉綎所率精銳二萬已分其
半前掠將登阿布達哩岡太宗告大貝勒曰兄統大兵留
此相機爲援吾先督兵登岡自上下擊之大貝勒亦與太

宗約左右夾擊太宗遂引精騎三十超出衆前自山馳下擊之戰甚酣後軍遂衝突而入大貝勒又率兵夾攻明兵大潰太宗乘勝追擊與劉綎遇殲其兩營兵萬人劉綎戰死是時明海蓋道康應乾與朝鮮兵營於富察之野甲仗堅銳太宗同衆貝勒至督兵進攻明兵朝鮮兵競發火器忽大風驟作揚沙走石煙塵反撲敵營我軍乘之飛矢如雨又大破其衆殲二萬人康應乾一遁去遊擊喬一琦奔朝鮮我兵逐之朝鮮元帥姜功烈詣營降一琦自縊死楊鎬聞三路兵敗急檄總兵李如柏副將賀世賢等還軍如柏等自呼蘭路遁歸我哨兵二十人見而鳴螺呼噪下擊殺四十人明兵奪路而走相踩踐死者復千餘

破廿萬兵弗踰時其詳則見書事詞

是役也明兵二十萬四路來侵我兵以少擊衆所向克捷五日之間悉為我軍誅滅其宿將猛士暴骸骨於外士卒死者不啻十餘萬而我士卒僅損二百人此誠上天佑助神武昭宣我國家億萬載丕基實肇乎此詳見向所作薩爾滸之戰書事篇

恨不行間供驅馳薩爾滸戰

王業基用示百世綿本支

右

太祖破明四路兵

射獵習軍旅國俗舊弗違以此善攻戰諸部讋

武威我

祖常冬狩雪霽餘濘泥

徒步過岡原因之行攝衣侍衛相竊語何用愛此爲

聞而笑諭曰甯乏之慳斯微要當崇節儉物力惜應思設解賜爾輩完

潔豈弗宜衆乃服

盛德躬行化在玆太祖嘗出獵雪初霽恐草上浮雪霑濡攝衣而行侍衛等私語曰上何所不有而惜一衣耶太祖聞之笑曰吾豈爲無衣而惜之吾常以衣賜汝等與其被雪霑濡何如鮮潔爲愈躬行節儉微物必惜汝等正當效法耳儆誇待有功韓侯誠小哉叶允合

示家法奕葉恆遵依

右

太祖攝衣行獵

春蒐復秋獮豈不戒虞箴惟切

覲揚志

甯辭歲月侵

念 皇祖以我朝素嫻騎射故能戰必勝攻必克且深
祖宗創業艱難而開國諸臣亦皆勇果無
敵由於所習之精勤也恐承平日久人或貪安逸而忘本務是
以常舉行圍之典自康熙壬戌以迄壬寅或獵于邊
牆或田於塞外幾無虛歲而南苑近在城南尺五歲或三
四莅焉凡以講武習勞景前徽而敦舊俗爲國家久
安長治計
者至深遠也

多能固天縱

皇祖神勇天錫力能挽強並用十二把長箭
臣下罕有及者曾見聖諭且矢無虛發圍中射鹿
率多貫脇洞胸即猛如虎健如
熊捷如兔亦往往壹發殪之

久道仰君臨避暑山莊鬮受

戊子始搆避暑山莊於熱河自是歲以四五月駐蹕
恩予最深 秋則蒐狩木蘭孫臣十二歲時蒙恩眷養育宮
中扈從山莊日侍左右親見皇祖披閱奏章引見官
吏宮門習射諸事敬識之弗敢忘及至木蘭中承恩慈愛
護而期許者尤出諸孫之右至今每一念及輒爲淚下曾於
賜居之萬壑松風榜曰紀恩堂作記以誌其事所以凜
遵無逸不敢晏甯駐山莊而勤政勅幾幸木蘭而先勞肄
武以至優撫藩部柔懷遠人無一非追憶見聞率循成憲
承祖志即期
以報祖恩耳

右

聖祖行圍講武

謹案我

朝騎射精嫻所向無敵

列祖

列宗神勇天錫尤亘古所未聞猶恐臣民日久稍忘故風復時時

諄諭及之我

皇上紹聞繩

武是

闡是

行備見於

御製詩中蓋

大訓所存非僅陳土風已也臣等謹錄冠肅愼諸條之前以著萬世

家法所自云

周

國語有隼集於陳侯之庭楛矢貫之石砮其長尺有咫仲尼曰隼之來也遠矣此肅愼氏之矢也

漢

後漢書夫餘國善射其人彊勇而謹厚以弓矢刀矛爲兵

後漢書挹婁國衆雖少而多勇力又善射發能入人目弓長四尺力如弩矢用楛長一尺八寸靑石爲鏃案國語所稱長尺有咫者指石鏃而言而後漢書以下乃皆云矢長尺八夫寸以四尺之弓而矢僅尺餘恐無是理

後漢書馬韓其人壯勇

後漢書東沃沮人性質直彊勇便持矛步戰

後漢書濊能步戰作矛長三丈或數人共持之

三國

三國志夫餘其人强勇謹厚以刀矛弓矢爲兵家家自有鎧仗

三國志挹婁人多勇力其弓長四尺力如弩矢用楛長尺八寸青石爲鏃善射射人皆入目其人衆雖少隣國畏其弓矢卒不能服

三國志馬韓其人性強勇弁韓便步戰兵仗與馬韓同

晉

晉書肅愼氏一名挹婁有石弩皮骨之甲檀弓三尺五寸楛矢長尺有咫

晉書夫餘國其人强勇

晉書馬韓性勇善用弓楯矛櫓雖有攻戰而貴相屈服弁韓其風俗類馬韓兵器亦與之同

通考挹婁處山險善射中人即死隣國畏其弓矢

南北朝

魏書勿吉其人勁悍善射弓長三尺箭長尺二寸以石爲鏃案此

云箭長尺二寸蓋沿後漢書之誤

周書百濟兵有弓箭刀矟俗重騎射

北史夫餘王子朱蒙善射王狩于田以朱蒙善射給一矢殪獸甚多

北史新羅甲兵同於中國選人壯健者悉入軍烽戍邏俱有屯管部伍風俗刑政與百濟同每八月十五日設樂令官人射賞以馬布

北史勿吉勝兵數千多驍武黑水部尤勁矢皆石鏃人皆善射以射獵爲業

通考新羅八月望日大宴官吏射其庭畜牧海中山須食乃射

隋

隋書百濟俗尚騎射

隋書新羅風俗與百濟同

括地志靺鞨人多勇力善射弓長四尺如弩矢用楛靑石爲鏃
通考勿吉國其人勁悍常輕豆莫婁諸國其粟末部勝兵數千
多驍武伯咄部勝兵七千安車骨拂涅號室黑水白山五部勝
兵並不過三千而黑水部尤爲勁健自拂涅以東矢皆石鏃最
爲强國人皆善射常以七八月造藥傅矢以射禽獸中者立死
隋開皇初文帝詔其使曰朕聞彼土人勇今來實副朕懷厚勞
之令宴飲於前使者與其徒起舞曲折多戰鬬容

唐

舊唐書黑水靺鞨處北方最稱勁健兵器有角弓及楛矢渤海
靺鞨勝兵數萬人渤海王大祚榮驍勇善用兵
新唐書黑水靺鞨人勁健善步戰射獵其矢石鏃長二寸蓋楛
砮遺法
册府元龜唐龍朔三年百濟西部人黑齒常之來歸常之長七

尺餘驍勇有謀略

五代

五代史黑水靺鞨其兵角弓楛矢

五代會要黑水靺鞨處北方尤稱勁健兵器有角弓楛矢

遼

通考契丹主嘗攻女眞女眞衆裁萬人而弓矢精勁契丹引去

大爲山林之兵掩襲殺戮

契丹國志女眞其人朴勇每出戰皆被重札精於騎射從古以

來無盜賊詞訟之事

契丹國志渤海國男子多智勇有三人渤海當一虎之語

松漠紀聞渤海男子多智謀驍勇出他國右契丹太祖徙其名

帳千餘戸于燕有戰則用爲前驅

金

金史女眞舊無鐵鄰國有以甲冑來鬻者景祖傾貲厚價以與貿易亦令昆弟族人皆售之得鐵既多因之以修弓矢備器械兵勢稍振

金史遼主命穆宗討蕭哈里滿洲語有水寬何處也舊作海里今改正募軍得甲千餘女眞甲兵之數始見於此蓋未嘗滿千也至是太祖勇氣自倍曰有此甲兵何事不可圖渤海留守以甲贈太祖太祖不受曰被彼甲而勝則是因彼成功也是時遼追哈里兵數千人攻之不能克穆宗謂遼將曰退爾軍我當獨取哈里太祖策馬突戰流矢中哈里首墮馬執而殺之大破其軍金人自此知遼兵之易與也

金史太祖十歲好弓矢甫成童即善射嘗南望高阜一發過之度所至踰三百二十步天德三年立射碑以識焉

金史太祖始伐遼徵諸路兵得二千五百人遼將耶律色實滿洲

語貆條餑餑也舊作謝十今改正墜馬遼人前救太祖射救者斃併射色實飲矢之半有突騎前又射之徹札洞胸太祖免胄而戰或自傍射之矢拂於額太祖顧見射者一矢而斃謂將士曰盡敵而止衆從之勇氣自倍敵大奔蹂踐死者十七八遼蕭嘉哩等將步騎十萬會鴨子河太祖自將擊之甲士三千七百至者纔三之一俄與敵遇會大風起乘風擊之遼兵潰遼人嘗言女眞兵若滿萬則不可敵至是始滿萬云

金史遼帝自將七十萬自圖們西還太祖兵止二萬追及之使右翼先戰兵數交左翼合而攻之遼兵大潰我師馳之横出其中遼師敗績

金史世宗善騎射國人推爲第一每出獵耆老隨而觀之

金史世宗謂宰臣曰會甯乃國家興王之地自海陵遷都女眞人寖忘舊風非長久之計甚欲一至會甯使子孫見舊俗庶幾

效習之二十二年勅西北路招討司勒明安穆昆官督部人習武備又謂右丞相原王曰爾嘗讀太祖實錄乎太祖征瑪展滿洲語人披箭也舊作麻產今改正襲之至泥淖馬不能進太祖捨馬而步罕都滿洲語稻也舊作歡都今改正射中瑪展遂擒之創業之難如此可不思乎又謂宰臣曰西南西北兩路招討司地隘明安人戶無處圍獵不能嫻習騎射委各明安穆昆官依時教練

金史兵志金興用兵如神戰勝攻取無敵當世俗本鷙勁人多沈雄兄弟子姪才皆良將部落保伍技皆鋭兵無事耕可給衣食有事戰可致俘獲勞其筋骨以能寒暑徵發調遣事同一家是故將勇而志一兵精而力齊

通考女眞俗勇善射能爲鹿鳴以呼羣鹿而射之按今哨鹿之制以木爲哨具又象鹿之首戴之使鹿不疑惟精於獵者能之詳見御製哨鹿賦

大金國志女眞人善騎射耐饑渴苦辛騎上下崖壁如飛濟江

河不用舟楫浮馬而渡

大金國志金都會甯四時皆獵燕都城外皆民田三時無地可獵俟冬月則出出必踰月每獵則以隨駕軍密布四圍名曰圍場

大金國志金國凡用師征伐上自大元帥中至萬戸下至百戸飲酒會食略不間別與父子兄弟等所以上下情通無閉塞之患國有大事適野環坐畫灰而議自卑者始議畢即漫滅之不聞人聲軍將行大會而飲使人獻策主帥聽而擇焉其合者即爲特將任其事暨師還戰勝又大會問有功者隨功高下支賞舉以示衆衆以爲薄則增之

北盟錄女眞用兵以戈爲前行號曰硬軍人馬皆全甲刀棓自副弓矢在後設而不發非五十步不射弓力七斗箭鏃至六七寸形如鑿入輒不可出隊伍之法伍長擊柝十長執旗百長挾

鼓千人長則旗幟金鼓悉備將自執旗人視所向而趨自主帥
至步卒皆自控馬每五十人爲一隊前二十人全裝重甲持棍
槍後三十人輕甲操弓矢遇敵必有一二人躍馬而出先觀敵
陣之虛實或向其左右前後結隊而馳擊之百步之內弓矢齊
發中者常多其分合出入應變若神

北盟錄女眞善騎上下崖壁如飛精射獵每見巧獸之蹤能躡
而推之得其潛伏之所以樺皮爲角吹作呦呦之聲呼鹿射之

馬擴茆齋自敍擴隨金主打圍自拉林河東行每旦金主於積
雪中以一虎皮背風而坐諸將各取所佩箭一枝擲占遠近各
隨所占左右上馬軍馬皆單行每騎相去五七步接續不絕兩
頭相望常及一二十里候放圍盡金主上馬去後隊一二里立
認旗以行兩翼騎兵視旗進趨凡野獸自內赴外者四圍得迎
射外赴內者須主將先射凡圍如箕掌徐進約三四十里近可

宿之處即兩梢合圍漸促須臾作二三十匝野獸迸走或射或擊盡斃之取火炙啗騎散之宿處金主言我國中最樂無如打圍其行軍布陣大概出此

冠服

御製長甯寺恭瞻

太宗所貽冠服二首

羹牆有志難爲覩

冠服重瞻仰

聖靈應現吉祥雲作蓋千秋萬載護長甯

戎衣汗馬

躬勞苦繼述常懷

烈祖靈儉樸心欽發篋始微言那藉李邦甯按元史大安閣中有故篋李邦甯對云此世祖所遺裘帶有聖訓曰藏此使見吾樸儉云云

御製全韻詩

觀史知治亂匪詡文藻彬

常稱金世宗不愧賢君眞熙宗廢舊制海陵荒樂頻大定奮法祖勤求治理臻衣服及語言一惟舊制遵雖垂訓如此後世忘其諄乃知耽酒色無不致亡淪又如達海輩屢勸易衣冠叶不從謂拒諫比喻曉諸臣寬衣大袖坐勞薩忽挺身其孰能禦之何異尙左人在朕豈變更所以示子孫叶煌煌祖訓昭世守應無惓叶臥碑勒箭亭乾隆壬申春

崇德元年十一月太宗御翔鳳樓集諸王貝勒八旗大臣等命內弘文院大臣讀大金世宗本紀諭衆曰爾等審聽之世宗者蒙古漢人諸國聲名顯著之賢君也故當時後世咸稱爲小堯舜朕披覽此書悉其梗槩殊覺心往神馳耳目倍加明快不勝歎賞朕思金太祖太宗法度詳明可垂久遠至熙宗合喇及完顏亮之世盡廢之耽於酒色盤樂無度效漢人之陋習世宗即位奮圖法祖勤求治理惟恐子孫仍效漢俗預爲禁約屢以無忘祖宗爲訓衣服語言悉遵舊制時時練習騎射以備武功雖垂訓如此後世之君

漸至懈廢忘其騎射至於哀宗社稷傾危國遂滅亡乃知凡爲
君者耽於酒色未有不亡者也先時儒臣巴克什達海庫爾禪
屢勸朕改滿洲衣冠效漢人服飾制度朕不從輒以爲
諫朕試設爲比喻如我等於此聚集寬衣大袖左佩矢右挾弓
忽遇碩翁科羅巴圖魯勞薩挺身突入我等能禦之乎若廢騎
射寬衣大袖待他人割肉而後食與尚左手之人何以異耶朕
發此言實爲子孫萬世之計也在朕身豈有變更之理恐日後
子孫忘舊制廢騎射以效漢俗故常切此慮耳我國士卒初有
幾何因嫺於騎射所以野戰則克攻城則取天下人稱我兵曰
立則不動搖進則不回顧威名震懾莫與爭鋒此番往征燕京
出邊我之軍威竟爲爾八大臣所累矣故諭爾等其謹識朕言
乾隆十七年春因恭讀 太宗實錄敬述此諭立臥碑
於箭亭鐫示子孫臣庶使皆遵
聽毋忘以綿我國家億載丕緒

右

太宗訓守冠服騎射舊制

謹按我
朝冠服制度法守攸關尤與騎射舊俗爲便
太宗文皇帝睿慮深遠反覆
申諭迥非當時達海諸臣所能仰窺萬一

皇上述
訓垂謨昭示億載洵乎
先
後聖之揆一也臣等恭録
聖製用誌遵循仍以各史所載條繫於後以備考核焉

漢

後漢書馬韓布袍草履弁辰衣服潔清

三國

三國志夫餘在國衣尚白白布大袂袍袴履革鞜出國則尚繒繡錦罽大人加狐狸狖白黑貂之裘以金銀飾冒

三國志馬韓其俗好衣幘下戶朝謁皆假衣幘自服印綬衣幘千有餘人以瓔珠爲財寶或以綴衣爲飾衣布袍足履革蹻蹋

弁辰衣服潔清

晋

晋書夫餘國出使乃衣錦罽

晋書馬韓貴瓔珠用以綴衣衣布袍履革蹻

南北朝

魏書勿吉男子皮裘婦人布裙

周書百濟六品以上冠飾銀華七品紫帶八品皁帶九品赤帶十品青帶十一品十二品皆黄帶十三品至十六品皆白帶若朝拜祭天其冠兩廂加翅戎事則否婦人衣似袍而袖微大

南史百濟衣服潔淨

北史新羅服色尚畫素

唐

舊唐書百濟國其王服大袖紫袍青錦袴烏羅冠金花爲飾素皮帶烏革履官人盡緋爲衣銀花飾冠庶人不得衣緋紫

新唐書新羅男子褐袴冒以黑巾婦人長襦

新唐書渤海以品爲秩三秩以上服紫牙笏金魚五秩以上服緋牙笏銀魚六秩七秩淺緋衣八秩綠衣皆木笏

五代

五代會要新羅朝服尚白

契丹國志新羅國服色尚素

金

金史世宗謂大臣曰國初風俗淳儉居家惟布衣非大會賓客未嘗輒烹羊豕二十七年禁女眞人不得改稱漢姓及學南人衣裝犯者抵罪

金史輿服志金人之常服四帶巾盤領衣烏皮靴其束帶曰陶罕滿洲語帶飾也舊作吐鶻今改正巾之制以皁羅若紗爲之其衣色多白三品以皁窄袖盤領縫腋下爲襞積而不缺袴其胸臆肩袖或飾

以金繡其從春水之服則多鶻捕鵝雜花卉之飾其從秋山之服則以熊鹿山林爲文其長中骭取便於騎也陶罕玉爲上金次之犀象骨角又次之銙周鞓小者間置於前大者施於後左右有雙鉈尾納方束中其刻琢多如春山秋水之飾左佩牌右佩刀刀貴鑌鐵尚雞舌木黃黑相半有黑雙距者爲上或三事五事寶飾以醫瓣樺鏁口飾以鮫或屑金鍮和漆塗鮫隙而礲平之醫瓣樺皮斑文色殷紫如醫中豆瓣也產其國故尚之女眞人不得學南人裝束

北盟錄女眞地極寒衣黑裘細布貂鼠青鼠狐貉之衣

大金國志金俗好衣白自滅遼臣宋漸有文飾至於衣服尚如舊俗貴賤以布之粗細爲別富人春夏多以紵絲綿紬爲衫裳亦間用細布冬以貂鼠青鼠狐貉皮或羔皮爲裘或作紵絲紬絹秋冬亦衣羊皮或獐鹿皮爲衫袴襪皆以皮

謹案白山黑水風氣質純騎射之精嫻士卒之勇果自肅愼以下史傳所載皆同至於用兵若神人自爲戰如金史所稱兄弟子姪才皆良將部落保伍技皆銳兵徵發調遣事同一家者尤與我

朝俗尙相近故能風馳電掃所向無前所謂子弟之衞父兄手足之捍頭目猶未足盡其形容矣至冠服與騎射相需爲用肅愼夫餘制度簡質新羅渤海漸事文飾金興而返質還淳務從其朔金世宗申禁國人不得學南人裝束誠以故俗不可忘而於習武實爲利便我

朝冠服之制不必盡與金同而便於騎射視金史所載尤爲過之洵億萬世所當遵守也

欽定滿洲源流考卷十六

欽定滿洲源流考卷十七

國俗二

政教附字書

漢

後漢書夫餘國食飲用俎豆會同拜爵洗爵揖讓升降

後漢書馬韓人知田蠶不貴金寶錦罽辰韓知蠶桑嫁娶以禮行者讓路弁辰人皆長大而刑法嚴峻

後漢書濊人不相盜無門戶之閉婦人貞信飲食以籩豆少嗜欲俗重山川各有部界知種麻養蠶作綿布候星宿豫知年歲豐約

三國

三國志馬韓其民土著種植知蠶桑作緜布弁辰曉蠶桑作縑布嫁娶以禮男女有別行者相逢皆讓路法特嚴峻有瑟其形

似筑彈之有音曲弁辰與辰韓法俗相似

三國志東沃沮飲食居處衣服有禮節濊人性愿慤少嗜欲有

廉恥

晉

晉書夫餘國會同揖讓之儀有似中國

晉書肅慎以言語爲約野處而不相犯

南北朝

南史百濟國元嘉二十七年國王餘毗上書求易林占式與之

大同七年遣使取毛詩博士并工匠畫師並給之

南史新羅多桑麻作縑布刻木爲信

周書百濟兼愛墳史秀異者頗解屬文又解陰陽五行以建寅

月爲歲首亦解醫藥卜筮占相之術

北史百濟之秀異者解屬文能吏事又知醫藥蓍龜與相術陰

陽五行法有鼓角箜篌箏竽篪笛之樂

北史新羅文字同於中國

隋

隋書百濟其俗讀書史能吏事亦知醫藥蓍龜之術有鼓角箜篌箏竽篪笛之樂

隋書新羅風俗刑政與百濟同

唐

舊唐書百濟國其書籍有五經子史又表疏依中華之法

舊唐書貞觀二十二年新羅王眞德遣子弟來朝太宗賜以所制溫湯及晉祠碑幷新撰晉書

舊唐書開元十六年新羅王金興光請令人就中國學問經教許之

舊唐書渤海靺鞨有文字及書記太和七年遣學生三人請赴

上都學問先遺學生三人事業稍成請歸本國許之

舊唐書渤海王數遣諸生詣京師太學習識古今制度

新唐書貞觀二十二年新羅王眞德遣子弟詣太學觀釋奠講論帝賜所製晉書永徽元年眞德織錦爲頌以獻其詞曰巨唐開洪業巍巍皇猷昌止戈成大定興文總百王統天崇雨施理物體含章深仁諧日月撫運邁時康幡旗既赫赫鉦鼓何煌煌外夷違命者翦覆被天殃淳風凝幽顯遐邇競呈祥四時和玉燭七曜巡萬方維岳降宰輔維帝任忠良三五成一德昭我唐家光開耀元年國王政明遣使者丐唐禮及他文辭武后賜吉凶禮并文詞五十篇開元中又遣子弟入太學學經術太和五年學生歲滿者一百五十人皆還國

新唐書百濟有文籍紀時月百濟王義慈事親孝與兄弟友時號海東曾子

新唐書白居易傳居易最工詩當時士人爭傳雞林行賈售其國相率篇易一金其僞者相輒能辨之案雞林即今吉林詳前疆域門

册府元龜唐則天垂拱二年新羅王金政明遣使請禮記一部并新文章令所司寫吉凶要禮并於文館詞林採其詞涉規誡者勒成五十卷賜之寶歷元年新羅國王金彥昇奏先在太學崔利貞等四人請權還其新赴朝貢金允夫等十一人請留配國子監習業從之

通考唐開元二十五年遣邢璹使新羅帝詔璹曰新羅號君子國知詩書以卿醇儒故持節往

册府元龜唐開元二十六年渤海遣使寫唐禮及三國志三十六國春秋

通考渤海知書契習識古今制度爲海東盛國

諸蕃志新羅治法峻故少犯道不拾遺人知書喜學里有庠扁

曰局堂處子弟之未昏者習書射其中三歲一試舉人有進士
算學諸科號君子國樂有二品曰庫樂曰鄉樂每受詔爲謝表
有文采

金史粟末靺鞨後爲渤海傳十餘世有文字禮樂官府制度

金

金史世紀黑水舊俗隨水草以居遷徙不常獻祖乃耕墾樹藝
始築室有棟宇之制舊無書契無約束昭祖稍以條教爲治部
落寖强初諸部各有信牌穆宗用太祖議擅置牌號者寘于法
自是號令乃一民聽不疑矣自景祖以來一切治以本部法令

金蓋盛於此

金史太祖收國二年詔曰國書詔令宜選善屬文者爲之其令
所在訪求博學雄才之士敦遣赴闕五年詔曰若克中京所得
禮樂儀仗圖書文籍並先次津發赴闕

金史天輔三年頒女眞字

金史太宗天會三年召頁嚕滿洲語巖穴也舊作葉魯今改正赴京師教授女

眞字

金史熙宗天眷元年頒女眞小字皇統五年初用御製小字

金史完顏希尹本名古紳滿洲語三十數也舊作谷神今改正太祖命撰本國字

備制度希尹乃依倣漢人楷字因契丹字制度合本國語製女

眞字天輔三年八月書成太祖大悅命頒行之其後熙宗亦製

女眞字與希尹所製字俱行用希尹所撰謂之女眞大字熙宗

所撰謂之小字

金史世宗大定十三年三月乙卯上謂宰臣曰朕少時嘗見女

眞風俗迄今不忘今之燕飲音樂皆習漢風蓋以備禮也非朕

心所好東宮不知女眞風俗第以朕故猶尚存之恐異時一變

此風欲一至會甯使子孫得見舊俗四月乙亥上御睿思殿命

歌者歌女眞詞顧謂皇太子及諸王曰朕思先朝所行之事未嘗暫忘故時聽此詞亦欲令汝輩知之汝輩自幼惟習漢人風俗不知女眞純實之風至於文字語言或不通曉是忘本也汝輩當體朕意至於子孫亦當遵朕教也五月戊戌禁女眞人毋得譯爲漢姓十六年正月上與宰執論古今興廢事曰女眞舊風最爲純直雖不知書然其祭天地敬親戚尊耆老接賓客信朋友禮意款曲皆出自然其善與古書所載無異汝輩當習學之舊風不可忘也二十三年八月以女眞字孝經千部分賜護衛親軍九月譯經所進所譯易書論語孟子老子揚子文中子及新唐書上謂宰臣曰朕所以令譯五經者正欲女眞人知仁義道德所在耳令頒行之二十五年四月上謂羣臣曰上京風物朕自樂之每奏還都輒用感愴祖宗舊邦不忍捨去又謂宗室戚屬曰太平歲久汝等皆奢縱往往貧乏朕甚憐之當務儉

約無忘祖先艱難二十六年三月以親軍完顔齊諾蒙古語猊也舊作乞
奴今改正言制明安穆昆皆先讀女眞字經史然後承襲因曰但令
稍通古今則不肯爲非爾一親軍麤人乃能言此審其有益何
憚而不從二十八年萬春節上以本國音自度曲言臨御久思
國家基緒之重萬世無窮之託四月命建女眞大學
金史樂志世宗大定二十五年四月幸上京宴宗室於皇武殿
飲酒樂上諭之曰今日甚欲成醉此樂不易得也昔漢高祖過
故鄉與父老歡飲擊筑而歌令諸兒和之彼起布衣尙且如此
況我祖宗世有此土今天下一統朕巡幸至此何不樂飲於是
宗室婦女起舞進酒畢羣臣故老起舞上曰吾來故鄉數月矣
今迴期已近未嘗有一人歌本曲者汝曹來前吾爲汝歌上歌
曲道祖宗創業艱難及所以繼述之意至慨想祖宗音容如睹
之語悲感不復能成聲羣臣宗戚捧觴上壽於是諸老人更歌

本曲如私家相會暢然歡洽上復續調歌曲留坐一更極歡而
罷其辭曰猗歟我祖聖矣武元誕膺明命功光於天拯溺救焚
深根固蔕克開我後傳福萬世無何海陵淫昏多罪反易天道
荼毒海内自昔肇基至於繼體積累之業淪胥且墜望戴所歸
不謀同意宗廟至重人心難拒勉副樂推肆予嗣緒二十四年
兢業萬幾億兆庶姓懷保撫綏國家閑暇廓然無事乃眷上都
興帝之第屬茲來游惻然予思風物減耗殆非昔時于鄉于里
皆非初始雖非初始朕自樂此雖非昔時朕無異視瞻戀慨想
祖宗舊宇屬屬音容宛然如覩童嬉孺慕歷歷其處壯歲經行
恍然如故舊年從游依稀如昨歡誠契濶日暮之若吁嗟濶別
兮云胡不樂
金史章宗明昌二年四月諭有司自今女眞字直譯爲漢字國
史院專寫契丹字者罷之五年正月以頁嚕古紳始製女眞字

詔加封贈依倉頡立廟盩厔例祠于上京歲時致祭

金史選舉志大定十一年剏設女眞進士科初但試策後增試論用女眞文字以爲程文就其所長以收其用又行國字使通習而不廢

金史選舉志女眞學自大定四年以女眞大小字譯尙書頒行之後擇明安穆昆內良家子弟爲學生諸路至三千人取其尤俊秀者百人至京師以編修官溫特赫（舊作溫迪罕今從八旗姓譜改正）吉達（滿洲語檢也舊作締達今改正）教之十三年以策論取士始設女眞國子學諸路設女眞府學以新進士爲教授

金史選舉志策論進士女眞人之科也始大定四年世宗命頒行女眞大小字所譯經書每穆昆選二人習之尋欲興女眞字學校明安穆昆內多擇良家子爲生諸路至三千人九年選異等者得百人薦於京師廩給之命教以古書作詩策後復試得

圖克坦鎰以下三十餘人十一年始議行策選之制至十三年始定每場策一道以五百字以上成免鄉試府試止赴會試御試且詔京師設女眞國子學諸路設女眞府學擬以新進士充教授以教士民子弟之願學者

耶律履墓誌銘履素善契丹大小字嘗謂四方之人語雖不同意則無異至於有遼爰及聖代皆有本國文字互相傳譯縱横貫通蓋以辭達理得爲盡善其要在譯者之工拙耳世宗即位之四年置唐書所先以漢文譯契丹小字既又譯爲女眞字選能者主之履在選中書成大蒙獎賞後改置經書所遂以女眞字徑譯漢文選士之秀者就學

神麓記女眞始祖劈木爲尅如文契約法令嚴峻果斷不私由是遠近皆服號爲神明至獻祖敎人燒炭煉鐵刳木爲器制造舟車種植五穀建造屋宇有上古之風由是隣近每有不平皆

詣訴請遂號貝勒
北盟錄女眞刻木爲契謂之刻字賦斂調度皆刻箭爲號事急者三刻之旗幟之外各有字記大小牌子繫馬上爲號樂有腰鼓管笛琵琶方響箜篌笙箏箜篌大鼓拍板
書史會要自太祖起兵常在行陣間初無文字國勢日强與隣國交好始用契丹字太祖命完顏希尹撰本國字希尹乃因契丹字合本國語製女眞字太祖大悅命頒行之其後熙宗亦製女眞字與希尹所製字俱行希尹所撰謂之女眞大字熙宗所撰謂之女眞小字
石墨鐫華金都統經略郎君行記郎君稱皇弟無姓名天會十二年記當爲太宗之弟按金史世祖子十一人自康宗太祖太宗而外尙八人未知誰是碑一字不能辨蓋女眞字如是王元美所錄明王愼德四夷咸賓八字正與此同法字刻唐乾陵無

字碑上凡一百五字後有譯書漢字具錄左方　大金皇弟都統經略郎君嚮以疆埸無事獵於梁山之陽至唐乾陵殿廡頽然一無所覩爰命有司鳩工修飾今復謁陵下繪像一新迴廊四起不勝欣懌與醴陽太守酣飲而歸時天會十二年歲次甲寅仲冬十有四日尚書職方郎中黄應期宥州刺史王圭從行奉命題 按金世祖之子自康宗太祖太宗而外金史有傳者六人無傳者二人皆未嘗經略陝西惟天會五年既定陝西五路使薩里干列屯衝要遂班師九年以陝西地賜劉豫而薩里干仍留鎮考本傳薩里干爲安帝六代孫又爲世祖養子其在陝西最久金時宗室皆稱郎君此或爲薩里干也碑在陝西而字體無從辨識恐不免傳刻之訛石墨鐫華所刻傳寫尤恐失眞今止載譯文以謹闕疑

謹案肅慎之世彷彿結繩夫餘禮教漸興會同俎豆之儀同於三代百濟新羅文采蔚焉與隋唐使命往來兼擅詞章之美洎渤海興而文物聲明臻於至盛經契丹兵燹名都大族轉徙他州而淳樸之風遂鍾於完顏部人無外慕道不拾遺

依然肅愼之舊矣至字書則百濟新羅渤海沿用漢字金初
尙用契丹字至金太祖始製女眞字頒行天下熙宗又製女
眞小字用以譯經史試科舉至蒙古字行而女眞字遂中輟
明秘閣書目尙載有女眞字母一書今已失傳趙崡石墨鐫
華所錄其石刻雖在陝西第果否當時所刻或後人依倣摹
勒皆未可定我
太祖高皇帝創製國書精詳簡括雖語言與舊俗不殊而文字實不
相沿襲云

欽定滿洲源流考卷十七

欽定滿洲源流考卷十八

國俗三

祭祀

御製清甯宮

館豳蹟輝古宅洛業思前苞茂如松竹清甯象地天雙鸞排鳳

扇上簟耀龍筵乃寢占佳夢

明禋重吉蠲國朝禮重祭神必于正寢茲旋故宮執豕薦醑一遵舊製弗敢廢也休和晴旭麗淡蕩

惠風旋惕若承

堂構丕基永萬年

謹按

欽定滿洲祭祀典禮我

朝自發祥肇始即恭設

堂子立杆以祀

天又於
寢宫正殿設位以祀
神其後
定鼎中原建立
壇
廟禮文大備而舊俗未嘗或改每歲春秋有立杆大祭之禮有
宫内報祭之禮又有月祭之禮有每日朝祭夕祭之禮有四季
獻神之禮凡省牲受胙酒醴供獻祝辭儀注之屬詳見滿洲
祭祀典禮一書今考自漢以後史傳所載祭天祀神有與
本朝舊俗相近足資考證者分注按語臚次於後而以雜禮附
之用昭我
國家萬年法守云
祭天

後漢書夫餘國以臘月祭天大會連日飲食歌舞名曰迎鼓有軍事亦祭天按滿洲有每月祭天及春秋大祭之禮又出師凱旋有列纛祭天之禮與此相合

三國志夫餘以殷正月祭天國中大會連日飲食歌舞有軍事亦祭天殺牛觀蹄以占吉凶蹄合者爲吉

晉書夫餘國有軍事殺牛祭天以蹄占吉凶

通考夫餘以臘月祭天名曰迎鼓是時斷刑辟解囚徒

後漢書三韓諸國邑各以一人主祭天神號爲天君又立蘇塗建大木以懸鈴鼓事鬼神按滿洲祭祀典禮家各設立司祝與此所云以一人主祭者相合建大木之儀又與滿洲立杆祭祀之儀相合滿洲語稱神杆爲索摩與蘇塗音亦相近又滿洲祭祀有神鈴及腰鈴手鼓等與此所云鈴鼓亦合但並不懸于神杆惟夕祭儀有大小鈴七枚繫于樺木桿梢懸于架梁之西與史所載有不同耳

三國志三韓諸國邑各立一人主祭天神名之天君又諸國各有別邑名之爲蘇塗立大木懸鈴鼓事鬼神其立蘇塗之義有似浮屠按此解非是蓋因塗屠二字音偶同而強解之滿洲語稱神杆爲索摩具載前注

晉書三韓國邑各立一人主祭天又置別邑名蘇塗

後漢書濊常用十月祭天晝夜飲酒歌舞名之爲舞天按濊地與朝鮮相近見疆域門

後周書百濟國以四仲之月祭天

北史新羅每月旦拜日月神主

隋書百濟王以四仲之月祭天新羅每正月旦拜日月神

金史太祖收國元年五月甲戌拜天射柳故事五月五日七月十五日九月九日拜天射柳歲以爲常

金史世宗大定三年以重九拜天于北郊大定十四年詔明安穆昆之民今後不許殺牲祈祭若遇節辰及祭天日許得飲會

章宗明昌四年欠奉先縣辛未拜天于縣西五年六月出獵拜天承安五年勅來日重五拜天服公裳者拜禮仍舊諸便服者並用女眞拜泰和三年重五拜天射柳上三發三中宣宗貞祐

元年閏九月拜日于仁政殿自是每月吉爲常

金史金因遼舊俗以重五中元重九日行拜天之禮重五于鞠場中元于內殿重九于都城外其制刳木爲盤如舟狀赤爲質畫雲鶴文爲架高五六尺置盤其上薦食物其中聚宗族拜之若至尊則于常武殿築臺爲拜天所重五日質明陳設畢百官班俟于毬場樂亭南皇帝靴袍乘輦宣徽使前導自毬場南門入至拜天臺降輦至褥位皇太子以下百官皆詣褥位宣徽贊拜皇帝再拜上香又再拜排食拋盞畢又再拜飲福酒跪飲畢又再拜百官陪拜引皇太子以下先出皆如前導引皇帝回輦至幄次更衣行射柳擊毬之戲亦遼俗也金因尚之凡重五日拜天禮畢插柳毬場爲兩行當射者以尊卑序各以帕識其枝去地約數寸削其皮而白之先以一人馳馬前導後馳馬以無羽橫鏃箭射之既斷柳又以手接而馳去者爲上斷而不能接

去者次之或斷其青處及中而不能斷與不能中者爲負每射必伐鼓以助其氣已而擊毬各乘所常習馬持鞠杖杖長數尺其端如偃月分其衆爲兩隊共爭擊一毬先于毬場南立雙桓置板下開一孔爲門而加網爲囊能奪得鞠擊入網囊者爲勝或曰兩端對立二門互相排擊各以出門爲勝毬狀小如拳以輕韌木枵其中而朱之皆所以習驍捷也既畢賜宴歲以爲常

大金國志節序則元日拜日相慶重五則射柳（北盟錄作砟柳）祭天

祀神

後漢書馬韓常以五月田竟祭鬼神晝夜會聚歌舞舞輒數十人相隨踏地爲節十月農功畢亦如之

三國志三韓常以五月祭鬼神歌舞飲酒晝夜無休其舞數十人俱起相隨踏地低昂手足相應節奏有似鐸舞（按滿洲祭神之禮有朝祭夕祭奏三絃琵琶鳴拍板司俎人等拊掌以和夕祭則司祝束腰鈴執手鼓前後盤旋蹡步凡朝夕祭皆有歌祝之辭）

又國朝舊俗喜起舞宴樂每用之謂之瑪克紳魏志所記未必盡同其禮意則相似也

晉書三韓俗重鬼神常以五月耕種畢羣聚歌舞以祭神十月農事畢亦如之按滿洲舊俗田苗長時有祭田苗神之禮至秋收後又有場院之祭然其禮視朝夕祭神爲簡史所稱耕畢云云蓋記每歲祭祀之時非必止爲田事而祭也

通考弁辰與辰韓風俗相似祠祭鬼神有異施竈皆在戶西按滿洲祭祀各姓微有不同夕祭所奉之神亦間隨土俗山川而異至各盡敬以溯本源則一也竈爲祭祀烹飪所用必在祀神室之中間屋內而開戶近東故以爲在戶西耳

後周書百濟以四仲月祭五帝之神又每歲四祠其始祖仇台之廟

隨書百濟王以四仲之月祭五帝之神立始祖仇台之廟于國城歲四祀之

舊唐書百濟王夫餘豐到熊津城與新羅王金法敏刑白馬而盟先祀神祇及山谷之神而後歃血

新唐書新羅好祠山神

唐會要新羅好祭山神重元日每以其日拜鬼神

雜禮

通考百濟婚娶之禮同中國拜謁之禮以兩手據地爲敬

隋書新羅每正月旦相賀王設宴會班賚羣官

通考新羅見人必跪以手據地爲恭

通考新羅族第一骨第二骨以自別王族爲第一骨妻亦其族不娶第二骨

按此承新唐書之誤據史新羅王金姓自以金姓爲第一骨而凡唐時册命國妃太妃者皆朴姓申姓之屬載于册府元龜及唐書歷歷可考無一金姓者則所云妻亦其族不娶第二骨云云蓋傳聞誣罔之辭今蒙古以黑白骨分貴賤有察罕雅蘇台哈喇雅蘇台之稱新羅以骨爲重亦即其意耳

金史承定五年定本國婚聘禮制泰和五年制定本朝婚禮又詔拜禮不依本朝者罰

金史金之拜制先袖手微俯身稍復卻跪左膝左右搖肘若舞

蹈狀凡跪搖袖下拂膝上則至左右肩者凡四如此者四跪復以手按右膝單跪左膝而成禮國言搖手而拜謂之蘇蘇勒蒙古語恭敬也舊作撒速今改正承安五年五月上諭有司曰女眞漢人拜數可以相從者酌中議之禮官奏曰周官九拜一曰稽首拜中至重臣拜君之禮也乞自今凡公服則用漢拜若便服則各用本俗之拜主事陳松曰本朝拜禮其來久矣乃便服之拜也可令公服則朝拜便服則從本朝拜平章政事張萬公謂拜禮各便所習不須改也司空完顏襄曰今諸人祇髮皆從本朝之制宜從本朝拜禮松言是也上乃命公裳則朝拜諸色人便服皆用本朝拜

金史完顏袞深悉本朝婚禮皇族婚嫁每令袞相之

大金國志金人舊俗多指腹爲婚姻既長雖貴賤殊隔亦不可渝壻納幣皆先期拜門戚屬偕行以酒饌往少者十餘車多至

十倍飲客佳酒則以金銀旇貯其次以瓦旇列于前以百數賓退則分餉焉先以烏金銀杯酌飲貧者以木酒三行進大輭脂小輭脂如寒具次進蜜糕人各一盤曰茶食宴罷富者瀹建茗留客啜之婦家無大小坐于炕上壻黨羅拜其下謂之男下女禮畢牽馬百匹少者十匹陳于前婦翁選子姓之別馬者視之好則留不好則退留者不過什二三女家亦視其數而厚薄之一馬則報衣一襲壻皆親迎旣成婚留于婦家三年然後以婦歸婦氏以奴婢數十戶牛馬數十羣每羣九牝一牡以資遣之北盟錄女眞飲宴賓客盡攜親友而來相近之家不召皆至客坐主人立而侍之至食罷衆客方請主人就坐酒行無算其禮則拱手退身爲喏跪右膝蹲左膝著地拱手搖肘動止于三爲拜元日則拜日相慶攜妻歸甯謂之拜門執子壻之禮

馬擴茆齋自敍擴隨金主至混同江之北地不生穀麥所種止

稗子金主聚諸將共食則于炕上用矮檯子或木盤相接人置稗子飯一碗加匕其上列以虀韭長瓜皆鹽漬者别以木楪盛猪羊雞鹿兎狼麂麞狐狸牛馬鵝鴈魚鴨等肉或燔或烹或生臠以芥蒜汁清沃陸續供列各取佩刀臠切薦飯食罷方以薄酒傳盃而飲謂之御宴者亦如此既還乃令諸郎君家各具酒殽請南使赴各十餘日始造國書適經元日隔夕令人具車仗召南使赴宴淩晨出館赴帳前金主于炕上設金裝交椅而坐羣臣以名馬弓矢劒槊爲獻且曰臣下有邪諂奸佞不忠不孝者願皇帝代上天以此劒此弓誅之各跪上壽杯國主酬酌之次令南使上壽杯于國主飲畢國主親酌二杯酬南使且云我家自上世相傳止有如此風俗不會奢飾更不别修宫殿勞費百姓也當時已破遼上京取到樂工列于屋外奏曲薦觴金主不以爲意殊如不聞

北盟錄近咸州一里有幕室數間供帳略備州守出迎就坐有腰鼓蘆管琵琶方響箏簽笙箜篌大鼓拍板舞者六七十人但如常服出手袖外周旋曲折酒五行歸館次日中使賜宴赴州宅就坐樂作酒九行猪鹿兎雁饅頭炊餅白熟之類鋪滿几案最重油煮麪食以蜜塗拌名曰茶食非厚意不設以極肥猪肉或脂潤切大片一小盤子虛裝架起間插青葱三四莖名曰肉盤子非大宴不設人各攜以歸舍

北盟錄南使朝見儀至日館伴使副同行就龍臺下馬行入宿圍西設氈帳各歸帳歇定客省使副使相見就坐酒三行少頃聞鞞鼓聲樂作閤門使引入即捧國書自山棚東入陳禮物于庭下傳進如儀贊通拜舞抃蹈訖使副上殿女眞官員數百人班于西廂以次拜訖近貴者各百餘人上殿以次就坐餘並退兩廂結架小葦屋幕以青幕以坐三節人殿內以女眞兵數十

人分兩旁立各執長柄小骨朶爲儀衛國主所坐若今之講座施重茵前施朱漆銀裝鍍金几案果楪以玉酒器以金食器以玳瑁匙筯以象牙遇食時數人擡舁十數鼎鑊以前雜手旋切割飣飣以進名曰御廚宴所食物精細而味和甘食餘以頒三節人樂作如前人數多至二百人每樂作必以數十人高歌以齊管色聲出衆樂之表酒五行各賜襲袍帶次日赴花宴酒三行樂作鳴鉦擊鼓百戲以出有大旗獅豹刀牌硏鼓蹈蹻踏索上竿斗跳丸弄撾簸旗築毬角觝鬬雞雜劇等服色鮮明又有五六婦人立于百戲後各持兩鏡高下其手鏡光閃爍如祠廟所畫電母此爲異耳酒五行各起就帳戴色絹花各二十餘枚次日復有貴臣賜宴兼伴射于館內庭下設垜酒三行伴射貴臣館伴使副離席各射三矢弓弩從便是日國中各王貴臣或微服隱稠人中以觀射次日朝辭後歸館掛綵燈百十餘爲芙

蓉鵝雁之形雜以絃管館伴使副爲惜别之會名曰換衣燈會酒三行各出衣服三數件或幣帛交遺將出界送伴使副具酒食亦爲惜别會亦各出衣服三數件或幣帛交通情意至兩界中間彼此使副回馬對立馬上一杯換所執鞭以爲異日之記背馬回顧少頃進數步躊躕爲不忍别之狀如是者三乃行

謹按我

朝典禮莫重于祭祀其誠敬之心忠質之尙與雅頌所陳執豕酌匏執爨爲俎之意無以異也核諸史傳所載其儀文尙可類推至于燕饗之間肉必自割猶見古初渟質之風北盟錄所稱肉盤子御廚宴之制當因宋使南人不能自割故令人代之遂以爲大宴盛禮耳伏讀

太宗文皇帝聖諭寬衣大袖待人割肉而後食與尙左手之人無異

煌煌

祖訓垂示方來所以敦本善俗者至矣

官制

漢

後漢書夫餘國以六畜名官有馬加牛加狗加其邑落皆主屬諸加按加字當爲家字之誤猶今蒙古謂典羊之官曰和尼齊典馬者曰摩哩齊典駝者曰特默齊皆因所牧之物以名其職正如周禮羊人犬人及漢狗監之掌范蔚宗不解方言好奇逞妄殊爲踳謬詳見御製夫餘國傳訂訛恭載部族門

後漢書挹婁國邑落各有大人

後漢書辰韓諸別邑各有帥大者名臣智次有儉通典作險側次有樊祇次有殺奚次有邑借皆其官名按此所載官名本屬傳聞之誤陳壽三國志因之與此又多顛倒同異皆輾轉傳訛不足信也

後漢書東沃沮邑落有長帥濊其官有侯邑君三老

三國

三國志夫餘國有君王皆以六畜名官有馬加牛加豬加狗加

大使者按陳壽魏志承范蔚宗之謬邑落有豪民民下戶皆爲奴僕諸加別主四出道大者主數千家小者數百家有敵諸加自戰下戶擔糧飲食之

三國志馬韓各有長帥大者自名爲臣智其次有邑借臣智或加優呼臣雲遣支報安邪踧支濆臣離兒不例拘邪秦支廉之號其官有魏率善邑君歸義侯中郎將都尉伯長侯

三國志弁辰國邑各有渠帥大者名臣智其次有險側次有樊濊次有殺奚次有借邑

三國志東沃沮邑落各有長帥皆自稱三老故縣國之制也

晉

晉書馬韓小國五十六大者萬戶小者數千家各有帥辰韓十二國國各有帥

南北朝

魏書勿吉國邑落各自有長不相總一

北史勿吉國邑落各有長帥曰大莫弗瞞咄

周書百濟官有十六品左平（舊唐書作佐平）五人一品達率（按隋書作大率通考作左率）三十人二品恩率三品德率四品扞率五品奈率（按百濟官名多用漢語惟奈率義無所取以滿洲語考之或爲納伊二字之音猶言地方也）六品將德七品施德八品固德九品李（北史作季）德十品對德十一品文督十二品武督十三品佐軍十四品振武十五品克虞十六品自恩率以下官無常員各有部司分掌衆務內官有前內部穀部肉部內掠部外掠部（按穀部等名皆用漢語此內掠外掠掠字義無取當有訛誤）馬部刀部功勞部藥部木部法部後官（北史作宮）部外官有司軍部司徒部司空部司寇部點口部客部外舍部綢部日官（北史作宮）部都市部都下有萬家分爲五部曰上部前部中部下部後部各統兵五百人國城外更有五方中方曰古沙城東方曰得安城南方曰久知下城西方曰刀

先城北方曰熊津城五方各有方領一人以達率爲之郡將三人以德率爲之方統兵一千二百人以下七百人以上城之内外民庶及餘小城咸分隸焉

宋書百濟官名有左賢王右賢王冠軍將軍征虜將軍輔國將軍龍驤將軍甯朔將軍建武將軍西河太守臺使

齊書百濟官名有面中王都漢王阿錯王邁盧王邁羅王辟中王八中侯弗斯侯弗中侯面中侯按百濟盡有三韓之地所封王侯之號如面中邁盧當即三韓屬國彌凍莫盧之屬其與滿洲語相近者如都漢當即爲多罕橋也辟中當爲博勒卓約會也弗斯當爲富森滋生也弗中當爲法珠樹杈也其音尚有可推者耳甯朔將軍冠軍將軍都將軍建威將軍龍驤將軍廣武將軍宣威將軍征虜將軍安國將軍武威將軍廣威將軍建武將軍振武將軍揚武將軍廣陽太守朝鮮太守帶方太守廣陵太守清河太守樂浪太守城陽太守又有長史司馬參軍

北史百濟官有十六品長吏三年一交代都下分五部部有五巷士庶居焉五方各有方領一人方佐貳之方有十郡郡有將三人

通考百濟官有十六品曰左率曰恩率曰德率曰奈率曰扞率將德施德固德季德對德文督武督佐軍振武克虞統兵以達率德率扞率等爲之人庶及餘小城皆分隸焉

梁書新羅國有六喙評五十二邑勒詳後語言條內其官名有子賁旱支齊旱支謁旱支壹告支奇貝旱支按滿洲語哈濟親近也新羅官名不止於此而此數官皆有旱支二字之稱與哈濟音實相近或皆屬近臣之稱耳

北史新羅其官有十七等一曰伊罰干貴如相國次伊尺干次迎干次破彌干次大阿尺干次阿尺干次乙吉干次沙咄干次及伏干次大奈摩干次奈摩干次奈摩次大舍次小舍次吉士次大烏次小烏次造位外有郡縣有大事則聚官詳議定之按此

所稱官號凡十七等當爲階品之名其十一等之在前者末皆有干字或即哈藩二字之音而語皆輾轉相傳致有訛誤耳

唐

舊唐書百濟國所置內官曰內臣唐會要作內官佐平掌宣納事內頭佐平掌庫藏事內法佐平掌禮儀事衛士佐平掌宿衛兵事朝廷佐平掌刑獄事兵官佐平掌在外兵馬事又外置六帶方管十郡按後周書及北史皆云百濟左平五人據此當爲六人

新唐書百濟官有內臣佐平者宣納號令內頭佐平主帑聚內法佐平主禮衛士佐平典衛兵朝廷佐平主獄兵官佐平掌外兵

舊唐書新羅文武官凡十七等

新唐書新羅官有宰相侍中司農卿太府令凡十七等州有都督郡有太守縣有小守

唐會要新羅國官有上相大宰相

通考新羅官以親屬爲上官有宰相侍中司農卿太府令凡十有七等第二骨見前得爲之事必與衆議一人異則罷宰相家不絕祿奴僮三千人九州州有都督統郡十或二十郡有太守縣有小守

新唐書渤海官有宣詔省左相左平章事侍中左常侍諫議居之中臺省右相右平章事內史詔誥舍人居之政堂省大內相一人居左右相上左右司政各一居左右平章事之下以比僕射左右允比二丞左六司忠仁義部各一卿居司政下支司爵倉膳部有郎中員外右六司智禮信部支司戎計水部卿郎準左以比六官中正臺大中正一比御史大夫居司政下少正一又有殿中寺宗屬寺有大令文籍院有監令監皆有少太常司賓大農寺寺有卿司藏司膳寺寺有令丞胄子監有監長巷伯局有常侍等官其武員有左右猛賁熊衛羆衛南左右衛北左

右衛各大將軍一將軍一以品爲秩

通考渤海官有宣詔省中臺省政堂省有左右相左右平章侍中常侍諫議又左六司忠仁義部右六司智禮信部各有郎中員外有十五府分領六十二州又有獨奏州三並詳前疆域門按自宋以後以府領州之制實始于此獨奏州不隷於府當如今之直隷州也

五代

册府元龜後唐時新羅國官名有倉部侍郎錄事參軍朝散大夫中散大夫兵部侍郎郎中判官倉部員外郎執事侍郎司賓

大卿

五代會要後唐同光淸泰時渤海使人其官有政堂省守和部少卿南海府都督政堂省工部卿

金

金史收國元年以弟烏奇邁爲安班貝勒滿洲語安班大也貝勒管理衆人之稱舊

作譜版勃極烈今改正舊解云官之尊貴者意相合國相薩哈滿洲語小圍也舊作撒改今改正爲古倫
貝勒滿洲語古倫國也舊作國倫今改正解云尊禮優崇得自由者蘇布赫滿洲語酒醒也舊作辭不失今改正
爲愛滿貝勒滿洲語愛滿部落也舊作阿買今改正舊解云治城邑者意相近弟舍音爲古倫
貝勒八月以古倫貝勒薩哈爲古倫烏赫哩貝勒滿洲語烏赫哩總統也舊
作忽魯今改正舊解云統領官之稱意相合阿里哈滿洲語承當也舊作阿離合今改正爲古倫英實
貝勒滿洲語英實筵席也舊作乙室今改正舊解云迎迓之官或當時爲諸國朝聘使臣而設以主燕饗之禮者二
年五月德特貝勒蒙古語德特副佐也舊作迭今改正解云倅貳之職義相合額圖琿滿洲語强
壯也舊作阿徒罕今改正破遼兵於照蘇蒙古語錢也舊作照散今改正城古倫溫貝勒滿洲
語溫化也訛作吳又訛昃今改正解云陰陽之官義未當舍音取泰州五年六月以溫貝勒
舍音爲烏赫哩貝勒富嘉努爲溫貝勒宗翰爲伊拉齊貝勒滿洲
語伊拉齊第三也舊作移賚今改正解云位第三曰伊拉齊義相合天會二年以們圖琿滿洲語愚也舊
作漫都訶今改正爲阿斯罕貝勒滿洲語阿斯罕副也舊作阿捨今改正參議國政天會
十年以太祖孫亶爲安班貝勒皇子宗磐爲古倫烏赫哩貝勒

宗幹爲古倫左貝勒伊拉齊貝勒宗翰爲古倫右貝勒天會十
年左副元帥宗翰等入朝議曰安班貝勒虛位已久今不早定
恐授非其人哈喇先帝嫡孫當立太宗從之

金史安班貝勒者太宗嘗居是位及登大位以命弟杲杲薨定
議熙宗爲儲嗣故以是命焉

金史金自景祖始建官屬統諸部以專征伐其官長皆稱曰貝
勒故太祖以達貝勒滿洲語達爲首之稱舊作都今改正解云總治之官猶冢宰也嗣位太宗
以安班貝勒居守安班尊大之稱也其次曰古倫烏赫哩貝勒
古倫言貴按滿洲語稱國爲古倫凡爵號之稱古倫者在和碩之上此解雖未的而意則近是烏赫哩猶
總帥也又有古倫貝勒或左右置所謂國相也其次諸貝勒之
上則有古倫英實烏赫哩伊拉齊愛滿阿斯罕溫德特之號以
爲陞拜宗室功臣之序焉其部長曰貝勒統數部者曰烏赫哩
至熙宗定官制皆廢其後惟鎮撫邊民之官曰圖埒滿洲語外也舊作禿

里今改正解云掌部落詞訟察非違者烏爾古蒙古語滋長也舊作烏魯古今改正解云牧圉之官蓋取牧養蕃息之義之下有索約勒蒙古語化也舊作掃穩今改正圖伊達滿洲語纛長也舊作脫朶今改正詳袞舊解云邊戍之官之下有默濟格滿洲語傳事人也舊作麽忽今改正實訥昆蒙古語實訥新也昆人也舊作習尼昆今改正此則具於官制而不廢皆踵遼之官名也

金史金初諸部之民壯者皆兵部長曰貝勒行兵則稱曰明安滿洲語千也舊作猛安今改正穆昆滿洲語族長也舊作謀克今改正從其多寡以爲號明安者千夫長穆昆者百夫長也穆昆之副曰富埒琿滿洲語惠也舊作蒲里衍今改正士卒之副從曰伊勒希滿洲語副也舊作阿里喜今改正部卒之數初無定制太祖即位之二年始命以三百戶爲穆昆十穆昆爲明安而諸部來降率以明安穆昆之名以授其酋領而部伍其人東京既平山西繼定嘗用遼人額哩頁蒙古語花色也舊作訛里野今改正以北部百三十戶爲一穆昆漢人王六兒以諸州漢人六十五戶爲一穆昆王伯龍及高從祐等並領所部爲一明安天會二年宗望

恐風俗糅雜民情弗便乃罷是制諸部降人但從漢官之號皇統五年又罷遼東漢人渤海明安穆昆承襲之制移兵柄於國人乃分明安穆昆爲上中下三等宗室爲上餘次之至海陵天德二年省併諸路節鎮及明安穆昆削上中下之名但稱諸明安穆昆循舊制間年一徵發以補老疾之數貞元遷都遂徙上京太祖遼王秦王之明安併爲哈濟（滿洲語親近也舊作合札今改正）明安及右諫議沃哩布（滿洲語存留也舊作烏里補今改正）等明安處之中都沃稜（滿洲語小汲也舊作斡論今改正）等八明安處之山東阿嚕（蒙古語山陰也舊作阿魯今改正）之族處之北京諳達（滿洲語友也舊作安達今改正）族屬處之河間世宗大定初契丹斡罕（滿洲語袖口也舊作窩斡今改正）既平乃散契丹隸諸明安穆昆三年詔河北山東所簽軍許以驅丁充伊勒希十五年再定明安穆昆戶每穆昆戶不過三百七穆昆至十穆昆置一明安二年以祖宗以來所建立明安穆昆其間有戶口繁簡地里遠近不同

遂更定以詔天下二十一年詔遷河北東路兩明安上曰朕始令移此欲令與女眞戶相錯安置久則自相婣親不生異意此長久之利也今者伊瑪（蒙古語山羊也舊作移馬今改正）河明安相錯以居甚符朕意而約羅（蒙古語皂雕也舊作遙落今改正）河明安不如此可再遣使按視其地以雜居之二十三年遷山東東路八穆昆處之河間其棄地以山東東路特赫（滿洲語存水也舊作忒黑今改正）河明安下札哈（蒙古語疆界也舊作醮合今改正）穆昆伊爾們（今吉林河名舊作移里閔今改正）鄂勒歡（滿洲語乾濕之乾也舊作斡魯渾今改正）明安下錫布（滿洲語塡塞也舊作翕浦今改正）穆昆佛們（滿洲語脣也舊作付母溫今改正）山穆昆九村人戶徙於舊地上嘗以率賓呼爾哈（並見前）人驍勇可用海陵嘗欲徙之而未能二十四年以上京刷和倫（滿洲語刷叢林也和倫威也舊作率胡剌溫今改正）之地廣而朕遂出府庫錢以濟行資遷率賓一明安呼爾哈二明安二十四穆昆以實之蓋欲上京兵多可爲緩急之備也當是時多易置河北山東所屯之舊括

地而爲之業頒牛而使之耕蓄甲兵而爲之備乃大重其權授諸王以明安之號新置者特賜之名制其奢靡禁其飲酒習其騎射儲其糧糒其備至嚴也是時宗室戶百七十明安二百二

穆昆千八百七十八

金史天輔五年置奚路都統司以約尼滿洲語全也舊作遥輦今改正九營爲九明安隸焉又以渤海軍爲八明安凡明安之上置軍帥軍帥之上置萬戶萬戶之上置都統然亦時稱軍帥爲明安而明安則稱親管明安禁軍之制本於哈濟穆昆哈濟者言親軍也以近親所領故以名焉貞元遷都更以太祖及遼王宗幹秦王宗翰軍爲哈濟明安

金史金制都元帥必以安班貝勒爲之恆居守而不出天德三年罷萬戶之官詔曰太祖開創因時制宜材堪統衆授之萬戶其次千戶及穆昆當時許以世襲乃權宜之制可罷是官若舊

無千戶之職者續思增置

金史元光間招義軍以三十人爲穆昆五穆昆爲千戶四千戶爲萬戶四萬戶爲一副統兩副統爲一都統此復國初之名也

金史河南陝西山東馬軍明安月給錢八貫米五石二斗絹八匹六馬芻粟穆昆錢六貫米二石八斗絹六匹五馬芻粟佛甯滿洲語羣也舊作蒲輦今改正錢四貫米石七斗絹五匹四馬芻粟正軍錢二貫米石五斗絹四匹棉十五兩二馬芻粟伊勒希錢一貫五百米七斗絹三匹棉十兩步軍明安馬二匹穆昆馬一匹每明安當差馬七十二匹按金史所載奚軍穆昆佛甯等及北邊臨潢等處永屯駐軍明安穆昆上番漢軍穆昆上京永屯駐軍明安穆昆至伊勒希等月給各不同其大概亦相仿云

金史凡河南陝西山東放老千戶穆昆佛甯正軍伊勒希給賞之制千戶十年以上賞銀五十兩絹三十匹穆昆十年以上銀四十兩絹二十五匹佛甯十年以上銀三十兩絹二十匹馬步

正軍伊勒希等勾當不拘年分放老正軍銀十五兩絹十匹伊勒希等銀八兩絹五匹北邊萬戶千戶穆昆等歷過軍功及年老放罷給賞之例正千戶管押萬戶勾當過一十五年遷兩官與從五品不及十五年遷一官與正六品十年以下遷一官賞銀絹六十兩匹正穆昆管押萬戶勾當十五年遷兩官與正六品不及十五年年老放罷遷一官與正七品若十年以下遷一官賞銀絹五十兩匹正千戶管押千戶勾當過二十年遷一官與正六品不及二十年年老放罷遷一官與正七品若十年以下遷一官賞銀絹四十兩匹正穆昆管押千戶以下依河南陝西體例

金史諸明安從四品穆昆隸焉掌修理軍務訓練武藝勸農課桑司吏四人譯人一人差役人數並同舊例諸穆昆從五品掌撫輯軍戶訓練武藝惟不管常平倉餘同縣令女眞司吏一人

譯人一八

金史東北路部族乣軍曰達喇滿洲語救也舊作迭刺今改正部承安三年改爲特哩袞扎薩克蒙古語特哩袞爲首也扎薩克政治也舊作土魯渾尼石合今改正節度使曰唐古部承安三年改爲博勒和扎薩克博勒和滿洲語潔淨也舊作部魯火扎薩克解見上舊作扎石合今併改節度使二部五乣戶五千五百八十五其他若珠嚕滿洲語雙也舊作助魯今改正部族烏爾古解見前部族實壘蒙古語土也舊作石壘今改正部族蒙古部族奇嚕滿洲語小旗也舊作計魯今改正部族布古貝蒙古語布古鹿也貝有也舊作孛特本今改正部族數皆稱是西北西南二路之乣軍十曰蘇穆坦蒙古語有箭之謂舊作蘇謨典今改正乣曰伊埒圖滿洲語明顯也舊作耶刺都今改正乣曰古勒敦滿洲語城門洞也舊作骨典今改正乣曰唐古乣曰哈瑪爾蒙古語行圍前引人也舊作霞馬今改正乣曰穆騰滿洲語才能也舊作木典今改正乣曰蒙古乣曰茂滿洲語樹木也舊作眸今改正乣曰呼敦滿洲語速也舊作胡都今改正乣凡九其諸路曰海蘭曰夫餘曰博索曰率賓曰呼爾哈曰伊喇俱見前疆域門皆在上京邊鄙或置

總管或置節度使

金史諸乣詳衮一員從五品掌守戍邊堡餘同穆昆皇統八年設本班左右詳衮定爲從五品默濟格一員從八品掌貳詳衮司吏三人實訥昆掌本乣差役等事茂乣唐古乣伊喇乣穆騰乣古勒敦乣舒嚕（滿洲語珊瑚也舊作失魯今改正）乣並依此制

金史諸額爾奇木（蒙古語尊貴之謂舊作移里菫今改正解云部落村寨之首領）司額爾奇木一員從八品分掌部族村寨事司吏女眞一人漢人一人實訥昆掌本乣差役等事

金史諸圖埒（解見前）圖埒一員從七品掌部落詞訟訪察違背等事女眞司吏一人通事一人

金史金初因遼諸茂（解見前）而置羣牧茂之爲言無蚊蚋美水草之地也（按此解未當蓋臆度之辭）天德間置五羣牧所皆仍遼舊名各設官治之又選品官家子明安穆昆佛甯軍餘丁使之司牧謂之羣

子大定二十年更定羣牧官詳袞圖伊達扎布滿洲語令其答應也考金志羣牧及書畫局皆有此項名目蓋祗應役使之人也原文作知把今改正羣牧人賞罰格

金史諸羣牧所國言曰烏爾古解見前舊作烏魯古今改正提控諸烏爾古一員正四品明昌四年置使一員從四品國言作烏爾古使副使一員從六品掌檢校羣牧畜養蕃息之事判官一員知法一員女眞司吏四人譯人一人達哈十六人又設索約勒圖伊達分掌諸畜所謂牛馬羣子也

金史收國二年始製金牌又有銀牌木牌之制金牌以授萬戶銀牌以授明安木牌則穆昆佛甯所佩者也大定二十年明安穆昆俸給令運司折支銀絹省臣議依舊支請牛頭稅粟其俸則於錢多路府支放諸默濟格諸額爾奇木錢粟一十三貫石麥二石衣絹各五匹綿十五兩職田三頃

金史宗亨以材起復爲烏克遜達滿洲語烏克遜宗室也達長也舊作淑溫特今改正

金史和卓滿洲語美好也舊作合住今改正子布呼滿洲語鹿也舊作布輝今改正年十八選爲章京滿洲語文武參佐也舊作札也今改正

金史扎布書畫十人遷轉格與奉職同内藏四庫巴哩巴蒙古語執掌也舊作本把今改正二十八人格同奉職左右藏庫巴哩巴八人儀鸞局巴哩巴十五人格同内藏尙食局巴哩巴四人尙輦局巴哩巴六人格同儀鸞尙藥局巴哩巴四人頭面庫巴哩巴十人段疋庫巴哩巴十二人金銀局巴哩巴八人雜物庫巴哩巴八人

萬甯宮提舉司巴哩巴五人

金史扎布書畫隨庫巴哩巴等俸給俱八貫石絹三疋綿三十兩

金史尙書省架閣庫蘇拉滿洲語閒散也舊作移剌今改正二十人樞密院蘇拉十五人招討司蘇拉三十人凡馳驛日給無草地處樞密院蘇拉給米三升招討司蘇拉二升明安八升穆昆四升佛甯二

升正軍伊勒希各一升

通考女眞官之尊者以九曜二十八宿爲名職皆曰貝勒自五戶推而上之至萬戶皆自統兵宗室謂之郎君事無大小皆總之雖卿相亦拜馬前而不爲禮（按北盟錄云金有婁宿貝勒又靖康元年尼堪攻取懷州擒范仲熊授以宣政殿學士角宿彌離貝勒官告一道因有以二十八宿爲官名之語不知婁宿當作羅索滿洲語極濕難耕地也角宿當作濟蘇蒙古語顔色也彌離當作摩哩馬也當時誤以婁宿角宿對音耳）

北盟錄女眞官名以九曜二十八宿爲號曰安班貝勒（大官）貝勒（官人）其職曰圖們（萬戶滿洲語萬也舊作忒母今改）明安（千戶）穆昆（百夫長）富埒琿版子頭貝勒者糾官也猶中國言總管云自五戶貝勒至萬戶貝勒皆自統兵其宗室皆謂之郎君無大小必以郎君總之卿相盡拜於馬前郎君不爲禮又有號阿喇勒（蒙古語烏也舊作阿盧里今改正）伊拉齊貝勒尼堪（滿洲語漢人也舊作粘罕今改正）爲元帥後雖貴亦襲父官而不改其號

松漠紀聞尼堪者金太宗三從兄弟名宗幹本名曰尼堪言其貌類漢人也其父即阿喇勒爲伊拉齊貝勒尼堪爲大元帥後雖貴亦襲其父官稱曰伊拉齊貝勒都元帥

語言

漢

後漢書挹婁國人似夫餘而言語各異

後漢書辰韓名國爲邦弓爲弧賊爲寇行酒爲行觴相別爲徒按魏志梁書通考俱作相呼皆爲徒與此異又方言徙行也朝鮮冽水之間或曰徙與相別之意稍近或徒字爲徙字之誤有似秦語弁辰與辰韓言語有異

魏書

魏志挹婁言語不與夫餘同

魏志辰韓其言語不與馬韓同名國爲邦弓爲弧行酒爲行觴相呼皆爲徒有似秦人名樂浪人爲阿殘東方人名我爲阿按滿

洲語並無是稱蓋陳壽強爲之解謂樂浪人本其殘餘人弁辰言語與辰韓相似按後漢書云弁辰與辰韓言語有異而此云相似蓋未知音譯其同異無由知也

晉書辰韓言語有類秦人

南北朝

魏書勿吉國言語獨異

周書百濟王號於羅瑕民呼爲鞬吉支夏言並王也妻號於陸夏言妃也按百濟新羅語與滿洲語多不合皆作史者轉輾傳訛之辭不足爲據

梁書百濟國號所治城曰固麻謂邑曰檐魯如中國之言郡縣也呼帽曰複衫袴曰褌

南史百濟呼帽曰冠襦曰複衫袴曰褌按此較梁書爲近似其當係梁書脫誤也

言參諸夏亦秦韓之遺俗云

梁書新羅俗呼城曰健牟羅其邑在內曰啄評在外曰邑勒亦中國之言郡縣也其冠曰遺子禮襦曰尉解袴曰柯半靴曰洗

册府元龜新羅言語名物有似中國人名國爲邦弓爲弧賊爲寇行酒爲行觴相呼皆爲徒（按此與後漢書所載辰韓語同）

通考新羅語言待百濟而後通事與衆議號和白（按滿洲語赫伯商議也與此音義俱相合）

唐

新唐書新羅謂城爲健牟羅邑在內曰喙評在外曰邑勒

新唐書渤海俗謂王曰可毒夫（按蒙古語謂福曰呼圖克唐古特語謂再來人曰胡土克圖元時曾用爲帝號此可毒夫之語意亦當如此第轉輾傳訛遂不可解耳）曰聖主曰基下其命爲教王之父爲老王母太妃妻貴妃長子曰副王諸子曰王子

五代

舊五代史渤海稱王曰可毒夫面對曰聖牋奏稱基下

金

金史世宗大定十四年命衛士有不嫻女眞語者並勒習學仍

自後不得漢語十六年詔諭宰執曰諸王小字未嘗以女眞語命之今皆當更易卿等擇名以上二十五年謂宰臣曰聞原王尹大興有女眞人訴事以女眞語問之漢人訴事漢語問之大抵習本朝語爲善不習則淳風將棄二十八年上以本國音自度曲言國家基緒之重萬世無窮之託上自歌之皇太孫及克甯和之又謂宰臣曰朕嘗命諸王習本朝語惟原王語甚習朕甚嘉之

金史額訥格爾蒙古語猶言此室也舊作納葛里今改正漢言居室也佛葉滿洲語傷痕也舊訛僕鷙今改正漢語惡瘡也和倫滿洲語慈鴉也舊作活羅今改正漢語慈烏也

金史得勝陀國言曰額特赫格們滿洲語額特赫已勝也格們都會也舊作忽土皚葛蠻今改正日月山國言曰納喇薩喇蒙古語日月也舊作湼里塞一今改正陷泉國言曰埒綳吉滿洲語陷泥地也舊作落孛魯今改正龍駒河國言曰達罕必喇滿洲語達罕馬駒也必喇河也舊作喝必剌蓋誤合爲一音今改正白濼國言曰舍音齊喇滿洲語白色也舊作勺赤

勒今改正鴛鴦濼國言曰昂吉爾滿洲語野鴨之大而色黃者舊作昂吉今改正燕子城國言曰古勒達爾千滿洲語沙燕也舊作吉甫魯灣今改正羊城國言曰和甯滿洲語羊也舊作火唵今改正狗濼國言曰音達琿尼約滿洲語音達琿狗也尼約水甸也舊作押恩尼要今改正古北口國言曰紐斡哩滿洲語色蒼綠也蓋指山色之蒼翠而言舊作留斡嶺今改正居庸關國言曰齊喇哈藩滿洲語齊喇嚴也哈藩官也舊作查剌合攀今改正松亭關國言曰薩勒扎滿洲語歧路也舊作斜烈只今改正化成關國言曰哈斯哈雅蒙古語哈斯玉石也哈雅牆也舊作曷撒罕酉今改

北盟錄女眞言語謂好爲賽堪滿洲語善美也舊作感今改正又爲賽音滿洲語好也舊作塞痕今改正謂不好爲朗色滿洲語邋遢也舊作辣撒今改正謂酒爲博囉達喇蘇蒙古語好酒也舊作勃蘇蘇蓋音急而訛今改正謂棍子敲殺曰穆克珊滿洲語挺也舊作蒙霜今改正坦塔哈滿洲語已打之謂舊作特庫今改正又曰穆克珊解見上舊作蒙山今併改布徹赫斡布嚕滿洲語布徹赫已死之謂斡布嚕該殺之謂舊作不屈花不辣今改正又曰斡布哈滿洲語令其殺之也舊作窪勃辣駭今改正夫謂妻爲薩爾罕滿洲語妻也舊作薩那罕今改正謂夫爲

額伊根滿洲語夫也舊作愛根今改正

北盟錄薩滿滿洲語師巫也舊作珊蠻今改正者女巫嫗也

遠東行部誌呼圖克蒙古語福也舊作胡土虎今改正漢言渾河也按此蓋稱名之異非渾河之解下文清河范河並同哈達滿洲語山峯也舊作胡底今改正漢言山也按此解近似達巴罕滿洲語嶺也舊作南諜懶今改正漢言嶺也桑阿滿洲語孔也舊作松瓦今改正者城也按此解誤布拉克蒙古語泉也舊作闢羅今改正漢語煖泉也按此解近似而未當奎蒙古語村莊也舊作叩隈今改正漢言清河也雅塔喇庫滿洲語火鐮也舊作耶塔剌虎今改漢言火鐮也和勒端滿洲語栝松也舊作和魯奪徒今改正漢言松也茂摩囉滿洲語茂木也摩囉梡也舊作蒙古魯今改正漢言木孟子也博囉和屯蒙古語博囉青色也和屯城也舊作鼻里合土今改正漢言范河也

附金史舊國語解考按金史舊國語解考官稱人事物象物類姓氏五類官稱已詳前官制條姓氏附入部族門其人事等三類仍按原次附考於此

勃端察爾胚胎之名按蒙古語稱始祖爲勃端察爾此云胚胎之名義未當第以漢語稱鼻祖例之意尚

可通爾雅亦以胎字祖字皆訓爲始也原文作孛論出今從蒙古源流改正

阿鴻阿長子滿洲語阿鴻阿長也舊作阿朝迭今改正

固納季也按滿洲語固納三歲牛也此解爲季誤原文作骨赧今改正

費揚古曰幼子滿洲語費揚古幼子也義與此合原文作渧陽温今改正

伊都次第之通稱滿洲語伊都班次也此解近似舊作益都今改正

第九曰烏雲按此與滿洲語義相合原文作烏也今改正

十六曰紐勒琿滿洲語紐勒琿正月十六日也原文作女魯歡今改正

按塔哈客之通稱滿洲語義相合舊作按答海今改正

沙津昆舍人也按蒙古語沙津教也昆人也舊作山只昆今改正

賽音伯奇男子滿洲語賽音好也伯奇堅固也舊作散亦孛奇今改正

薩克達老人之稱也滿洲語薩克達老人也舊作撒答今改正

實古納蒙古語審問也舊作什古乃解云瘠人並誤今改正

薩哈連黧黑之名滿洲語薩哈連黑色也舊作撒合輦今改正

博果尼侏儒蒙古語博果尼矮人也舊作保活里今改正

額爾遜貌不揚也滿洲語額爾遜怪醜狀也舊作阿里遜今改正

阿實罕採薪之子滿洲語阿實罕年少也舊作阿從罕今改正解云採薪之子誤

塔哩雅耘田者蒙古語塔理雅糧也舊作答不也今改正解云耘田者誤

阿多古善採捕者蒙古語阿多古牧場也舊作阿土古今改正解亦誤

巴爾斯角觝戲者蒙古語巴爾斯虎也舊作拔里速今改正舊解並誤

阿里哈尼雅勒瑪臂鷹鷂者滿洲語架鷹人也舊作阿离合懣蓋音急而訛今改正舊解相合

圖嚕拉戶長滿洲語率領也舊作胡魯剌今改正舊解近似

阿哈人奴也滿洲語奴也舊作阿合今改正

烏珠曰頭滿洲語義相合舊作兀朮今改正

尼雅滿心也滿洲語義相合舊作粘罕今改正又別解云漢人則當爲尼堪之訛義解迥殊音亦有別而皆誤以粘罕二字對音實由不知譯語之故耳

威赫牙滿洲語義相合舊作吾亦可又訛界可今改正

佛爾赫滿洲語大拇指也舊作盤里合解云將指並誤今改正

薩木哈人之黶也滿洲語黶也義相合舊作三合今改正

約赫德瘍瘡滿洲語瘡疤也舊解未當原文作牙吾塔今改正

富拉塔目赤而盲也滿洲語爛眼也舊解近似原文作蒲剌都今改

實格納洩疾蒙古語溺也舊解近是而未當原文作石哥里今改正

們圖琿癡騃之謂滿洲語愚也舊解相近原文作謾都訶今改正

穆哩庫無賴之名滿洲語穆哩庫執謬人也舊解未當原文作謀良虎今改正

與人同受福曰呼圖克蒙古語福也舊解近是原文作忽都今改正

以力助人曰愛實拉布滿洲語令扶助也原文作阿息保今改正

蘇布赫酒醒也滿洲語義相合原文作辭不失今改正

納蘇肯和睦之義滿洲語温和也舊解誤原文作奴申今改正

温綽寬寬容之名也滿洲語義相合舊作訛出虎今改正

色拉哈安樂滿洲語色拉哈暢快也舊解近是原文作賽里今改正

阿庫納滿洲語令周到也原文作迪古乃解云來也並誤今改正

薩巴蒙古語器皿也原文作撒八解云速速之義並誤今改正

烏肯徹蒙古語柔弱也舊作烏古出解云方言曰再休猶言再不復也意近似而未當今改正

以物與人已然曰阿里布滿洲語令其呈獻也舊解未當原文作阿里白今改正

沃哩布蓄積之名滿洲語存留也舊解近似原文作吾里補今改正

興色猶云常川也滿洲語孜孜不倦也舊解相近原文作習失今改正

凡市物已得曰烏達哈滿洲語已買之謂舊解相合原文作兀帶今改正

烏勒登明星滿洲語烏勒登晨光也舊解未當原文作兀典今改正

阿林山滿洲語義相合原文作阿鄰今改正

登高也滿洲語義相合原文作太神今改正

山之上銳者曰哈達滿洲語峰也原文作哈丹今改正

坡陀曰阿拉滿洲語山岡也原文作阿懶今改正

山大而峻曰實納蒙古語山梁也原文作斜魯今改正

達賚海也蒙古語義相合舊作忒鄰今改正

扎呼岱舟也滿洲語義相合舊作沙忽帶今改正

沃楞滿洲語水紋也原文作斡論解云生鐵並誤今改正

釜曰實木圖滿洲語大鐵鍋也舊作闍母今改正

刃曰色埒默滿洲語順刀也原文作斜烈今改正

佛勒和者鎚也滿洲語義相合原文作婆盧今改正

金曰愛紳滿洲語義相合原文作按春則滿洲語耳墜之稱雖耳墜以金爲之致誤亦有由而義自各殊並爲訂正

尼楚赫珠也滿洲語義相合原文作銀朮可今改正

布囊曰富勒呼滿洲語口袋也舊解近是原文作蒲盧渾今改正

盆曰阿里庫滿洲語盤也舊解未當原文作阿里虎今改正

罐曰呼紐滿洲語水桶也舊解未當原文作活女今改正

烏哩草麋也滿洲語草囤也舊解近似原文作烏烈今改正

沙拉衣襟也滿洲語衣襟角也舊解相近原文作沙剌今改正

富拉琿色之赤者也滿洲語水紅色也舊解相近原文作活臘胡今改正

呼蘭竈突滿洲語煙洞也舊解近似原文作胡剌今改正

和勒端松滿洲語栝松也原文作桓端今改正

瑚哩松子滿洲語義相合原文作阿虎里今改正

舒伊勒哈蓮也滿洲語蓮花也義相合原文作孰輦蓋語急而訛今改正

呼爾罕羔按此與蒙古語義相合原文作沽曷罕今改正

喀齊喀犬子索倫語小犬也舊作合喜今改正

額聶亨庫哩犬之有文者滿洲語額聶亨母狗也庫哩花色也原文作訛古乃今改正

色克貂鼠滿洲語義相合原文作斜哥今改正

烏勒呼瑪山雞滿洲語義相合原文作蒲阿今改正

烏木罕鳥卵也滿洲語義相合原文作窩謀罕今改正

欽定滿洲源流考卷十八

欽定滿洲源流考卷十九

國俗四

物產

御製盛京土產雜詠十二首有序

盛京山川渾厚土壤沃衍蓋扶輿旁薄鬱積之氣所鍾洵乎

天府之國而

佑啟我國家億萬年靈長之

王業也是以地不愛寶百產之精咸粹於斯農殖蕃滋井里熙阜而

且瓌珍可以耀采嘉珉可以興文豐毳可以章身靈苗可以

壽世矧採於山獵於原獻於江不可勝食不可勝用稽古圖

經志乘罕得而詳焉余昔再莅陪都頌揚

光烈惟物產闕而未詠茲展謁

珠邸三至此地念夫豳風之陳衣食生民之溯藝植撫百昌而昭大

美亦述

祖德者所不能忘也爰舉十二事各紀以詩且系之引具梗概云

五穀

地脈厚則穀寶滋黍稷稻粱菽麥之類植無不宜畝獲數石而斗直三錢故百室盈而四鄙充歲以爲常

神皋五穀種皆宜后稷豳同有相之略異豳風躬耒耜兼精立政詰戎師高原下隰秋常穫萬廩千倉歲可期內地流民成土著胥吾赤子舉聽（平聲）其（盛京可耕之土甚多畿輔山左無業窮氓挈侶至者咸墾藝安居久之悉成土著日積日多雖於本地淳樸古風有礙然太平日久戶口蕃孳藉此以養無萬窮黎故向有禁之之例而未嘗嚴飭也）

東珠

東珠出混同江及烏拉甯古塔諸河中勻圓瑩白大可半寸小者亦如菽顆王公等冠頂飾之以多少分等秩昭寶貴焉

出蚌陰精稱自古大東毓瑞未前聞混同鴨綠（二江名）圓流夥合浦

交州獨產分取自珠軒供賦役（採珠者乃打牲烏拉包衣下食糧人戶合數人爲一起謂之珠軒以四月乘舟往至八月回各以所得之珠納之於官如供賦然）殊他蜑戶効殷勤緯蕭亦識留名喩沽譽難更舊制云

人葠

深山邃谷中葠株滋茁歲產既饒世人往往珍爲上藥蓋神皋鍾毓厥草效靈亦王氣悠長之一徵耳

奧壤靈區產草神三椏五葉邁常倫即今上黨成凡品自昔天公葆異珍（昔陶弘景稱人參上黨者佳今惟遼陽吉林甯古塔諸山中所產者神效上黨之參直同凡卉矣）氣補那分邪與正（人葠固能扶羸濟弱然余謂其助正氣即助邪火而人多思藉以滋補每受其害而不悟亦足嗤矣）口含可別僞和眞文殊曰能活能殺冷笑迷而不悟人

松花玉

混同江產松花玉色淨綠細膩溫潤可中硯材發墨與端溪同品在歙阬之右

長白分源天漢江混同江發源長白山國語曰松阿哩江松阿哩漢語天河也俗呼爲松花江而金史乃有宋瓦江之稱皆音轉之訛耳方流瑞氣孕靈厖琢爲硯佐文之煥較以品知歙可降起墨盆毫功有獨匪奢用樸德無雙昨來偶製龍賓譜寶重三朝示萬邦近集內府所藏舊硯繪圖系說輯爲西淸硯譜而松花玉硯則擇其曾經皇祖皇考題識及余所銘詠者入之

貂

烏拉諸山林中多有之索倫人以捕貂爲恆業歲有貢額第其等以行賞冬時供御用裘冠王公大臣亦服之以昭章采

東瀛物產富難詳美毳尤稱貂鼠良食喜松皮和栗實色惟重黑乃輕黃貂豐厚純黑者爲上紫次之黃又次之毛潤澤而香則以喜食松栗之實故也鼦談敝困蘇季子狗盜獻嗤齊孟嘗狐白那堪相比擬名裘黼黻佐朝章貂裘可作常服三品以上大臣及京堂翰詹官皆得用之若爲端罩惟以供御餘則皇子諸王亦得用爲朝祭之服

鹿

地多崇山茂林鹿蕃息而肥腯麋鹿尤他所罕覯扶餘之鹿所以稱唐書也

長白神山夏育夥（鹿以四五月遇雨生麛交以八九月）攜麛就暖出林窠（長白山崇地冷鹿以夏月山中避炎至秋冬乃成羣就暖向盛京圍場而來）取之無盡用不竭賜亦有常受者羅（將軍等冬日行圍所獲麅鹿山積擇其肥者以進歲率千餘年節頒賜羣臣受者如拜割鮮之惠焉）抱朴稱來經目少趙高指處戒心多分明角解非同麈月令傳文早定訛（月令謂仲夏鹿角解仲冬麋角解今試之則木蘭之鹿與吉林之麋無不解角於五月已知月令之訛後見南苑所育之麈實於冬至始解角蓋古人不辨麋與麈耳經文不可易因改正靈臺時憲並爲鹿角解說以訂其誤）

熊羆

盛京多窩集茂密蓊翳連林數十里熊羆每跧伏其中熊趫捷而羆憨猛皆獸之絕有力者甲戌行圍並曾殪之羆重千餘斤熊亦及半

小者爲熊大者羆羆惟東土始逢之（熊各處皆有羆惟吉林盛京始有他處所無也）蟄時

居穴或居木熊羆冬令皆入蟄不食熊小或居木孔羆大則居穴也夢裏得祥必得兒力士

刺須十始勝刺虎者不過五人一排向於盛京圍中使力士刺熊羆非十人不能勝蓋其力倍於虎也封駝

負覺一難支獸哉何自解人語異苑徒傳子路奇

堪達漢

堪達漢出黑龍江似鹿而大其角可作射韘色如象牙而堅白

勝之韘間環以黑章一綫即角中之通理以點細密而勻正者

爲最

音義率同爾雅麡爾雅釋獸鹿絕有力麡音義俱相近而麡字佩文韻未收今據廣韻用鹿中絕有

力頎然垂胡因以樊纓比堪達漢國語馬樊纓也是獸項下懸肉相似因以得名戴角猶勝

象決鑴履迦迅行如蹴雨逢岡遲進似騰煙是獸生山中而喜水行水則速行山則遲亦異聞也

和闐玉韘夥新詠嘗命玉工仿角韘琢玉擬爲之及和闐歲貢美玉每擇其精好者製爲韘屢有題詠

數典於斯未可捐

海東青

羽族之最鷙者有黑龍江之海東青焉身小而健其飛極高能擒天鵞搏兔亦俊於鷹鶻

鷙鳥從來有窟窠海東青窟鮮逢他鷹鶻皆有窠巢多緣峭壁爲之人不能上惟海東青從未見其巢也徒傳飛至滄瀛左亦自投於叢樾羅鶻骨鶻周早輸健蠅營狗苟底須多禽中虎也卻愁燕演雅名言可會麼輟耕錄載演雅言海東青羽中虎也燕能制之羣集緣撲即墜云云以小制大物性往往如此亦猶黄腰啖虎之類也

鱏鰉魚

盛京之魚肥美甲天下而鱏鰉尤奇巨口細睛鼻端有角大者丈許重可三百斤冬日輦以充庖備賜亦有售於市肆者都人分鱠之目爲珍品

物巨其中目小者可知賦性必良馴即如雪象殊常獸自合江鰉異別鱗蹲岸釣難投美餌鑿冰射要繫長緡魚出黑龍等江非釣所能得捕之者以網圍至岸邊伺魚首向岸挽强射之魚負痛一躍而上至陸地即易於掩取冬日或鑿冰以捕則必繫長繩於箭以掣取之頽然

陳處欣兼惜倍勝椎牛饗衆人

松子

松子諸山皆產而窩集中所產更勝蓋林多千年之松高率數百尺枝榦既茂故結實大而芳美亦足徵地氣滋培之厚也

窩集林多各種松中生果者亦希逢大雲遙望鋪一色寶塔近瞻湧幾重（松子生松塔中其形下豐上銳層瓣鱗砌望之如窣堵每瓣各藏一粒既熟則瓣開而子落）鱗砌蚌含形磊落三稜五粒味甘濃偓佺曾遺（去聲）堯弗受小矣子房學步蹤

溫普

溫普國語譯漢音書之山中果也形似樝味甘而酢或借榲桲字書之考花木記以榲桲爲梨別種則徒取音近固不相類耳

山果還將山蜜浸（去聲）大于北地小于南（關內山樝大如彈丸製之可供殽核關外如熱河一帶之山樝小不及半亦不中食盛京所產溫普大小介乎二者之間蜜漬之可以致遠）實成露結而霜

降味合梅酸與蔗甘可口已敎述莊子狀形卻覺漏嵇含地靈
氣厚誠
天府動植飛潛物普覃
周禮職方氏東北曰幽州其利魚鹽其畜宜四擾其穀宜三種注四擾馬牛羊豕三種黍稷稻案幽州山鎭爲醫無閭正屬遼東之地而魚鹽之利穀畜之饒與諸史所載並同謹首錄此條以徵物產蕃滋之自
後漢書夫餘國土宜五穀出名馬赤玉貂豽注豽似豹無前足大珠如
酸棗
後漢書挹婁有五穀麻布出赤玉好貂好養豕
後漢書馬韓人知田蠶作綿布出大栗如梨有長尾雞尾長五
尺辰韓土地肥美宜五穀知蠶桑作縑布國出鐵凡諸貿易皆
以鐵爲貨
後漢書東沃沮土肥美背山向海宜五穀善田種有貂布魚鹽

海中食物

後漢書濊知種麻養蠶作綿布樂浪檀弓出其地又多文豹有果下馬高三尺乘之可於果下行海出從魚案三國志作斑魚

三國志夫餘土地宜五穀不生五果其國善養牲出名馬赤玉貂狖美珠珠大者如酸棗

三國志挹婁俗好養豬出赤玉好貂今所謂挹婁貂是也

三國志馬韓其民土著種植知蠶桑作綿布禽獸草木略與中國同出大栗大如棃又出細尾雞其尾皆長五尺餘弁韓土地肥美宜種五穀及稻曉蠶桑作縑布國出鐵諸市買皆用鐵如中國用錢

三國志濊有麻布蠶桑作綿其海出斑魚土地饒文豹又出果下馬漢桓時獻之

晉書肅愼民有馬不乘但以爲財産而已案遼金軍制非近敵不乘戰馬所以惜馬

力也肅愼氏之制當亦如此無牛羊多畜豬績毛以爲布有樹名雒常若中國有聖帝代立則其木生皮可衣其國東北有山出石其利入鐵案山海經云肅愼之國有樹名曰雄常中國有聖帝代立則此木生皮可衣也晉書作雒常字形相近傳寫致異又或作額常考字書雒額二字相通與額同

晉書夫餘國地宜五穀出善馬及貂豽美珠珠大如酸棗

晉書辰韓地宜五穀俗饒蠶桑善作縑布

册府元龜魏景元三年肅愼獻其國弓三十張長五尺五寸楛矢長一尺八寸石砮三百枚皮骨鐵雜鎧二十領貂皮四百枚案元咸輔之遼東志畧云肅愼東北山出石其利如鐵取以爲鏃即石砮而楊賓柳邊紀畧以爲楛木今甯古塔居人或得之呼爾哈河長三四寸色黑或黄或微白有文理非鐵非石相傳爲肅愼故矢云云蓋楊賓誤以石砮爲楛木也

通考挹婁有五穀牛馬麻布出赤玉好貂國東北有山出石其利入鐵將取之必先祈神

魏書百濟國有五穀

魏書勿吉國無牛有車馬有粟及麥穄菜則爲葵水氣鹹凝鹽生樹上亦有鹽池多豬無羊嚼米醞酒飲能至醉有虎豹羆狼

梁書新羅土地肥美宜植五穀多桑麻作縑布

周書百濟土田下濕氣候温暖五穀雜果蔬菜及酒醴餚饌藥品之屬多同於内地唯無駞驢騾羊鵞鴨等物

北史百濟賦稅以布絹絲麻及米等量歲豐儉輸之土田下濕氣候温暖人皆山居有巨栗其五穀雜果菜蔬及酒醴餚饌之屬多同於内地唯無駞驢騾羊鵞鴨等

北史新羅田甚良沃水陸兼種其五穀果菜鳥獸物産畧與内地同

北史勿吉國土多粟麥穄菜則有葵水氣鹹生鹽于木皮之上亦有鹽池其畜多豬無羊嚼米爲酒飲之亦醉

隋書百濟國有五穀牛豬雞厥田下濕有巨栗

隋書靺鞨土多粟麥穄水氣鹹生鹽於木皮之上其畜多豬嚼米爲酒飲之亦醉

隋書新羅田甚良沃水陸兼種物產與華同

舊唐書百濟國武德四年其王遣使來獻果下馬貞觀十一年遣使來獻鐵甲雕斧

舊唐書新羅國大歷八年遣使來獻金銀牛黃魚牙紬朝霞紬等

舊唐書靺鞨其畜宜豬富人至數百口

新唐書百濟國武德間獻明光鎧

新唐書新羅國畜無羊少驢贏多馬開元中其王興光獻果下馬朝霞紬魚牙紬海豹皮又上異狗馬黃金美髢諸物

新唐書黑水靺鞨其畜多豬無牛羊有粟麥土多貂鼠白兎白鷹有鹽泉氣蒸薄鹽凝樹顛開元天寶間來獻鯨睛貂鼠白兎

皮

新唐書渤海俗所貴者太白山之菟南海之昆布栅城之豉夫餘之鹿鄚頡之豕率賓之馬顯州之布沃州之綿龍州之紬位城之鐵盧城之稻湄沱之鯽果有九都之李樂游之棃（案九都當是丸都樂游當是樂浪之訛）

册府元龜武德七年百濟獻光明甲貞觀十三年百濟獻金甲雕斧永徽四年新羅獻金總布開元七年靺鞨獻鯨鯢魚睛貂鼠皮白菟猫皮十年渤海獻鷹十一年新羅王遣使獻果下馬及牛黄人參頭髮朝霞紬魚牙紬鏤鷹鈴海豹皮金銀等十七年渤海靺鞨獻鷹鯔魚十八年渤海靺鞨獻海豹皮五張豹鼠皮三張瑪瑙盞一馬三十匹二十二年新羅王遣其姪來獻小馬兩匹狗三頭金百兩銀二千兩布六十匹牛黄二十兩人參二斤頭髮一百兩海豹皮一十六張二十五年渤海來獻鷹鶻

二十六年渤海靺鞨獻豹鼠皮一千張乾文魚一百口天寶七載黑水靺鞨獻金銀及六十綜布魚牙紬朝霞紬牛黃頭髮人

蔘

唐會要靺鞨土多貂鼠皮骨咄角白兎白鷹等

五代史女眞地多牛鹿野狗釀糜爲酒其南海曲有魚鹽之利其北出大魚契丹仰食又多黑白黃貂鼠皮北方諸國皆仰足

宋會要新羅地宜棗駞水牛出人蔘水銀麝香松子榛子石決明松塔子防風白附子茯苓大小布毛施布草席鼠毛筆

通志新羅土地肥美宜植五穀多桑麻果菜鳥獸物產略與華同

通考百濟氣候温暖五穀雜果菜蔬多同內地其海島出黃漆樹似小椶樹而大六月中取汁漆物器若黃金其光奪目

通考新羅土地肥美宜植五穀多桑麻果菜畜無羊多馬有果

下馬朝霞紬魚牙紬海豹皮
通考濊其海出斑魚皮
諸蕃志新羅地宜槖駞水牛不用錢以米博易民家器皿悉以
銅爲之地出人參水銀麝香松子榛子石決明松塔子防風白
附子茯苓大小布毛施布銅磬瓷器草席鼠毛筆等商舶用五
色纈絹及建本文字博易
契丹國志女眞國地饒山林田宜麻穀土產人參蜜蠟珠玉金
銀細布松實白附子禽有鷹鸇海東青之類獸多牛馬麋鹿野
狗白彘青鼠貂鼠
契丹國志女眞東北與五國爲隣五國之東接大海出名鷹自
海東來者謂之海東青小而俊健能擒天鵞爪白者尤以爲異
契丹國志甯江州榷場以北珠人參生金松實白附子蜜蠟麻
布之類爲市

契丹國志新羅國貢進物件金器二百兩金抱肚一條五十兩金鈔羅五十兩金鞍轡馬一匹五十兩紫花綿紬一百匹白綿紬五百匹細布一千匹麄布五千匹銅器一千斤法清酒醋共一百瓶腦先茶十斤籐造器物五十事成形人參不定數細紙墨不定數

契丹國志烏舍（舊作屋惹今改正解見前）阿里瑪（舊作阿里眉今改正解見前）國每年貢大馬蛤珠青鼠皮貂鼠皮膠魚皮蜜蠟等物鐵驪國貢馬蛤珠鷹鶻青鼠皮貂鼠皮膠魚皮靺鞨國以鷹鶻鹿細白布青鼠貂鼠皮大馬膠魚皮等與契丹交易

程大昌演繁露契丹主滔爾河釣牛魚以占歲

松漠紀聞每春冰始泮遼主必至甯江州鑿冰釣魚

金史會甯府歲貢秦王魚又貢豬二萬大定間俱罷之海蘭路舊貢海葱大定間罷之遼陽府土產白兔師姑布鼠毫白鼠皮

人參白附子案秦王二字即鱏鰉之誤

金史遼金故地濱海多產鹽上京東北二路食肇州鹽率賓路食海鹽臨潢之北有大鹽濼烏爾古實壘解並見前部有鹽池皆足以食境內之民大定二十一年併遼東等路諸鹽場爲兩鹽司各行其地北京宗錦之鹽行本路及臨潢府肇州泰州之鹽與接壤者亦預焉二十四年帝在上京謂丞相烏庫哩元忠等曰舊率賓以東食海鹽夫餘呼爾哈等路食肇州鹽初定額萬貫今增至二萬七千若罷鹽引添竈戶庶可易得二十五年還自上京謂宰臣曰朕聞遼東凡人家食鹽無引目即以私治罪細民徐買食之何由有引因爲之罷遼東鹽使司

通考女眞國地多良馬獸多野豬野牛驢之類以牛馱物有紫靑貂鼠皮北珠良犬及俊鷹海東靑海東靑者小而健能擒天鵞爪白者尤以爲異出於五國之東

大金國志女眞土產人蔘蜜蠟北珠生金細布松實白附子禽
有鷹鶻海東青之類獸多牛馬麋鹿野狗白彘青鼠貂鼠無蠶
桑惟多織布喜耕種
松漠紀聞甯江州多草木如桃李之類皆成園至八月則倒置
園中封土數尺覆其枝幹季春出之厚培其根否則凍死
松漠紀聞榛柃木有文縷可愛多用爲椀
松漠紀聞西瓜形如扁蒲而圓色極青翠經歲則變黃其瓞類
甜瓜味甘脆中有汁尤冷嘗攜以歸可留數月但不能經歲亦
不變黃色有久苦目疾者曝乾服之而愈
松漠紀聞鹿頂合燕以北者方可車須是未解角之前才解角
血脈通冬至方解案鹿角解於五月此云冬至蓋洪皓之誤好者有人字不好者成
八字有髓眼不實北人謂角爲鹿角合頂爲鹿頂合南鹿不實
定有髓眼不可車北地角未老不至秋時不中

松漠紀聞麋角與鹿角不同麋角如駝骨通身可車卻無紋鹿項骨有紋上下無之亦可熏成紋

北盟錄女眞土多林木田宜麻穀以耕鑿爲業土產名馬生金大珠人參及蜜蠟細布松實白附子禽有鷹鸇海東青獸多牛羊麋鹿白彘青鼠貂鼠花果有白芍藥西瓜海多大魚螃蟹

北盟錄宋崇道熙甯之間競尙北珠北珠者皆北中來榷場相貿易美者大如彈子而小者若梧桐子皆出遼東海汊中每八月望月色如晝則珠必大熟乃以十月方採取珠蚌而北方沍寒九十月堅冰厚已盈尺鑿冰沒水而捕之又有天鵞能食蚌則珠藏其嗉焉有俊鶻號海東青者能擊天鵞人旣以鶻而得天鵞則於其嗉得珠焉海東青者出五國五國之東東接大海自海東而來者謂之海東青小而俊健爪白者尤以爲異每歲發甲馬千餘人即東海巢穴取之與五國戰鬪而後得

馬擴茆齋自敍混同江以北不種穀麥所種止稗子自過嬪辰州東京迤北絕少麥麪每晨及夕各以射到禽獸薦飯同州地宜穄黍東望大山云新羅山其間出人參白附子

周麟之海陵集有梁大使者先朝內侍也入館傳旨賜金蘭酒二瓶銀魚牛魚二盤牛魚出混同江其大如牛案此即鱏鰉也宋人呼爲牛魚耳

周必大二老堂雜志牛魚一尾之直與牛同周樞密麟之使金金主愛之享以所釣牛魚非舊例也樞密糟其首以歸獻于朝同館王龜齡目爲魚頭公

元史產金之所遼陽省曰大甯開元產銀之所遼陽省曰大甯產珠之所曰碩達勒達產銅之所曰大甯產碌砂水銀之所遼陽省曰北京至元十三年於遼東雙城採金延祐四年遼陽惠州銀洞三十六眼立提舉司辦課又至元十一年命於松阿哩

江愛呼江採珠至元十五年撥採木夫一千戶於遼陽錦瑞州採銅硃砂水銀在北京者至元十一年命以卒賓人戶於濟喇敏之地採煉

元史遼陽之鹽太宗丁酉年始命北京路徵收課稅所以大鹽泊硬鹽立隨車隨引載鹽之法每鹽一石賈銀七錢半帶納匠人米五升癸卯年海蘭路歲辦課白布二千匹卒賓路布一千匹至元四年立開元等路運司三年禁東京懿州硬鹽不許過塗河界

元史肇州產魚哈喇巴圖爾爲宣慰使得魚九尾皆千斤來獻

明統志遼東土產鹽鐵榛（各衛皆出）松子（三萬衛出）茶（海州衛出）海絲菜（復州衛出）人參荆芥白附子五味子（俱遼東都司出）暖木樺木銀（俱海州各衛出）箭（出三萬衛者尤佳）滑石（海州衛出）水獺皮（東甯海州各衛出）貂鼠皮青鼠皮（俱東寧衛出）八梢魚（金州衛出）黃鼠（海州衛出）蠣房肋魚（俱金州衛出）

欽定滿洲源流考卷十九

欽定滿洲源流考卷二十

國俗五

雜綴

御製吉林土風雜詠十二首有序

吉林在盛京東北我朝發祥所自舊俗流傳有先民遺風焉甲戌東巡駐蹕連日江城山郭廬旅語言想見岐豳式廓之始咨詢土風拈二字成語者爲題得近體十有二首聊紀一二云爾

威呼

刳巨木爲舟平舷圓底脣銳尾修大者容五六人小者二三人剡木兩頭爲槳一人持之左右運棹捷若飛行

取諸渙卦合羲經舴艋評量此更輕刳木爲舟剡木楫林中攜往水中行窩集中山溪相間凡採參捕貂者攜威呼以往遇水則乘之飽帆空待吹風力柔櫓還嫌劃水聲泥馬賒枯尤捷便泥馬賒枯者以樺皮爲之只容一人兩手持小槳划行恰如騎

鯉遇琴生

呼蘭

因木之中空者刳使直達截成孤柱樹簷外引炕煙出之上覆荊筐而虛其旁竅以出煙雨雪不能入比室皆然

中通外直求材易暮爨晨炊利用均曲突徙薪誠上策焦頭爛額更何人疏煙土銼烹蒸便夜雨荊筐蓋覆頻卻有千年遼海鶴驀疑華表話前身

法喇

似車無輪似榻無足覆席如龕引繩如御利行冰雪中俗呼扒犁以其底平似犁蓋土人爲漢語耳

架木施箱質莫過致遙引重利人多冰天自喜行行坦雪嶺何愁嶽嶽峩駿馬飛騰難試滑老牛緩步未妨蹉華軒誠有輪轅飾人弗庸時奈若何

斐闌

孤矢之利童而習之小兒以榆柳爲弓曰斐闌剡荊蒿爲矢蒻雉翟雞翎爲羽曰鈕勘

榆柳彎弓弦檿絲剡荊作箭雉翎狨壯行幼學率由舊蓬矢桑弧匪襲爲揖讓豈知爭君子鬬抨惟覺慣童兒曾聞肅愼稱遙貢可惜周人未解施

賽斐

古人食皆以匕羮則以勺國俗舊用木匕長四寸許曲柄豐末猶古制也

質古惟稱以木爲曲長且橢進餐宜鼎中底用輕染指座裏應教笑朶頤無下箸哉嗟彼箸有捄便矣藉茲匙靑泥坊底芹香處杜老居然得句時

額林

皮横板楣棟間以貯奩篋餅甕諸器具兼几案匱匵之用

皮楣横版當中廚家計精麤箇裏俱鼠鬧欲投還忌器爵飛同量不妨觚竈間那識薪爲蠟几上常看皮是烏淳樸遺規恭儉德風聲擬使遍黄圖

施函

斲木爲甬因其自然虚中以受物貯水釀酒皆用之視束鐵編箋攢木片爲器者天質爲勝

誰云瓠落不中材虚受天然器量恢泉貯雲漿消舊渴春芻石凍醱新醅早嗢轇釜催人去閭閻有無相通客至必留飯其有頓羹者羣以爲客而笑之何用修筒引水來可供餅罌謝粱棟孰非造物善裁培

拉哈

土壁堵罥綴麻草下垂緣以施圬墁此國初過澗芮鞫間故俗也

乘屋居閒事索綯經營婦子共勤勞禦寒塞向諸凡預施墁編麻
要取牢出氣天窻柱左右拉哈牆壁之上據棟中竪柱以承梁左右留二孔出氣謂之嘛木哈圖拉圖拉者漢語所謂柱也通煙土銼炕周遭室家豳館風猶在慙愧宮庭雉尾高

霞綳

蓬梗爲幹摶穀糠和膏傅之以代燭燃之青光熒熒煙結如雲

俗呼糠燈

蓬梗糠粃膏傅塗茅檐夜作每相需績麻乍可呼燈婢耽奕非關
誚燭奴最愛餤輝一室朗那辭煙染滿牕烏葛燈籠是田家物勤
儉遺風與古符

豁山

夏秋間擣敗苧楮絮入水漚去聲之成氁瀝蘆簾勻暴爲紙堅韌
如革謂之豁山凡紙牋胥以是名之

擣苧漚麻亦號牋粘牕寫牘用猶便百番徒訝銀光薄萬杵還輕

越竹堅但取供書何貴巧便稱鋪玉詎能賢高麗鏡面尋常有愛此淳廉舊制傳

羅丹

鹿蹄腕骨也舊俗以蹄腕骨隨手攤擲爲戲視其偃仰橫側爲勝負小者以麞大者以鹿瑩澤如玉兒童婦女圍坐擲以相樂以薄圓石擊之則曰帕格

投石軍中以戲稱手彈腕骨俗相仍得全四色方愉快腕骨一具四面各不同持四枚擲之各得一色則爲四色全大約以此分勝負何必三梟始絕勝閨秀爭能守爐火一手攤擲承空上下各取之以不動局上者爲工婦女多能之非男子事也兒童較遠驟寒冰又有較遠之戲趨冰上以中爲勝名曰撒罕無端勝負紛憂喜麞鹿那知有許能

周斐

樺木之用在皮厚者盈寸取以爲室上覆爲瓦旁爲牆壁戶牖體輕而工省逐獸而頻移山中所產不可勝用也

巢處遺風藉樺皮上簷側壁總堪爲端誇不漏還勝瓦豈慮頻遷
等奕棋甕牖繩樞猶未備夏涼冬暖且相宜五侯第宅皇州遍芮
鞫先型爾尙知

御製盛京土風雜詠十二首 有序

我國家
發祥之初居鄂多理城地近吉林烏拉數世後棄而他徙至
肇祖居赫圖阿拉爰創始基越我
太祖膺運造邦乃討平圖倫還定烏拉撫有葉赫諸部遂遷居興京
繼復克瀋陽遼陽因建都於瀋即今盛京故盛京土風與吉
林同譬之成周豐鎬風規無殊沮漆也曩既成吉林土風十
二章茲仍舉前題爲盛京詠亦數典所當遞及耳各題小引
已詳前作故不復綴
威乎

漢語小船也

造舟周室昔爲梁開國規模百務詳奢匪黃龍及青雀利貧雨泛與煙航製堅質樸提攜便威呼刳木爲之水行可載三人登陸則可挾之而趨或行窩集中遇小河港隨時可渡其制最爲輕便圓底平舷坐起康何必樓船稱伐越威呼久矣武惟揚

呼蘭

漢語竈突也

幽岐家室屢爲遷時處恆依舊俗然水火每貧叩昏戶爨炊常看引朝煙疏風避雨安而穩直外通中樸且堅截中空之木刳使直達樹之簷外引出炕煙覆刜筐其上以護雨雪而旁竅仍通滿洲舊制如此玉食寄言惟辟者莫忘陶復九章綿

法喇

漢語爲扒犂即托牀也

服牛乘馬取諸隨制器殊方未可移似榻似車行以便曰冰曰雪

用皆宜（似楊無足似車無輪以牛馬挽行冰雪中可以致遠）孤蓬雖遜風帆疾峻坂無愁銜

橛危太液拕牀龍鳳飾（液池冬日則御拕牀其製有旒氈幄及飾以龍鳳者）椎輪大輅此堪

思

斐闌

漢語楡柳小弓也

桑弧蓬矢舉惟男示有事胥自幼諳楡柳爲弓騂角未荊蒿作箭

雉翎堪（其名曰鈕勘）二三卿士節權略日夕兒童戲以耽（我滿洲以射爲重雖

小兒嬉戲亦習慣成自然云）即此箕裘應共勖進之觀德更名談

賽斐

漢語匙也

有捄早是詠周雅異地同風古製存不改木爲非玉作常資朝食

與晡飧（匙以木爲長四寸許每食用之取其質也）失時巧計傳昭烈投處仙方訝葛元

何似兩忘供日月大東四鬴足村村

額林

漢語擱板也

横施木板置楣棖家計精粗具畢陳楣棟間庋横板以置瓶盎甌甑諸器家具精粗咸備滿洲舊俗比室皆然舉之以示淳樸菽粟爲文莫忘古雕幾作器漫求新寒衣饑食勞中婦耕九餘三廛主人咨爾後生勤數典更希寰宇普還淳

施函

漢語木筩也

枯木荒山那計年虛中貯水借天然筩斷枯木爲之因其自然虛中以受貯水釀酒皆宜無用爲有用亦見尙質之意弗愁缾罄爲罍恥可佐樽盛用缶旋廚下風無慮落葉林邊雨尙憶鳴泉不材材際全其質善注南華二十篇

拉哈

漢語圬牆所綴麻也

層層坏土砌爲牆綴以漚麻色帶黄築土墼坏爲牆壁緣之以施圬墁亦國初樸素故俗也

婦織男耕斯室處幼孳壯作舊風覆底稱鑿遁顏家闔漫喻操嘻坊者王故俗公劉傳芮鞫九重此况愼毋忘

霞綳

漢語糠燈也

摶糠塗梗傳之膏繼日相資夜作勞以蓬梗爲幹摶穀糠和膏塗之燃以代燭用資作勞開國勤儉之風即此可見土障葛燈應憶樸駝頭鳳腦漫誇豪未知勤讀鄰鑿壁且佐服田宵索綯此日舊宮試燃者稱先何異士風操

豁山

漢語紙也

漚苧弗殊用敝麻以爲紙乃樸無華擣敗苧故絮漚以爲紙製樸而性堅猶存古初遺意不知有漢蔡倫合漫數上聲惟萊左伯嘉紀事傳言胥貴實銷金鋪玉那求奢卷筒金粟常臨帖藏經紙無摺痕者謂之卷筒較經背紙尤難得敢忘斯哉惕自嗟

羅丹

漢語鹿蹄腕骨也

鹿蹄骨非無用物以爲戲亦有時需中原漫喻人人逐一具還看面面殊腕骨一具四面各異戲者持其四枚擲之各得一面則爲四色全即以此分勝負偶語何須較土木采名乍欲擬梟盧帕格讀作哥漢語謂以薄圓石擊之也眞足方投石何用從來如此乎

周斐

漢語樺皮房也

野處穴居傳平聲易傳去聲樺皮爲室鮮前聞樺皮厚盈寸取以爲室覆可代瓦旁作牆壁戶牖即以山中所產之木用之費不勞而工省乃我滿洲舊風無殊周室之陶復陶穴也風何而入雨何漏梅異其梁闌異棼占吉簷頭鵲常報防寒牆角鼠還熏稱名則古惟淳樸卻匪斐然周尚文周斐本滿洲語對音書之非取文義若如方觀承之書鄂博作峨軷引軷祭行路神之義曲爲解乃失之鑿矣蓋滿文漢文音義各不同滿文漢文互譯則可取漢字以強合滿文則不可

後漢書挹婁人便乘船北沃沮畏之每夏藏於巖穴至冬船道不通乃下居邑落

後漢書挹婁土氣極寒常爲穴居以深爲貴大家至接九梯冬以豕膏塗身厚數分以禦風寒按陶復陶穴古固有之至豕膏得熱氣則融安能塗厚數分此亦范蔚宗好奇逞妄之辭也

後漢書馬韓作土室開戶在上辰韓有城柵屋室

三國志夫餘有宮室倉庫牢獄作城柵皆員

三國志夫餘庫有玉璧珪瓚數代之物傳世以爲寶耆老言先代之所賜也

三國志挹婁常穴居大家深九梯以多爲好多以豬膏塗身厚數分以禦風寒其國便乘船

三國志馬韓居處作草屋土室其戶在上舉家具在中

魏略弁辰其國作屋橫累木爲之

晋書肅愼氏夏則巢居冬則穴處無井竈作瓦鬲受四五升以食無鹽鐵燒木作灰灌取汁而食之按南北朝史稱鹽凝於木皮之上又有鹽池而金時率賓以東食海鹽會甯呼爾哈等路食肇州鹽則肅愼地未嘗無鹽或所云凝於樹上之鹽亦須煎煉乃成耳

魏書勿吉築城穴居開口於上以梯出入佃則耦耕車則步推

北史勿吉築土如隄鑿穴以居開口向上以梯出入無牛有馬車則步推相與耦耕

隋書百濟多不火食人皆山居有投壺圍棊樗蒲握槊弄珠之戲

舊唐書靺鞨無屋宇並依山水掘地架木於上以土覆之夏則出隨水草

舊唐書新羅器用柳棬亦以銅及瓦

新唐書黑水靺鞨有車馬田耦以耕車則步推居無室廬負山水坎地梁木其上覆以土夏出隨水草冬入處

新唐書新羅冬則作竈堂中夏以食置氷上

宋會要新羅不用錢以米博易民家器皿悉以銅爲之商船用五色纈絹及建本文字博易

契丹國志渤海富室往往爲園池植牡丹多至二三百本有叢生數十幹者皆燕地所無

契丹國志混同江之地其俗刳木爲舟長可八尺形如梭曰梭船船上施一槳止以捕魚至渡車則方舟或三舟按此即威呼之制梭船乃漢人語耳

王曾行程錄渤海俗每歲時聚會作樂先命善歌舞者數輩前行士女相隨更相唱和回旋宛轉號曰踏鎚所居屋皆就山牆開門

神麓記金景祖始教人燒炭煉鐵刳木爲器制造舟車建屋宇

五代史女眞其人無定居行以牛負物遇雨則張革爲屋

契丹國志女眞部族皆處山林有屋居舍門皆於山牆下闢之
耕鑿與渤海人同無出租稅
契丹國志女眞人無定居行以牛負物遇雨則張韋爲屋
通考女眞俗以樺皮爲屋
金史世紀黑水舊俗無室廬負山水坎地梁木其上覆以土遷
徙靡常獻祖始築室有棟宇之制
大金國志女眞部其居多依山谷聯木爲栅或覆以板與樺皮
如牆壁亦以木爲之冬極寒屋纔高數尺獨開東南一扉扉既
掩復以草綢繆之穿土爲牀煴火其下而寢食起居其上道路
無行店行者息于民家主人具飲食而納之其市無錢以物博
易無工匠屋舍車帳往往自能爲之
大金國志金太祖十四年生紅芍藥花北方以爲瑞女眞多白
芍藥花皆野生絶無紅者好事之家採其芽爲菜以麵煎之凡

待賓齋素則用之金人珍甚不肯妄設遇大賓縷切數絲置楪中以爲異品按今英莪門外獵場中有芍藥兩叢相對繁柯密葉鬱然猶存其下不生雜草土人云凡鳥獸避跡不敢蹂踐花時人過之畏不採擷或有所犯必致疾病因名其地爲花園詳見御製花園詩序及注

松漠紀聞金人舊俗炙股烹蒱音蒲脯肉也以餘肉和菜擣臼中糜爛而進率以爲常凡宰羊但食其肉貴人享重客間兼皮以進曰全羊

北盟錄女眞人耐寒忍饑不憚辛苦能食生物依山谷而居聯木爲柵屋高數尺無瓦覆以木板或以樺皮或以草綢繆之牆垣籬壁率皆以木門皆東向環屋爲土牀熾火其下寢食起居其上謂之炕以取其暖以牛負物或鞍而乘之遇雨多張牛革以爲禦以糜釀酒以豆爲醬芼以蕪荑食器無瓠陶皆以木爲盆春夏之間止用木盆注粥隨人多寡盛之以長柄小木杓子數柄回環共食下粥肉味無多止以魚生獐生間用燒肉冬亦

冷飲以木楪盛飯木盌盛羹下飯肉味與下粥一等飲酒無算用一木杓子自上而下循環酌之炙股烹脯以餘肉和菜擣臼中糜爛而進率以爲常道路無旅店行者息於民家主人與飲食而納之其市易惟以物博易無錢無蠶桑無工匠屋舍車帳往往自能爲之

北盟錄女眞俗重油煮麵食以蜜塗拌名曰茶食非厚意不設渡拉林河以東無市井買賣不用錢惟以物相貿易寢榻皆土牀厚鋪氈褥及錦繡貂鼠被大頭枕

輟耕錄高麗以北地名巴實伯里（回語巴實頭也伯里腰也舊作別失八里今改正）其地極寒海亦冰自八月即合至明年四五月方解人行其上如平地征東行省每歲委官至尼嚕干（滿洲語畫也舊作奴兒干今改正）須用站車每車以四狗挽之狗悉諳人性若剋減其分例必齧其主者至死乃已

元一統志開元路有狗車木馬輕捷之便木馬形如彈弓長四尺濶五寸一左一右繫於兩足激而行之雪中冰上可及奔馬狗車以木爲之其制輕簡形如船長一丈濶二尺許以數狗拽之二者止可於冰上雪中行之

謹案古所稱陸海奧區豐衍蕃沃者大抵在舟車所輳商賈所通之地此以人力致者也周原之美堇荼豐邑之歌麀鹿其物又甚微也若乃天作地藏瓌奇絶特凡名都大邑之儲航海梯山之貢有不能擬其萬一者則惟大東

天府毓粹孕珍扶輿旁薄之所鍾山川靈異之所聚巨珠靈藥早著於曩編文玉豐貂並稱於往牒以至牛魚之歸獻俊鶻之蜚聲史家詫爲異聞海內仰其瑰寶矣至如索綯乘屋不改淳風土障葛燈彌敦儉德考之於古則梭船之制實即威呼木馬之行又同法喇室惟覆樺行不賫糧斵木爲盆環屋爲炕儉勤之俗

古猶今也

御製土產土風雜咏昭德產之精華繪古風之醇質較生民公劉諸篇所陳尤爲過之謹錄冠各條之首而自後漢書以下仍分繫焉庶乎神皋之繁殖先民之遺規並可考見云爾

欽定滿洲源流考卷二十

滿洲源流考勘誤表

卷	頁	行	字	誤	正
卷首職名	一	一六	五	陞	陞
目錄	九	一一	索字下		脫府字
二	五	二五	三	廬	盧
二	八	一一	二〇	豹	貂
二	八	二三	六	達	在七字烏下
二	九	一二	一九	美	異
四	二	二	五	時	在六字魏下
四	三	二四	文字下		脫云字
四	四	二三	一	雞	國
四	四	二四	一	國	雞
四	七	一九	二	及	衍文

四	七	一九	衞字下	脱及字
四	七	二六	使字下	脱獻字
四	八	七	二敲	敬
五	二	九	率字下	脱衆字
六	三	八	二四嶺	在右一字下
六	五	二三	一七產	在十八字物下
七	四	六	三木	本
七	九	四	七斯	斷
九	九	二二	二三末	未
一〇	一三	二	一九槖	橐
一〇	一五	二三	八甯	在九字廣下
一〇	一七	二	二三遻	衍文
一〇	一七	二	二四更	衍文

一〇	一七	二	縣字下		脫遷更二字
一〇	二〇	一九	八	撫	不
一一	五	二六	六	海	在七字渤下
一一	一七	六	一二	鑾	鑒
一二	一	二六	一〇	前	與左條字錯位
一二	三	三	第二十字色下		脫齊字
一二	八	一一	四	遺	遣
一二	一一	二	清字下		脫河字
一二	一二	二三	一七	接	按
一二	一四	三	六	三	二
一二	一五	七	一	壞	壤
一三	一	二	一	彊	疆
一三	一一	一五	一五	柬	東

一三	一四	一七	一八	祐	祜
一三	一六	一二	一六	域	城
一三	一〇	二一	江字下		脱案字
一三	二四	一	九	寗	甯
一四	一四	二〇	一四	跎	蛇
一四	一五	九	八	崇	祟
一四	二六	二一	九	二	一
一四	二六	二一	一一	一	二
一四	三〇	四	一八	渡	度
一四	三二	一一	今字上		脱溫字
一五	二	二一	二三	上	在右金字下
一五	三	一二	二一	埼	頃
一五	八	二六	二二	縣	衍文

一五	九	一三	一二		衍文
一五	九	一三	一三	衆	處
一五	一五	二〇	入字上		脫滔爾二字
一五	一六	六	二一	鞨	在二十二字鞢下
一五	二〇	八	據字下		脫哲字
一五	二三	一七	九	鳥	烏
一五	二六	六	四	離	在右闕字下
一六	三	一五	四	梁	粱
一六	三	一三	一四	榖	穀
一六	七	二一	一三	夫	在十四字寸下
一七	四	五	一二	州	洲
一七	六	一三	一	宇	字
一七	七	一三	八	佛	彿

一八	一二	九	五	訛	舊
一八	一三	二五	二字下		脫十字
一八	一五	六	二	莆	蒲
一八	一七	三	一八	鳥	烏
一八	一七	四	二〇	鳥	烏
一八	二一	三	一	遠	逯
一八	二四	六	八	沽	活
一九	五	一一	一二	蠶	蠶
一九	八	一三	一五	麻	麻
二〇	二	二	一	孤	弧